321 SUPERSCHLAUE DINGE,
DIE DU ÜBER GESCHICHTE WISSEN MUSST

Mathilda Masters

mit Illustrationen von Louize Perdieus

321

SUPERSCHLAUE DINGE

die du über

GESCHICHTE

wissen musst

Aus dem Niederländischen
von Stefanie Ochel

Carl Hanser Verlag

INHALT

DIE ENTSTEHUNG DER ERDE

Von vor 13,7 Milliarden Jahren
bis vor 400 Millionen Jahren

1 MIT EINEM KNALL BEGANN DAS ALL

Vor 13,7 Milliarden Jahren – das ist eine elfstellige Zahl, also 13 700 000 000 – entstand unser Weltall. Zu dem Zeitpunkt war es noch winzig klein, kaum größer als eine Murmel. Aber in dieser Murmel steckte unheimlich viel Energie. Und eines Tages explodierte sie. Dieses Ereignis wird Urknall oder auch *Big Bang* genannt. Direkt nach der Explosion war das ganze Universum flüssig, aber schon bald entstanden winzige Teilchen, die durch den Raum schwebten. Nach einiger Zeit verbanden sich diese Teilchen miteinander.

Das Universum wuchs rasend schnell und kühlte dabei immer weiter ab. Das Abkühlen dauerte sehr lang. Erst 400 000 Jahre später war alles kalt genug, dass sich die Teilchen zu größeren Einheiten zusammenschließen konnten: den Atomen.

Die Atome wiederum ballten sich auch zusammen. So entstanden Sterne.

Die Urknalltheorie wurde 1931 von dem belgischen Priester und Sternenforscher Georges Lemaître entwickelt. Am Anfang glaubte ihm niemand, aber mittlerweile ist sich die Wissenschaft fast sicher, dass es den Urknall gegeben hat. Was aber vor dem Urknall war, das wissen wir nicht.

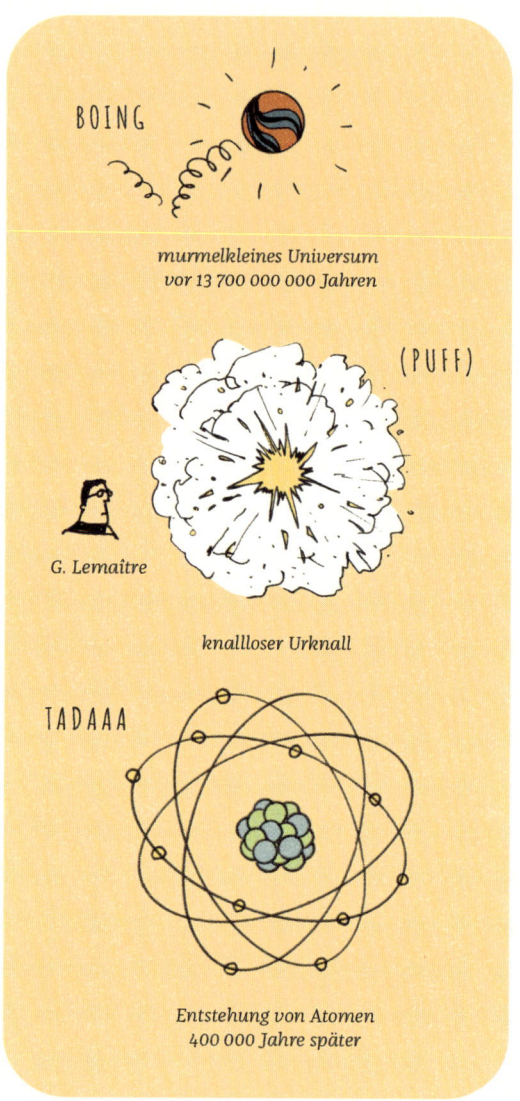

BOING

murmelkleines Universum
vor 13 700 000 000 Jahren

(PUFF)

G. Lemaître

knallloser Urknall

TADAAA

Entstehung von Atomen
400 000 Jahre später

Big-Bang-Bonus-Info:
Der Urknall knallte nicht. Schall besteht aus Schwingungen, die Materie (zum Beispiel Luft) brauchen, um sich auszubreiten. Aber weil es noch nichts gab, gab es auch keinen Knall. Der Name »Urknall« trifft es also nicht besonders gut.

Erde

Mond

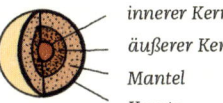

innerer Kern
äußerer Kern
Mantel
Kruste

Querschnitt der Erde

2 UND DANN ENTSTANDEN DIE ERDE UND DER MOND

Nach dem Urknall dauerte es noch eine ganze Weile bis zur Entstehung der Planeten. Aber Sterne gab es schon. Wenn ein Stern am Ende seines Lebens anlangt, explodiert er. Dabei wird seine Hülle ins All geschleudert. Vor rund 4,56 Milliarden Jahren geschah etwas Besonderes: Gaswolken verknäulten sich mit dem Staub und Schutt explodierter Sterne. Auf diese Weise entstanden verschiedene Himmelskörper – einer davon war die Erde. Die sah noch lange nicht so aus wie der runde Planet, auf dem wir wohnen. Sie war eine glühende Lavakugel.

Die Kugel war so heiß, dass alles Gestein und alle Metalle im Inneren schmolzen. Nach und nach aber kühlte die Außenseite ab und bildete eine Kruste um das Erdinnere herum. Die schwersten Stoffe sanken in die Mitte des Planeten.

Eines Tages stieß diese Ur-Erde wahrscheinlich mit einem anderen Planeten zusammen. Große Brocken flogen in den Weltraum. Aus einem Teil der Trümmer bildete sich der Mond. Mit dem Rest des anderen Planeten verschmolz die frühe Erde und wurde so ein Stück größer. Aber sie war immer noch weit entfernt von dem blauen Planeten, den wir kennen.

3 WER HAT IN DER URSUPPE GERÜHRT?

Die Wissenschaft ist sich noch nicht ganz sicher, wie unsere Erde zu einem Planeten mit so viel Wasser wurde. Wahrscheinlich hat es aber mit einem Meteoritenregen zu tun, der auf den Erdball fiel. In den Meteoriten steckten verschiedene chemische Stoffe, unter anderem Salzkristalle, die Wasser enthielten. Es entstanden flache Tümpel, die manchmal austrockneten und dann wieder tiefer wurden. Manche chemischen Stoffe gingen eine Verbindung ein und vermehrten sich. Das Ergebnis sah zwar noch lange nicht aus wie ein Baum oder ein Tier, aber es war eine allererste Form von »Leben« auf unserem Planeten. Die Wissenschaft kennt dafür die schönen Namen Ursuppe, Urschlamm oder Urschleim.

Ursuppe

Elektrizität

Wasser
Ammoniak
Methan
Wasserstoff

SÜPPCHEN?

Stanley
Miller

Harold
Urey

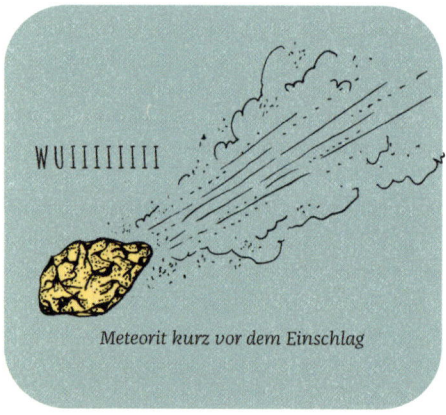

Meteorit kurz vor dem Einschlag

WUIIIIIIII

Im Jahr 2012 wurde der Versuch noch einmal wiederholt. Diesmal hielt das Forscherteam die Glaskugel fünf Jahre lang geschlossen. Beim Öffnen entdeckten sie, dass sich *Aminosäuren* gebildet hatten. Das sind unverzichtbare Bestandteile für die Entstehung von Leben. Die Studien zu den allerersten Anfängen des Lebens sind noch nicht abgeschlossen.

Woher wissen wir das alles eigentlich? Harold Urey und Stanley Miller waren zwei Chemiker. 1953 versuchten sie, die Entstehung des allerersten Lebens auf der Erde nachzustellen. Dazu füllten sie eine Glaskugel mit Wasser, Ammoniak, Wasserstoff und Methan. Das waren ihrer Meinung nach die Zutaten der Ursuppe. Anstatt in der Suppe zu rühren, leiteten sie elektrische Funken durch das Gemisch. Die sollten Blitzeinschläge nachahmen. Und tatsächlich ... nach einiger Zeit veränderten sich die Bestandteile in dem Gemisch so, dass daraus Leben entstehen konnte.

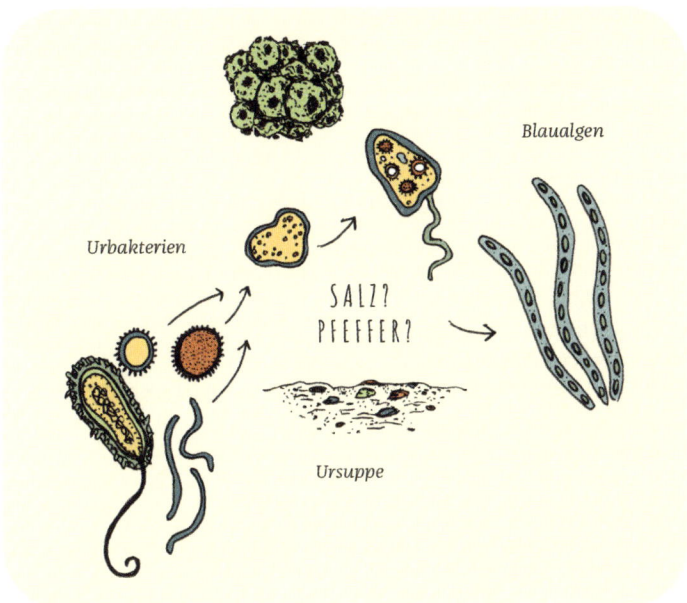

Blaualgen

Urbakterien

SALZ?
PFEFFER?

Ursuppe

4 DIE ERSTE LEBENDE (UR-)SUPPENEINLAGE

Lange Zeit ging es auf dem Planeten Erde mächtig turbulent zu. Ständig wüteten heftige Stürme, und unter Wasser brachen Vulkane aus, wodurch Inseln entstanden.

In der Ursuppe, von der wir im letzten Abschnitt erzählt haben, passierte etwas ganz Besonderes: Eine Urbakterie entstand. Das war eine winzige Zelle, viel zu klein für das bloße Auge. Diese Zelle hatte wahrscheinlich einen ganz simplen Aufbau – sie war nicht mehr als eine klitzekleine Blase mit einer Hülle drum herum. In der Blase steckten etwas Protein und kurze Ketten von Erbmaterial. Dieses Material sorgte dafür, dass die kleine Zelle sich vermehren konnte. So entstanden mit der Zeit blaugrüne Algen in den Meeren und Ozeanen. Diese Algen produzierten dann etwas, wodurch Leben auf der Erde erst so richtig möglich wurde: Sauerstoff.

Aber das sollte noch dauern. Erst kam nämlich eine Eiszeit von ein paar Millionen Jahren, wodurch ein großer Teil des Erdballs mit einer kilometerdicken Eis- und Schneeschicht bedeckt wurde. In dieser Tiefkühltruhe war es zum Leben dann doch etwas zu kalt.

Vergrößerung

5 LEIBSPEISE DER TRILOBITEN: ANDERE TRILOBITEN

Vor 521 Millionen Jahren erschien ein sehr kleines Tier in den Weltmeeren. Es hatte einen richtigen festen Körper mit gleichmäßig angeordneten Gliedern. An den Seiten befanden sich Beine und antennenartige Anhänge. Das Tier war ein Trilobit.

Innerhalb von 13 Millionen Jahren (was für dich extrem lang ist, aber für unseren Planeten nur ganz kurz) entwickelten sich sehr viele dieser kleinen Wesen. Irgendwann gab es gut zwanzigtausend verschiedene Arten, die sich im Körperbau voneinander unterschieden. Manche waren nur wenige Millimeter lang, andere brachten es auf bis zu siebzig Zentimeter. Einige von ihnen bildeten sogar komplexe Augenpaare aus. Sie sind die frühesten Vorfahren unserer heutigen Krebse und Spinnen.

Trilobiten fraßen andere Trilobiten. Das wissen wir, weil Paläontolog*innen (Wissenschaftler*innen, die die Entstehung der Welt erforschen) viele fossile, das heißt versteinerte Trilobiten untersucht haben. Manchmal hockte ein großer Trilobit auf einem kleineren Verwandten, und die Zahnabdrücke waren trotz Versteinerung noch deutlich zu erkennen.

Leicht hatten es die Trilobiten nicht. Immer noch stürzten ständig Gesteinsbrocken auf die Erde, immer wieder gab es Vulkanausbrüche, und manchmal veränderte sich das Klima so stark, dass im Wasser nicht mehr genug Sauerstoff zum Überleben enthalten war. In solchen Zeiten starben viele Trilobiten. Vor etwa 251 Millionen Jahren herrschte auf der Erde ein so lebensfeindliches Klima, dass fast neunzig Prozent aller Trilobiten ausstarben. Die, die übrig blieben, waren echte Überlebenskünstler.

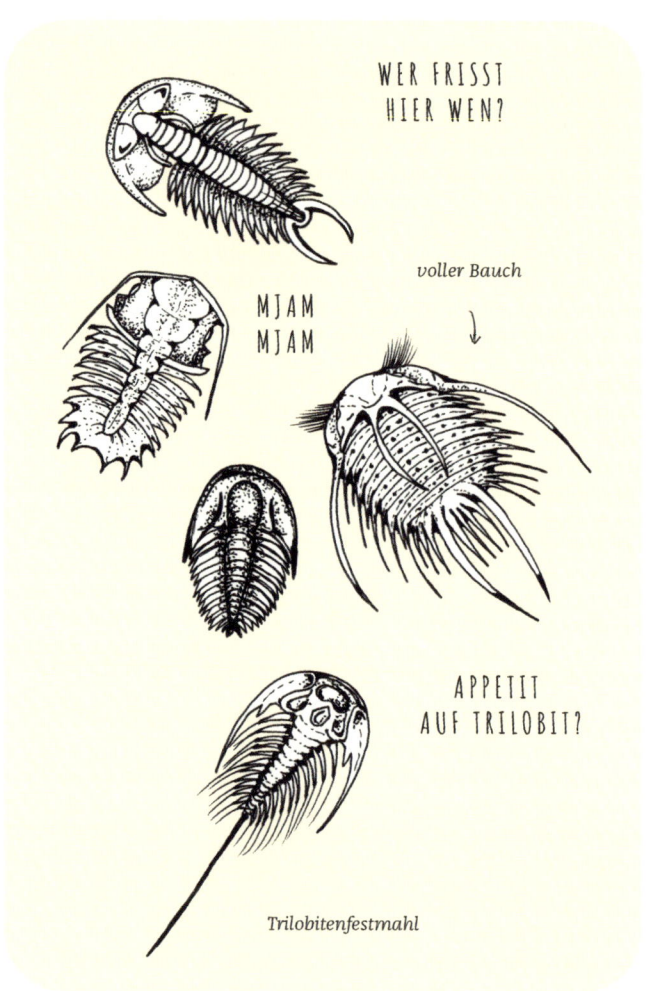

WER FRISST HIER WEN?

voller Bauch

MJAM MJAM

APPETIT AUF TRILOBIT?

Trilobitenfestmahl

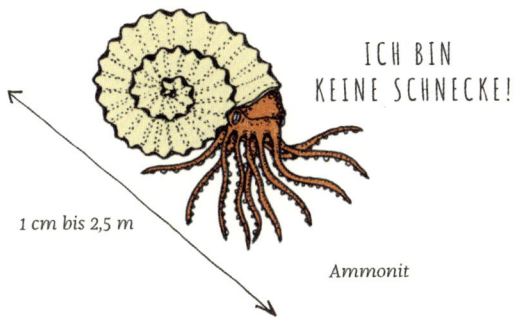

ICH BIN
KEINE SCHNECKE!

1 cm bis 2,5 m

Ammonit

6 ES WAR EINMAL EIN TINTENFISCH IM SCHNECKENHAUS

Mach die Augen zu und stell dir ein Schneckenhaus vor. Es könnte eine enge Spiralform haben oder mehr an einen Korkenzieher erinnern. In diesem Schneckenhaus lebt aber keine Schnecke, sondern ein Tintenfisch mit zehn Tentakeln. Es ist ein Ammonit, ein Lebewesen, das vor 400 Millionen Jahren die Meere bewohnte. Das Gehäuse der Ammoniten bestand aus mehreren Kammern. Wurde der Tintenfisch zu groß für die Kammer, in der er wohnte, baute er einfach eine größere an und zog dort ein. Die kleineren Kammern blieben leer. Manche Ammoniten waren nur ein paar Zentimeter groß, aber es sind auch schon Fossilien mit zwei Metern Durchmesser gefunden worden. Ammoniten pflanzten sich sehr schnell fort und lebten in großen Gruppen zusammen.

Vor etwa 65 Millionen Jahren starben die Ammoniten aus. Wahrscheinlich waren Fortpflanzungsprobleme die Ursache. Ihre Eier trieben auf der Wasseroberfläche, aber Staubwolken verdunkelten die Sonne, und es fiel saurer Regen, wodurch sich die Jungtiere nicht entwickeln konnten.

Auch heute werden noch versteinerte Ammoniten gefunden. Die Menschen sind schon lange fasziniert von diesen prächtigen Fossilien. Der Name »Ammonit« stammt aus dem alten Ägypten. In der Antike erkannte man in dem Fossil die Hörner des altägyptischen Gottes Amun, der häufig als Widder abgebildet wurde. Im Mittelalter kam die Bezeichnung »Schlangensteine« auf, weil die Menschen glaubten, dass es sich um Schlangenfossilien handelte. Einer alten Legende nach beendete die heilige Hilda eine Schlangenplage, indem sie die Tiere in Stein verwandelte.

Willst du auch auf Ammonitensuche gehen? Dann empfehlen wir eine Reise an die Jurassic Coast in England – die Strände dort sind ein Paradies für Fossiliensammler.

Amun

HOPP, AN LAND!

der erste Landgang

7 ALS DIE FISCHE LAUFEN LERNTEN

Es ist kein Wunder, dass die ersten Lebewesen immer unter Wasser blieben, denn dort war es am sichersten. Am Anfang war die Erde nämlich noch nicht von einer schützenden Ozonschicht umgeben, und dadurch war alles Leben auf dem Planeten ständig von der gefährlichen Strahlung der Sonne bedroht.

Unter Wasser sorgten Algen für Sauerstoff. Dieser stieg aus dem Wasser auf und wurde in großer Höhe in Ozon umgewandelt. Nach und nach bildete sich auf diese Weise eine schützende Schicht um die Erde. So wurde es nach langer Zeit endlich möglich, das Wasser zu verlassen.

Manche Meeresbewohner hatten in der Zwischenzeit Beine bekommen – oder besser gesagt: Flossen mit acht Fingern. Die gebrauchten sie allerdings nicht zum Gehen, sondern um im Meeresboden nach Nahrung zu wühlen. Sie atmeten noch durch Kiemen, aber ein paar von ihnen waren bereit für etwas Neues und lugten ab und zu aus dem Wasser heraus. Vielleicht erspähten oder erschnupperten sie dort Fressbares. Die Mutigsten – oder Hungrigsten – unter ihnen wagten sich schließlich an Land, wo sie neue Nahrungsquellen auftaten. Vielleicht stellten sie auch fest, dass es dort leichter war, Nachwuchs großzuziehen. An Land lebten nämlich noch keine Feinde, die ihre Jungen auffressen würden.

Die ersten Entdecker unter den Tieren verbrachten noch viel Zeit im Wasser – aber sie hatten Land erobert! Und das war ein wichtiger Schritt in die Zukunft.

8 VOR 300 MILLIONEN JAHREN GAB ES NUR EINEN EINZIGEN KONTINENT

Heute besteht die Landfläche der Erde aus sechs Kontinenten: Eurasien (Asien und Europa), Afrika, Nordamerika, Südamerika, Antarktika und Australien. Aber das war nicht immer so. Einst gab es nur einen einzigen Kontinent, der dann zerbrach. Die Bruchstücke trieben auseinander, bis sie irgendwo wieder zusammenstießen und neue Kontinente bildeten.

Es ist 300 Millionen Jahre her, dass alle Kontinente zusammen eine einzige Landmasse bildeten. Diesen einzelnen Superkontinent nennen wir Pangäa. Der Name bedeutet: »alle Länder«. Vor rund 100 Millionen Jahren brach Pangäa entzwei.

Im Süden spaltete sich Gondwana ab, im Norden Laurasia. Die beiden Erdstücke zerfielen weiter bis in die Kontinente, die wir heute kennen.

Die Kontinente bewegen sich auch heute noch. Dadurch entstehen unter anderem Erdbeben und Vulkanausbrüche. Das Aussehen unseres Planeten verändert sich also immer weiter. Manche Fachleute sind überzeugt, dass innerhalb der nächsten Million Jahre die Erdteile wieder zu einem einzigen Superkontinent zusammenwachsen werden. Allerdings sind wir dann schon lange nicht mehr hier, um das mitzuerleben.

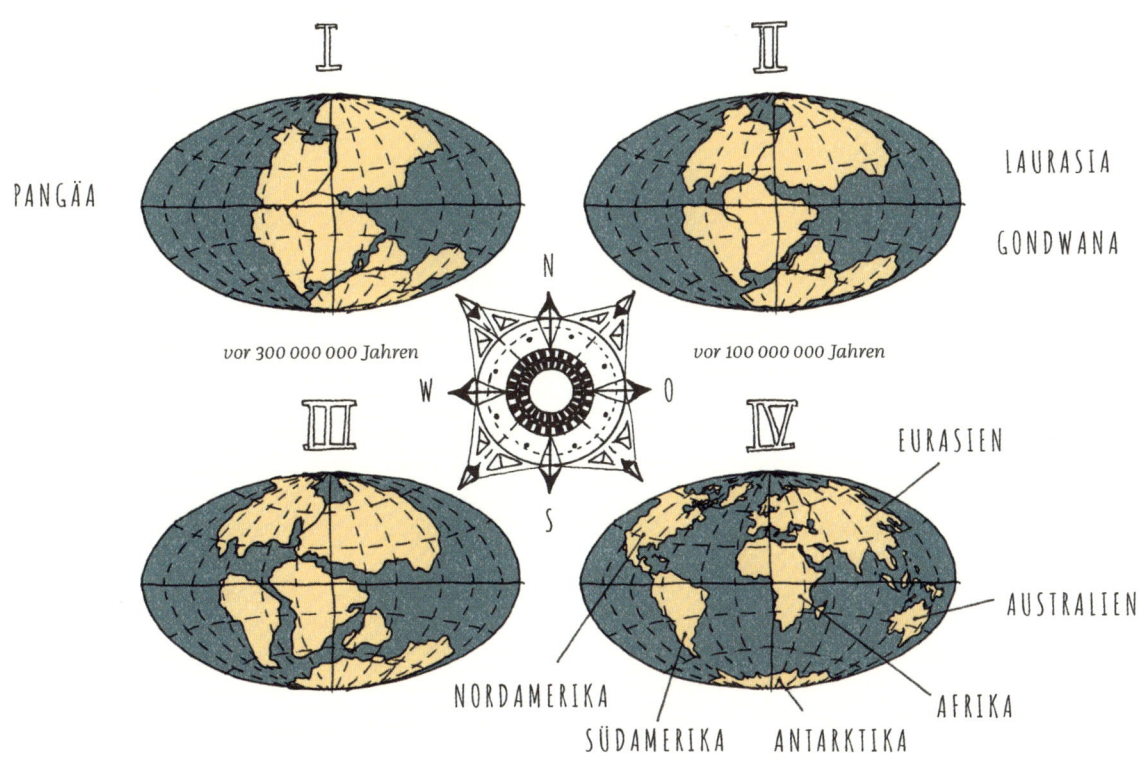

I

PANGÄA

vor 300 000 000 Jahren

II

LAURASIA

GONDWANA

vor 100 000 000 Jahren

N

W   O

S

III

IV

EURASIEN

AUSTRALIEN

AFRIKA

NORDAMERIKA

SÜDAMERIKA   ANTARKTIKA

9 DIE SCHRECKLICHE ECHSE

Den Namen *Dinosaurus* dachten sich die alten Griechen aus. *Deinos* bedeutet »schrecklich, gewaltig« und *sauros* »Eidechse«; die schreckliche Eidechse also. Mit diesem Namen lagen sie gar nicht so falsch. Dinosaurier sind nämlich tatsächlich mit den Reptilien verwandt. Der große Unterschied war, dass sich ihre Beine unten am Körper statt an den Seiten befanden, wodurch sie schneller laufen und sich aufrichten konnten, um an Nahrung zu gelangen. Die anderen Reptilien, die an Land gekommen waren, starben aus, weil sie nicht so gut angepasst waren. Nur die Dinos überlebten.

Nicht alle Dinosaurier waren Riesen. Der *Eoraptor* zum Beispiel, einer der allerersten Dinosaurier, war nur knapp einen Meter groß und brachte elf Kilo auf die Waage – was ungefähr einem mittleren Hund entspricht. Das war nichts im Vergleich zum *Titanosaurus*, der bis zu vierzig Meter lang und zwanzig Meter hoch wurde und so viel wog wie vierzehn Afrikanische Elefanten. Der bekannteste Dinosaurier ist wahrscheinlich der *Tyrannosaurus Rex* – manchmal auch liebevoll T-rex genannt. Er war ein riesiger Fleischfresser, der Jagd auf andere Dinosaurier machte.

Bis vor gut 65 Millionen Jahren bevölkerten die Dinosaurier den Planeten – und dann verschwanden sie plötzlich. Die Wissenschaft ist sich fast sicher, dass damals ein gigantischer Meteorit auf der Erde einschlug. Dabei entstanden so große Staub- und Rauchwolken, dass das Sonnenlicht die Erde nicht mehr erreichte. Pflanzen starben aus, wodurch zuerst die pflanzenfressenden Dinosaurier verhungerten. Und damit gab es auch für die fleischfressenden Dinos bald keine Beute mehr.

Kleine Tiere, die weniger Nahrung brauchten, überlebten den Einschlag des Meteoriten. Und nachdem ihre größten Fressfeinde verschwunden waren, konnten sie sich viel leichter vermehren.

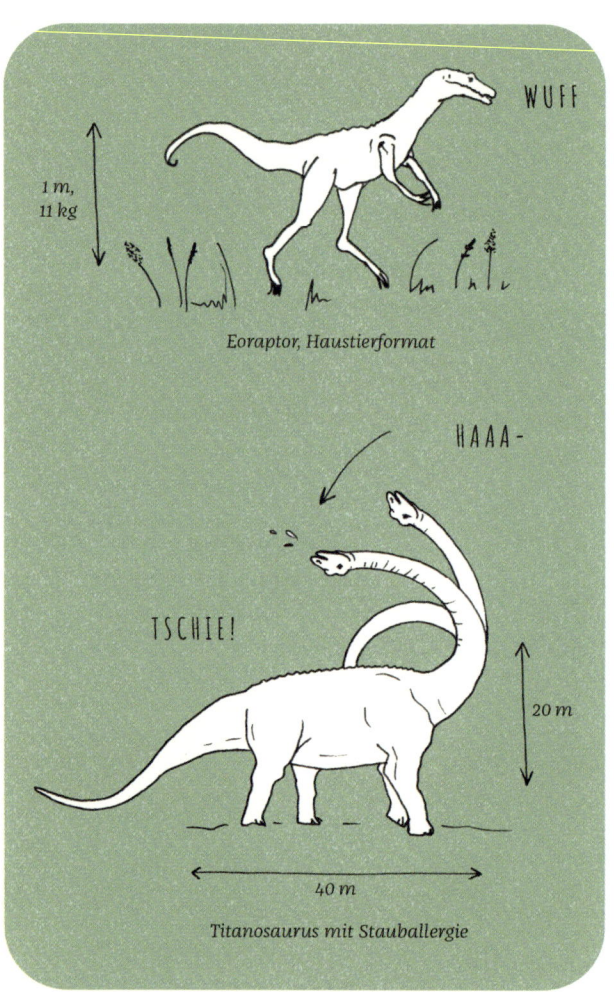

WUFF

1 m, 11 kg

Eoraptor, Haustierformat

HAAA-

TSCHIE!

20 m

40 m

Titanosaurus mit Stauballergie

– 2 –

DIE URGESCHICHTE

Bis ± 3300 Jahre v. Chr.

10 IST DIE »URGESCHICHTE« AUCH SCHON GESCHICHTE?

Eine hervorragende Frage! Für Historiker*innen (also Geschichtsforscher*innen) beginnt die Geschichte eigentlich erst mit der Erfindung der Schrift. Ab da verfügen wir nämlich über die ersten schriftlichen Quellen (Tontafeln, Papyrusrollen ...), die uns die Geschichte des Menschen vermitteln. Die Zeit davor nennen wir daher Prähistorie (wörtlich übersetzt: Vorgeschichte) oder Urgeschichte.

Die ältesten Schriftquellen sind erst knapp fünftausend Jahre alt. Menschen gibt es aber schon viel länger, und in all den Jahrtausenden ohne Schrift sind natürlich auch eine Menge spannender Dinge passiert.

Außerdem können wir gar nicht so eindeutig sagen, seit wann es die Schrift überhaupt gibt. Einige uralte Schriftzeugnisse haben wir bis heute

Was ist nur vor der Schrift passiert?

nicht entziffern können. Im Westen gilt die Schrift der Sumerer, die um 3300 v. Chr. entstand, als die älteste, aber in China sind noch ältere Schriftquellen entdeckt worden. Und was ist mit Neuguinea? Dort lernten die Menschen erst nach der Ankunft der ersten Europäer eine Schrift kennen. Soll ihre »Geschichte« dann erst im Jahr 1600 n. Chr. beginnen?

In den nächsten Abschnitten erfährst du mehr über die faszinierende Urgeschichte der Menschheit.

11 WOHER WISSEN WIR SO VIEL ÜBER DIE URGESCHICHTE?

In der Urgeschichte des Menschen gab es noch keine Tontafeln oder Bücher, die uns heute von der Vergangenheit erzählen könnten. Trotzdem wissen wir eine ganze Menge darüber, und zwar dank der Archäologie. Das ist die Wissenschaft, die die Vergangenheit anhand von Ausgrabungen erforscht. Dabei werden immer wieder Ruinen, versteinerte Überreste und Gebrauchsgegenstände entdeckt.

Aber woher wissen die Archäologinnen und Archäologen, wie alt ein Gegenstand ist? Dafür gibt es verschiedene Methoden. Zum Beispiel können sie das Alter der Erdschicht bestimmen, in der ein Gegenstand gefunden wurde. Wenn eine Erdschicht beispielsweise zehntausend Jahre alt ist, wird ein darin enthaltenes Menschenfossil wahrscheinlich ebenso alt sein. Eine andere Methode ist die *Radiokarbondatierung*. Dabei untersuchen Forscher*innen, wie viel *radioaktiver Kohlenstoff*

HIER WAR EINE SIEDLUNG!

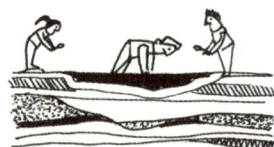

Ein Archäologie-Team bei der Untersuchung verschiedener Erdschichten.

noch in einem Fossil oder Gegenstand enthalten ist. So können sie ziemlich genau feststellen, wie alt etwas ist.

Auch Sprachwissenschaftlerinnen und Sprachwissenschaftler interessieren sich für die Urgeschichte. Sie können zum Beispiel verschiedene Sprachen miteinander vergleichen. So gibt es an ganz unterschiedlichen Orten der Welt immer wieder Wörter und Laute, die sehr ähnlich klingen. An ihnen kann die Sprachwissenschaft erforschen, wie Menschen von einem Ort zum anderen zogen.

In der Genetik, der Wissenschaft, die sich mit Vererbung beschäftigt, wird das Erbgut, die DNA, verschiedener Bevölkerungsgruppen miteinander verglichen. So kann gezeigt werden, welche Menschen sich wann begegneten und welche Verwandtschaftsbeziehungen zwischen verschiedenen Gruppen bestehen. Es kann also gut sein, dass du dein Erbmaterial mit den alten Griechen, den Wikingern oder – wer weiß – mit den Neandertalern teilst.

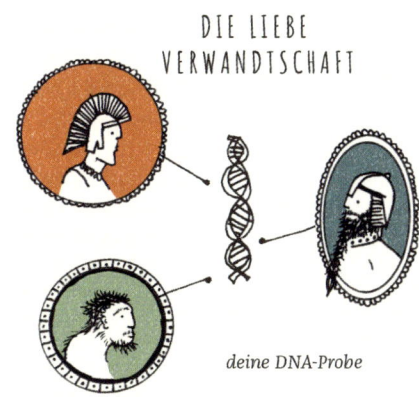

DIE LIEBE VERWANDTSCHAFT

deine DNA-Probe

12 UNSERE FRÜHESTEN VORFAHREN LEBTEN IN AFRIKA

Wir reisen zehn Millionen Jahre zurück: In Afrika leben ganz verschiedene Tiere aus der Gruppe der Affenartigen. Ein paar von ihnen beherrschen den aufrechten Gang, aber schwingen auch gerne noch zwischen den Bäumen. Die aufrecht laufenden gehören zur Gruppe der Hominini. Diese frühen Menschenaffen sind unsere fernsten Vorfahren.

Vor etwa vier Millionen Jahren erscheint in Ost- und Südafrika eine neue Gattung der Menschenaffen auf der Bildfläche: der *Australopithecus*. Dessen Fußabdruck ähnelt schon dem des heutigen Menschen, aber sein Gehirn ist nur ein Drittel so groß. Diese Gattung verbreitet sich über ganz Afrika.

Eine Hominini-Art entdeckt vor rund 2,3 Millionen Jahren, dass man Steine bearbeiten kann, indem man sie gegeneinanderschlägt. So stellen diese Urmenschen die ersten Gebrauchsgegenstände her. Mit geschärften Steinen lassen sich Wurzeln und Nüsse nämlich viel leichter ausgraben. Außerdem kann man damit auch die Knochen getöteter Tiere zerteilen, um an das nahrhafte Knochenmark zu gelangen. Dieser praktisch begabte Mensch wird *Homo habilis* genannt.

Etwa zur gleichen Zeit lebt auch eine Hominini-Art, die nur noch auf zwei Beinen geht, weil sie das hohe Gras so am besten überblicken kann. Das ist der *Homo erectus* – der aufrechte Mensch. Er hat eine lange Stirn und einen kleinen Schädel mit einem dicken Überaugenwulst, wodurch er immer noch einem Affen ähnelt.

Alle diese Menschenaffen waren ständig auf der Suche nach Wegen, leichter an Nahrung zu kommen und sich besser gegen Angreifer zu verteidigen. Sie stellten Faustkeile her, mit denen sie sowohl ein Tier erlegen als auch dem Feind einen Schlag versetzen konnten. Diese Keile sahen fast immer gleich aus. Sie sind die ersten Gebrauchsgegenstände, die eine feste Form hatten.

Evolution des Menschen

13 HOMO ERECTUS UND DAS FEUER

Der *Homo erectus* blieb nicht in Afrika. Vor etwa 1,9 Millionen Jahren brach er zu einer Entdeckungsreise nach Europa und Asien auf. Er hatte inzwischen raus, wie man Speere zur Jagd auf wilde Tiere herstellte. Im kühleren Klima lernte er auch, einfache Holzhütten zum Schutz gegen die Kälte zu bauen. Seine wichtigste »Entdeckung« war aber zweifellos das Feuer.

Am Anfang wusste *Homo erectus* noch nicht, wie man Feuer erzeugt. Feuer entstanden zufällig, wenn etwa ein Blitz einschlug und den Wald in Brand setzte. Oder jemand haute zwei Steine mit so viel Wucht gegeneinander, dass dabei ein Funke entstand. Der entzündete ein paar trockene Zweige und tadaa! – da war ein Feuer, an dem mensch sich wärmen konnte. Das brachte *Homo erectus* auf Ideen. Nach einiger Zeit wusste er nicht nur, wie er ein Feuer entfachen konnte, sondern auch, wie er es unter Kontrolle halten und für sich nutzen konnte. Das Feuer sorgte für Wärme, hielt wilde Tiere auf Abstand und veränderte natürlich die Essenszubereitung. So ein gebratenes Stück Hirschfleisch war nicht nur leckerer, sondern auch viel leichter zu verdauen. Dadurch hatte *Homo erectus* mehr Energie für andere Dinge übrig. Nachdenken zum Beispiel. Oder Bauen. Und mehr Zeit für ein Nickerchen …

Urbaum

HIHI

Urgras

Urflamme

Urmensch

Homo-erectus-Bonus

In der Wonderwerk-Höhle in Südafrika hat ein Forschungsteam verbrannte Knochen und Aschereste entdeckt, die mindestens eine Million Jahre alt sind. Sie stammen höchstwahrscheinlich vom *Homo erectus*.

14 DER KLUGE MENSCH ERFAND DIE SPRACHE UND DIE KUNST

Homo erectus konnte zwar Werkzeuge machen und das Feuer bezwingen, aber er hatte immer noch ein ziemlich kleines Gehirn. Vor ungefähr 300 000 Jahren – da ist man sich heute noch nicht ganz sicher – erschien erstmals *Homo sapiens* auf der Bildfläche. Das bedeutet so viel wie »der kluge Mensch«. Sein Gesicht war flacher, sein Kinn ragte etwas vor, und er hatte kürzere Unterarme als *Homo erectus*. Der wichtigste Unterschied aber war sein größeres Gehirn. Das machte ihn intelligenter, wodurch er sich noch besser an seine Umgebung

anpassen konnte. Er zog aus, um die Welt zu erobern.

Homo sapiens zeigte ein ganz anderes Verhalten als seine Vorgänger. Zum Beispiel schuf er auch Dinge, die er nicht als Werkzeug gebrauchen konnte, wie etwa Zeichnungen an Höhlenwänden, Figuren und Schmuckstücke. Nach und nach entwickelte sich auch eine Sprache. Die Vorfahren des *Homo sapiens* verständigten sich wahrscheinlich mit Lauten – ein Schrei bedeutete zum Beispiel Gefahr. Und wenn einer brüllte, musste man sich in Acht nehmen, denn dann war er richtig böse. Aber erst als die Menschen eine Sprache hatten, konnten sie sich gegenseitig ihre Pläne mitteilen. Für die weitere Entwicklung war das ein großer Vorteil. Außerdem konnten sie sich jetzt am Lagerfeuer Geschichten erzählen – und das machte das Leben bestimmt viel netter.

Urwitze am Lagerfeuer

Bonus-Info

Wenn wir die ganze Geschichte des Planeten in einem Jahr zusammenfassen, erscheint der *Homo sapiens* erst am 31. Dezember um 23.35 Uhr. Er ist also wirklich ein absoluter Newcomer!

15 WIE VIEL NEANDERTALER STECKT IN DIR?

Heute wissen wir, dass *Homo sapiens* nicht die einzige Menschenart war, die je auf der Erde lebte. Mindestens acht weitere Arten bevölkerten gleichzeitig mit ihm den Planeten.

HASTE MAL
FEUER?

urzufällige Urbegegnung

Als *Homo sapiens* vor etwa 35 000 Jahren nach Europa kam, traf er dort auf den Neandertaler. Das war eine Menschenart mit einem dicken Überaugenwulst, einer platten, breiten Nase und einem fliehenden Kinn.

Sein Körper war auch viel behaarter als der des *Homo sapiens*, und er war kräftig gebaut. Die Neandertaler lebten in Höhlen und waren geschickte Jäger. Mit ihren Speeren konnten sie große Säugetiere erlegen. Aus den Häuten machten sie sich Kleidung. Eine Sprache hatten sie (wahrscheinlich) nicht.

Jahrtausendelang teilten sich *Homo sapiens* und Neandertaler denselben Lebensraum. Manchmal verliebten sie sich sogar ineinander und zeugten zusammen Kinder. Doch vor ungefähr 25 000 Jahren starb der Neandertaler plötzlich aus. Wir wissen bis heute nicht, woran das lag. Am Ende blieb nur *Homo sapiens*.

Bonus-Info

Wir tragen heute noch Erbmaterial des Neandertalers in uns. Du kannst sogar in einem Labor testen lassen, wie viel Neandertaler noch in dir steckt.

16 IN DER URGESCHICHTE WAR NUR PLATZ FÜR ZEHN MILLIONEN MENSCHEN

Urzeitliche Menschen gingen auf die Jagd oder sammelten Pflanzen und Wurzeln, um sich zu ernähren. Dafür brauchten sie eine Menge Platz. Eine Gruppe von hundert Jägern und Sammlern benötigte fünfzig bis fünfhundert Quadratkilometer Fläche, um ausreichend Nahrung zu finden. Fünfzig Quadratkilometer entsprechen der Fläche einer kleinen Stadt, fünfhundert Quadratkilometer sind größer als ganz Köln. Damals bot die Erde nur für höchstens zehn Millionen Menschen genug Nahrung! Zum Vergleich: Heute bevölkern wir die Erde mit fast acht Milliarden!

Die Jäger und Sammler waren vollkommen abhängig von dem, was sie in der Natur vorfanden. Sie pflückten Früchte von Bäumen und Sträuchern, fingen Fische und erlegten Säugetiere. Alles wurde sofort aufgegessen. Wenn es in einer Gegend nicht mehr genug Nahrung gab, zogen sie weiter.

Vor rund 15 000 bis 10 000 Jahren entdeckte der Mensch, dass die Samen bestimmter Gräser keimten, wenn er sie auf dem Boden ausstreute. Manche Gräser wuchsen vielleicht besser als andere oder brachten dickere Ähren hervor. Mit

Der erste Landwirt hing sehr an seinem Stückchen Land.

der Zeit verwendete der Mensch nur noch die Getreidesorten, die schnell wuchsen und viel Ertrag brachten. Und er begann mit der Tierhaltung. Dabei nutzte er nicht nur das Fleisch der Tiere: Hühner sorgten für Eier, Schafe und Ziegen gaben Milch, und mit dem Fell konnte er sich kleiden. Der Mensch zähmte diese Tiere und hielt sie fortan als Vieh.

Urnahrung

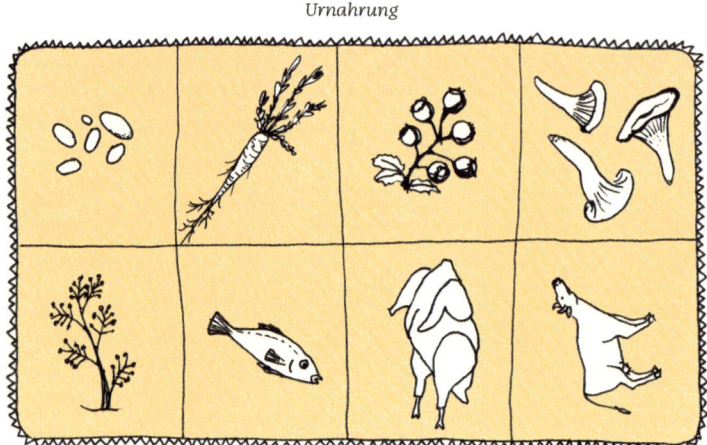

Werkzeuge

Die Erfindung der Landwirtschaft war ein Meilenstein in der Geschichte des Menschen. Dank ihr gab es viel mehr zu essen, wodurch die Bevölkerung anwachsen konnte. Und das tat sie auch: In nur etwa zwölftausend Jahren stieg die Anzahl der Menschen auf der Erde von zehn Millionen auf über sieben Milliarden!

17 DAS ERSTE DORF HATTE KEINE STRASSEN

Jetzt, wo die Menschen Landwirtschaft betrieben, blieben sie natürlich länger am selben Ort. So entstanden Siedlungen, Dörfer und Städte. Eines der ältesten bisher entdeckten Dörfer ist Çatalhöyük in der Türkei. Zwischen 7500 und 5700 v. Chr. lebten dort schon drei- bis achttausend Menschen. Seltsamerweise hatte dieses Dorf keine Straßen. Die Häuser wurden aus sonnengetrocknetem Backstein aneinandergebaut. Keines der Häuser verfügte über eine Tür. Um hineinzukommen, kletterte man mit einer Leiter aufs Dach, wo eine Öffnung ins Innere führte. Also dienten die Dächer als Straßen. Auch Feste wurden dort gefeiert. Auf den Feldern rings um das Dorf wurden Getreide, Nuss- und Obstbäume angebaut. Die Menschen hielten auch Schafe und vielleicht sogar Kühe.

In jedem Haus gab es eine offene Feuerstelle zum Kochen. Entlang der Wände befanden sich Sitzbänke. Die Wände selbst waren mit weißem Ton verputzt. In einem Haus wohnten fünf bis zehn Personen in kleinen Räumen. Es gab einen abgetrennten Vorratsraum, in dem Gemüse und Obst gelagert wurde. Die Verstorbenen wurden unter dem Haus begraben. Die Menschen in Çatalhöyük hatten auch einen Sinn für Kunst. Sie hängten sich

Tierschädel aus Gips an die Wand oder schmückten die Wände mit prächtigen Malereien. Manchmal wurde auch der Schädel eines Verstorbenen vom Körper abgetrennt und schön verziert, um ihn als Andenken zu bewahren.

Wer das alles einmal mit eigenen Augen sehen möchte, kann nach Çatalhöyük reisen und dort die Ruinen besichtigen. Es gibt sogar eine Facebook-Seite, auf der man alles über die neuesten Ausgrabungen an der Stätte erfahren kann.

MAL EBEN ZU DEN NACHBARN RÜBER

Çatalhöyük

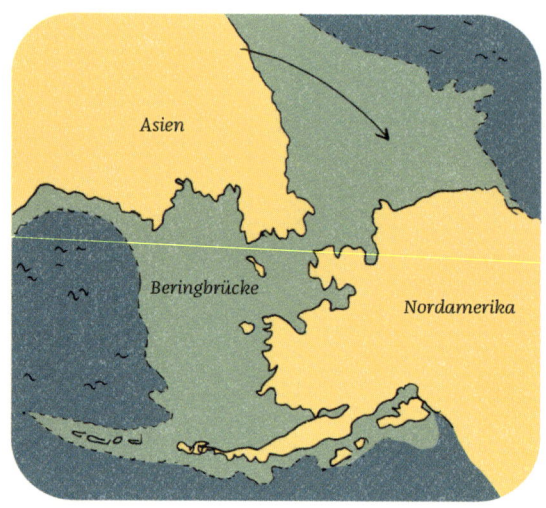

Asien

Beringbrücke

Nordamerika

18 AMERIKA WURDE SCHON IN DER URGESCHICHTE »ENTDECKT«

Wahrscheinlich hast du in der Schule gelernt, dass Christoph Kolumbus Amerika entdeckt hat. Oder vielleicht hast du gehört, dass die Wikinger dort noch viel früher einen Fuß an Land gesetzt hatten. Aber natürlich war Amerika schon viel früher »entdeckt« worden.

PSST

Eigentlich haben weder Kolumbus noch die Wikinger Amerika entdeckt – wer sagt's ihnen?

Während der Eiszeiten war die Erde mit dicken Eis- und Schneeschichten bedeckt. Die Polkappen wurden größer. Im Ozean verdunstete noch immer Wasser, das aber nicht als Regen, sondern als Schnee wieder herunterfiel. Und der blieb liegen. Große Mengen Wasser steckten in den riesigen Eiskappen fest. Der Pegel der Ozeane lag 120 Meter tiefer als heute. Wo heute das Beringmeer liegt, nämlich zwischen Asien und Amerika, lag Land. Also waren die beiden Kontinente miteinander verbunden. Die Menschen zogen erst von Afrika nach Europa, von dort ging es weiter nach Asien, wo sie wahrscheinlich die *Bering-Landbrücke* nach Amerika überquerten. Eine ganze Weile lebten sie sogar da, wo heute der Meeresboden ist. Die Menschen, die in den Norden Amerikas und ins heutige Kanada weiterzogen, waren die Vorfahren der Inuit. Die Menschen, die weiter nach Süden zogen, waren die Vorfahren verschiedener indigener Völker Amerikas.

Überreste von prähistorischen menschlichen Siedlungen wurden unter anderem in dem südamerikanischen Land Chile gefunden. Sie zeigen, dass schon zwischen 16 500 und 12 500 v. Chr. Menschen auf dem amerikanischen Kontinent wohnten. Sie waren also die wahren Entdecker Amerikas.

19 DIE NETTESTEN WÖLFE BLIEBEN BEIM MENSCHEN

Hund und Mensch leben schon lange zusammen. Der Vorfahre des Hundes ist der Wolf. Wölfe sind eigentlich eher scheue Tiere, die sich vom Menschen lieber fernhalten. Aber sie waren natürlich auch schlau und wussten, dass es bei den Menschen immer etwas zu fressen gab. Die aufgeschlossensten unter den Wölfen wagten sich immer näher an den Menschen heran. Manche von ihnen zogen sogar mit den Nomadenvölkern umher.

Der Mensch fand die Wölfe wahrscheinlich interessant. Mit den besonders netten freundete er sich sogar an und versuchte, sie zu zähmen. Das klappte auch, denn der Wolf ist ein soziales Tier, das sich als Teil eines Rudels am wohlsten fühlt. Einige nahmen den Menschen sogar als Leitwolf an und fügten sich in ihr neues Rudel ein.

Nach und nach veränderte sich der Wolf auch äußerlich. Er wurde den Hunden, die wir heute kennen, immer ähnlicher. Und der Mensch hatte inzwischen raus, dass die Tiere ihm bei allen möglichen Aufgaben nützlich sein konnten. Sie konnten Viehherden zusammentreiben und ihre Menschen bei Gefahr warnen. Manche Wolfsarten waren hervorragende Bewacher, andere waren schnell und leise, wodurch sie sich besonders zur Jagd eigneten.

Der Mensch gab sich große Mühe,
die Gunst des Wolfs zu gewinnen.

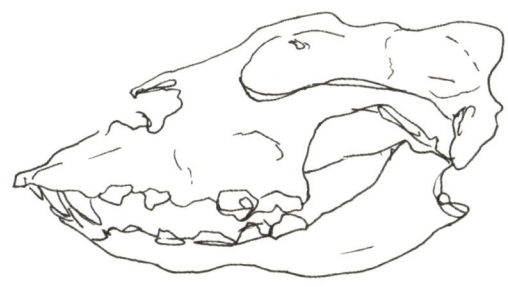

der Schädel des Goyet-Hundes

Bonus-Info

Die ältesten Überreste eines Hundes wurden in den Höhlen von Goyet in Belgien gefunden. Dank ihnen wissen wir, dass Mensch und Hund schon seit mindestens 32 000 Jahren zusammenleben.

20 SCHON DER URMENSCH BEFASSTE SICH MIT MATHEMATIK

Der Mensch lernte viel früher Zählen als Schreiben. Ist ja auch klar: Man sieht sofort, ob in der Ferne nun keine, eine einzige oder ein paar Gazellen grasen – und ja, das ist schon eine Form von Zählen.

Nach einiger Zeit begannen unsere frühen Urahnen, sich bestimmte Dinge zu notieren. Dafür nutzten sie Kerbstöcke. Das waren Holzstöcke, Knochen oder Steine, auf denen sie Striche einritzten, zum Zählen oder um sich etwas zu merken.

Der bekannteste prähistorische Zählstab ist der Lebombo-Knochen, der im afrikanischen Eswatini entdeckt wurde. Dabei handelt es sich um einen Pavianknochen aus dem Jahr 35 000 v. Chr. Darauf sind deutlich 29 kleine Kerben zu erkennen.

Ein anderer berühmter Rechenstab ist der im heutigen Kongo gefundene Ishango-Knochen aus dem Jahr 22 000 v. Chr. Er enthält drei Spalten mit Kerben. Wir können also davon ausgehen, dass die Urmenschen wenigstens ein bisschen zählen konnten.

Du bist kein Mathe-Fan? Dann denk nur an den *Homo sapiens*, der in der Steppe versuchen musste, sich zu merken, wie viele Gazellen jeden Tag zur Wasserstelle trinken kamen. Niemand hatte ihm beigebracht, wie es geht, also musste er von selbst drauf kommen.

MATHEGENIE
ODER
KREATIVKOPF?

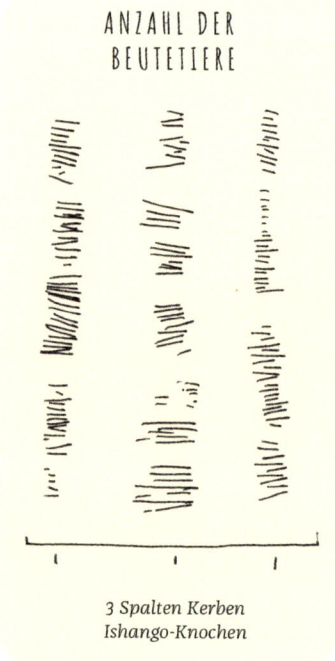

ANZAHL DER BEUTETIERE

3 Spalten Kerben
Ishango-Knochen

Höhlenmalerei in Lascaux

21 DIE ERSTE SCHRIFT WAR EIN COMIC OHNE SPRECHBLASEN

Auch die Urmenschen wollten wichtige Ereignisse irgendwie festhalten und an die Nachwelt weitergeben. Die allerersten bisher entdeckten Botschaften sind über vierzigtausend Jahre alt. Es handelt sich um Handabdrücke und Schablonenbilder von Händen (Handnegative) sowie Ritzzeichnungen auf Höhlenwänden (Petroglyphen). Die Zeichnungen zeigen wilde Tiere, Jagdszenen, Kämpfe oder religiöse Symbole. Oft wurden sie noch mit Farbstoffen ausgemalt. Es sind also richtige Bildergeschichten, nur ohne Sprechblasen.

In den Höhlen von Nerja in Spanien wurden Zeichnungen entdeckt, die mindestens 42 000 Jahre alt sind. Auch in der Höhle von Lascaux in Frankreich gibt es wunderschöne Wandmalereien zu besichtigen. Sie zeigen Mammuts, Auerochsen und andere Tiere.

Noch vor etwa 2000 Jahren verständigten sich Angehörige der Navajo in Nordamerika untereinander mit solchen Zeichnungen. Wenn sie etwa an einem bestimmten Felsen vorbeikamen, ritzten sie eine Botschaft hinein. Die Zeichnungen erzählen von der Ernte, von Göttern, der Jagd und dem Alltagsleben. Darum wird der Felsen auch *Newspaper Rock*, also Zeitungsfelsen, genannt. Die

genaue Bedeutung der Zeichnungen kennen wir noch nicht. Die Petroglyphen sind noch nicht entziffert, und natürlich gibt es auch kein prähistorisches Wörterbuch, in dem wir die Bedeutung nachschlagen könnten.

22 AUCH IN CHINA GAB ES FRÜHE VORLÄUFER DER SCHRIFT

1999 wurde in der chinesischen Provinz Henan ein altes Dorf ausgegraben, nicht weit vom Gelben Fluss. Von 7000 bis 5700 v. Chr. lebte dort das Volk der Jiahu.

Die Jiahu wohnten in kleinen Ein-Raum-Häusern. Inmitten der Siedlung befand sich ein größeres Gebäude, das wahrscheinlich zum Arbeiten diente. Das Dorf existierte 1300 Jahre lang, bis es von einer schweren Flut getroffen wurde.

In den Häusern der Jiahu wurden bei Ausgrabungen die ältesten noch spielbaren Musikinstrumente der Welt gefunden: aus Kranichknochen geschnitzte Flöten.

Die Jiahu waren ein sehr feierfreudiges Volk. Sie machten nicht nur Musik, sondern ließen sich dazu auch gern ein Glas Wein schmecken. Den stellten sie aus gegorenem Reis her. Sie wussten auch, wie sie an Honig kommen konnten. Echte Genießer also!

Der interessanteste Fund aber sind ganz bestimmt die Symbole, die auf neun Schildkrötenpanzern und zwei Knochen entdeckt wurden: sechzehn unterschiedliche Markierungen, unter anderem ein Zeichen für »Auge«. Manche Fachleute halten sie für einen sehr frühen Vorläufer der chinesischen Schrift.

TUUUT

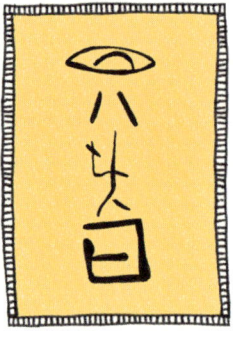

Jiahu-Symbole

– 3 –

DAS ALTERTUM

Von ± 3300 v. Chr.
bis ± 500 n. Chr.

DIE ÄLTESTEN KULTUREN

23 ÜBERALL AUF DER WELT ENTSTEHEN HOCHKULTUREN

HIER LIEGT MESOPOTAMIEN

*die erste Zivilisation
im Zweistromland*

Das Altertum beginnt mit der Entwicklung der Schrift in Sumer um 3500 v. Chr. Später entstehen auch an anderen Orten Schriftsysteme. Sie unterscheiden sich stark voneinander, aber sie alle führen Stück für Stück große Veränderungen herbei. Mit der Schrift entstehen an verschiedenen Orten auf der ganzen Welt große Reiche, die wir Kulturen oder Zivilisationen nennen.

In Afrika entstanden die ersten großen Kulturen der Menschheit in Ägypten und Karthago. Besonders die Ägypter* hinterließen uns einen wahren Schatz an Informationen, weswegen wir heute viel über sie wissen.

In Europa waren es die Griechen* und Römer*, die riesige Reiche gründeten. Daneben hatten auch die Kelten* und Germanen* großen Einfluss auf die europäische Kultur.

In Asien gründeten die Sumerer* im Zweistromland (auch: Mesopotamien) eine erste Zivilisation. Außerdem gab es das persische Reich, das Reich der Meder*, die Phönizier* und das chinesische Reich.

Auf dem amerikanischen Kontinent gehörten die Olmeken* (ab ca. 1200 v. Chr.) zu den frühesten Hochkulturen.

* Wir schreiben in diesem Buch viel von den alten Ägyptern, den alten Römern und Griechen, von Kelten und Germanen, von Sklaven und Königen, Siedlern und Bewohnern und so weiter – wir meinen damit Kulturen und Gruppen von Menschen, zu denen natürlich alle Geschlechter, Frauen genauso wie Männer gehören. Sollten einmal nicht alle gemeint sein, schreiben wir das dazu.

24 WETTERVORHERSAGE MIT CHINESISCHEN ORAKELKNOCHEN

Die Panzer und Knochen aus Info 22 sind die Vorläufer der Orakelknochen, die ab 1200 v. Chr. in Gebrauch kamen. Wahrsager nutzten dafür Schulterblattknochen von Ochsen und den flachen Bauchpanzer von Schildkröten. Mit einem Kupferwerkzeug ritzten sie ihre Fragen hinein. Die Knochen und Panzer wurden dann in einer Zeremonie mit einem glühend heißen Metallstab berührt, bis sie aufplatzten. Die Risse und Sprünge wurden als Antwort der Götter gedeutet, die allein der Wahrsager lesen konnte. Die Voraussagen drehten sich um die Jagd, um den Ausgang von Kriegen oder auch – echt wahr! – um das Wetter. Darum werden diese Knochen und

REGEN?

Orakelknochen

Schildkrötenpanzer »Orakelknochen« genannt. Ein Orakel sagt die Zukunft voraus. Die Schrift heißt Orakelschrift.

Über einhunderttausend Orakelknochen wurden bis heute bei Ausgrabungen gefunden. Auf ihnen stehen geschätzt 4600 verschiedene Schriftzeichen, von denen bisher nur rund 2000 entziffert wurden.

Die Orakelknochenschrift ist ein Vorläufer der Schrift, die heute noch in China benutzt wird. Es ist eine Wortbildschrift, bei der ein Zeichen meist für einen Gegenstand oder eine Idee steht. Bei einem Gegenstand sprechen wir von einem *Piktogramm*, bei einer Idee von einem *Ideogramm*.

Es kann gut sein, dass die alten Chinesen auch schon mit Stiften auf Bambus schrieben, aber von diesen Schriften ist leider nichts mehr erhalten. Bambus zerfällt nämlich viel schneller als Knochen oder Panzer.

25 KANNST DU QUIPU LESEN?

Zwischen 3200 und 1800 v. Chr. blühte im heutigen Peru in der Nähe mehrerer Flüsse die Norte-Chico-Kultur. Die Norte Chico waren hervorragende

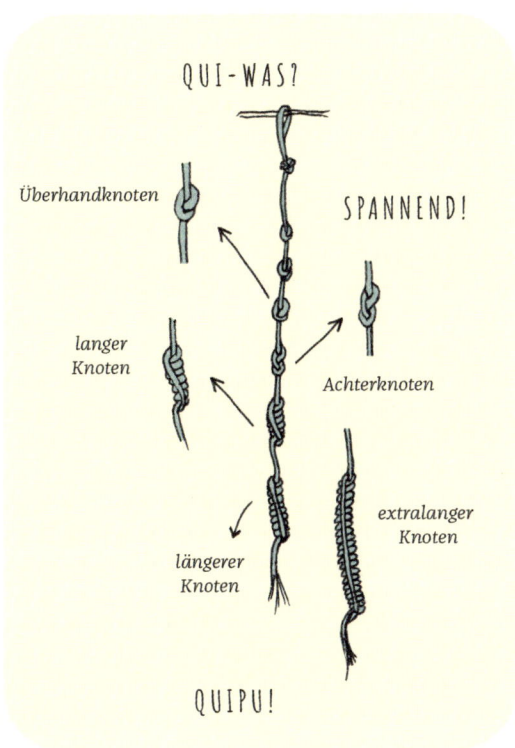

QUI-WAS?

Überhandknoten

SPANNEND!

langer Knoten

Achterknoten

längerer Knoten

extralanger Knoten

QUIPU!

Architekten. Sie errichteten Pyramiden, die wahrscheinlich als Tempel dienten. Daneben nutzten sie ein schlaues Bewässerungssystem, um den Boden fruchtbarer zu machen. Die Norte Chico fertigten keine Tonware an und auch keine Kunstgegenstände, außer einer Art Flöte aus Pelikanknochen.

Dafür fand man bei Ausgrabungen etwas ganz Besonderes: die Quipu. Das waren geknüpfte Schnüre, die als eine Art Zahlen- und Schriftsystem dienten. Ganz oben befand sich eine Hauptschnur. Daran hingen mehrere Nebenschnüre mit vielen verschiedenen Knoten drin.

Die ältesten Quipu wurden also vermutlich von den Norte Chico geknüpft, doch die meisten, die man gefunden hat, sind viel neuer und stammen aus der Zeit der Inka (12. bis 16. Jahrhundert). Zuerst dachte man, dass die Quipu nur zum Zählen gut waren. Mit ihnen konnten die Menschen über ihre Vorräte Buch führen – ähnlich wie bei einem Rechenrahmen: Die untersten Knoten standen für Einerstellen, die oberen für die Zehner. Aber auch die Form der Knoten, das Schnurmaterial (Wolle, Baumwolle …) und die Schnurfarbe hatten eine Bedeutung. Inzwischen wissen wir mehr. Die Quipu konnten auch Geschichten erzählen und sind damit eine richtige Schrift, die noch lange nicht vollständig entschlüsselt ist.

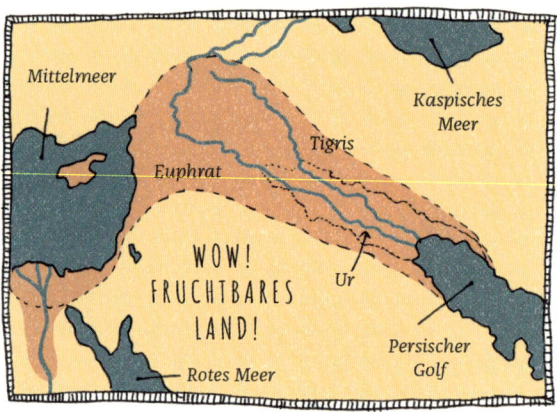

Fruchtbarer Halbmond

Mittelmeer

Kaspisches Meer

Tigris

Euphrat

Ur

WOW! FRUCHTBARES LAND!

Rotes Meer

Persischer Golf

Mesopotamien, Zweistromland

26 DIE SUMERER BAUTEN DIE ERSTE RICHTIGE STADT

Umherziehende Jäger und Sammler beschlossen eines Tages, sich in Mesopotamien niederzulassen. Zwischen den Flüssen Euphrat und Tigris, auf dem Gebiet des heutigen Irak, lag eine Ebene mit reichlich Nahrung. Hier wurde das Land regelmäßig von den Flüssen überschwemmt. Zurück blieb fruchtbare, schlammige Erde, in der allerlei Pflanzen gut gedeihen konnten. Nach und nach entschieden sich immer mehr Stämme zu bleiben, anstatt weiter umherzuziehen. Sie errichteten eigene Dörfer in diesem sogenannten Fruchtbaren Halbmond.

Und diese Dörfer wurden immer größer. Im Jahr 5000 v. Chr. legten die Menschen ein Kanalsystem zur Bewässerung des Landes an. Um 4000 v. Chr. schlossen sich dann mehrere Dörfer zu einer größeren Stadt zusammen. Die trug den Namen Ur.

Die Sumerer machten Ernst mit der Stadtentwicklung. Sie trieben Handel, webten Textilien, verarbeiteten Leder und waren Meister der Töpferkunst. Und sie erfanden zwei Dinge, die die Geschichte der Menschheit von Grund auf veränderten: das Rad und die Schrift.

JETZT WIRD GEBAUT!

27 DIE WICHTIGSTE ERFINDUNG DES MENSCHEN?

Schau dich doch einmal um – wahrscheinlich siehst du gleich irgendwo ein Rad. Es fällt schwer, sich eine Gesellschaft ganz ohne Räder vorzustellen. Trotzdem lebte die Menschheit sehr lange ohne diesen praktischen Gegenstand. Nadeln, Seile, Schiffe und sogar Flöten wurden erfunden, bevor jemand auf die Idee kam, eine flache, kreisrunde Scheibe herzustellen, die für alles Mögliche gebraucht werden konnte. Wahrscheinlich dauerte es so lange, weil Räder in der Natur nicht vorkommen. Der Mensch konnte sich also kein Vorbild nehmen. Wollte er zum Beispiel schwere, große Steine transportieren, nahm er dazu aneinandergelegte Baumstämme, über die er die Steine rollte. Dabei musste immer der hinterste Baumstamm nach vorne geholt werden. Eine zeitraubende und anstrengende Arbeit, für die man viele Menschen benötigte.

Das erste Rad wurde um 3500 v. Chr. hergestellt. Es war zwar eigentlich eine Töpferscheibe, aber irgendwann erkannte ein schlauer Kopf, dass sie sich auch als Transportmittel eignete, und baute einen Streitwagen damit.

Mit der Zeit wurde das Rad weiterentwickelt. Mit Speichen wurde es leichter und stabiler. Es wurde nicht mehr nur für Streitwagen, sondern auch für Schubkarren und Pferdepflüge gebraucht. Damit konnte man die Felder viel schneller beackern als vorher. Nach und nach kamen die Menschen dahinter, wie vielseitig das Rad war – dass man es auch für Wind- und Wassermühlen zum Getreidemahlen verwenden konnte, und für Zahnräder, um etwas in Bewegung zu setzen. Heute können wir uns eine Welt ohne Räder nicht mehr vorstellen.

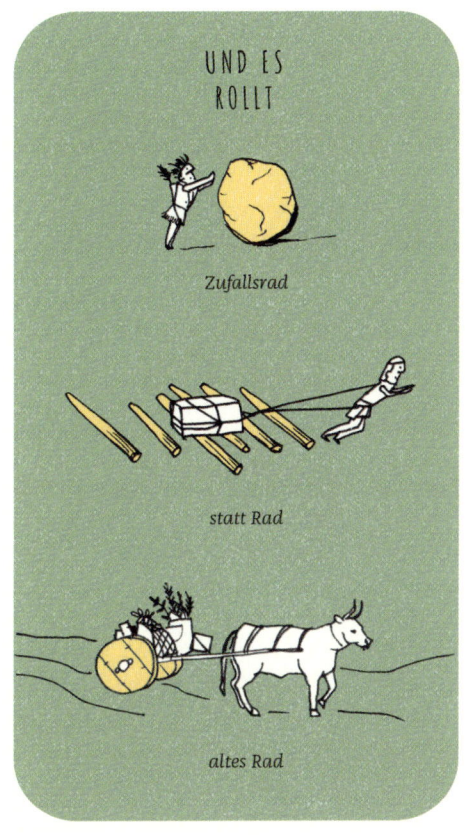

UND ES ROLLT

Zufallsrad

statt Rad

altes Rad

28 GRIFFEL UND TONTAFELN RAUS, ZUM DIKTAT!

Stell dir vor, du bist ein Viehhändler im Jahr 3300 v. Chr. Du willst dir notieren, dass du gerade sechs Kühe verkauft hast, aber da gibt es ein Problem. Die Schrift ist noch nicht erfunden! Du kannst zwar sechs Striche machen, aber wie willst du in ein paar Monaten noch wissen, dass es um Kühe und nicht um Ziegen oder Schafe ging?

Die Sumerer ließen sich etwas einfallen: Man könnte doch mit einem kleinen Stock Zeichen in weichen Ton ritzen. Um das Ganze einfacher zu machen, stellten sie kleine Tafeln her, die als Seiten dienten. Und sie ritzten nicht nur Striche für die Anzahl der Kühe hinein, sondern zeichneten auch einen Kuhkopf daneben. In der Sonne ließen sie die Tafeln trocknen, damit die Informationen bewahrt blieben. Die Schrift war geboren.

Natürlich ist es nicht praktisch, jedes Mal einen Kuhkopf zeichnen zu müssen – das kostet zu viel Zeit. Außerdem lässt sich so nur schwer festhalten, dass es zum Beispiel um »große« oder »alte« Kühe ging. Deshalb vereinfachten die Sumerer ihre

Piktogramme zu simpleren Zeichen. Etwa um 2800 v. Chr. war auf diese Weise eine Bild- und Lautschrift entstanden. Dabei stand ein Zeichen für eine oder mehrere Silben. Aus Schilfrohr oder Holz wurden Schreibgriffel gemacht, mit denen man die Schriftzeichen mühelos in den noch weichen Ton drücken konnte. Die Zeichen hatten eine Keil- oder Nagelform, daher der Name Keilschrift. Diese Schrift blieb mehr als zweitausend Jahre in Gebrauch. Anfangs diente sie vor allem zum Erfassen von Zahlen und Mengen. Aber spätestens ab 2400 v. Chr. wurden auch Geschichten in Keilschrift verfasst.

Bei archäologischen Ausgrabungen sind Millionen beschrifteter Tontafeln gefunden worden – das liegt auch daran, dass ausgehärteter Ton sehr haltbar ist. Auch bei Feuer werden solche Tontafeln nicht vernichtet, sondern sogar härter und stabiler. Es sind mehr Schriftzeugnisse in Keilschrift erhalten als Schriftzeugnisse der alten Griechen und Römer. Die schrieben nämlich auf weniger haltbaren Materialien.

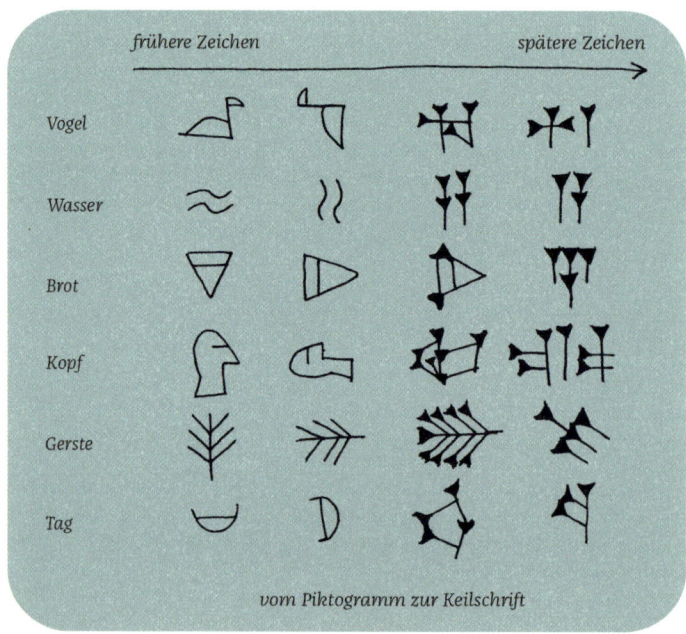

vom Piktogramm zur Keilschrift

Behistun-Inschrift

29 WIE KOMMT ES, DASS WIR DIE KEILSCHRIFT LESEN KÖNNEN?

Die Keilschrift sieht aus wie eine Art Geheimschrift. Als die ersten Tontafeln gefunden wurden, konnte niemand die Schrift lesen. Zum Glück wurde eines Tages die *Behistun-Inschrift* entdeckt. Das ist ein Text, der einst in hundert Metern Höhe in einen Felsen in Bisutun (im heutigen Iran) gemeißelt wurde. Der Text erzählt dieselbe Geschichte in drei verschiedenen Keilschriftsprachen: Altpersisch, Elamisch und Akkadisch. Durch den Vergleich der drei Sprachen gelang einem Forscher die Entschlüsselung der Keilschrift. Die Behistun-Inschrift diente ihm dabei als eine Art Keilschrift-Wörterbuch.

Die Botschaft auf dem Felsen stammte von König Dareios dem Großen. Es ist die Geschichte seiner größten Heldentaten und Siege. Dareios regierte von 522 bis 486 v. Chr. über das persische Großreich. Die Inschrift ließ er auf einem Felsen entlang der königlichen Straße einmeißeln, damit jeder, der vorbeikam, sie lesen würde. Über dem Text befindet sich ein Bildnis des Königs mit zwei Kriegsherren. Dareios hält auf dem Bild ein Seil mit neun gefesselten Gefangenen daran. Zu seinen Füßen liegt noch ein zehnter Gefangener. Sie stehen als Symbol für die Völker, die Dareios besiegt hat. Darunter ist die Geschichte des Kriegs in den drei Keilschriftsprachen zu lesen. Die gleiche Geschichte wurde später auch auf Papyrusrollen in Ägypten entdeckt. König Dareios wollte wohl unbedingt sichergehen, dass die Menschen überall von seinen Heldentaten erfuhren!

30 DAS BESONDERE GESETZBUCH VON KÖNIG HAMMURABI

»Begeht ein Arzt bei einem reichen Mann einen Fehler, so sind ihm die Hände abzuhacken. Begeht er einen Fehler bei der Behandlung eines Sklaven, so hat er eine Buße zu zahlen.«

»Wird der Bewohner eines Hauses beim Einsturz des Hauses getötet, so wird der Baumeister auch getötet. Wird dabei der Sohn des Hausbesitzers getötet, so wird der Sohn des Baumeisters getötet.«

Dies sind nur zwei von 282 Gesetzen aus dem *Codex Hammurabi*. Hammurabi war ein einflussreicher König, der von ungefähr 1797 bis 1750 v. Chr. über Babylon herrschte. Babylon war eine Stadt am Fluss Euphrat. Zwischen 1770 und 1670 v. Chr. war es die größte Stadt der Welt.

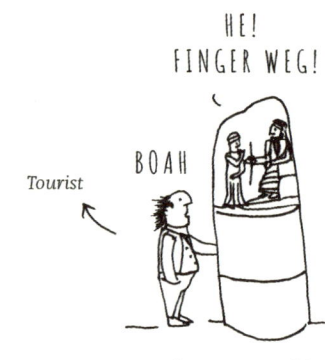

HE! FINGER WEG!

BOAH

Tourist

Codex Hammurabi

Der Codex Hammurabi ist kein dickes Gesetzbuch mit Tausenden von Seiten, sondern ein knapp zweieinhalb Meter hoher schwarzer Stein. Ganz oben befindet sich ein Bildnis von König Hammurabi, der die Gesetze von Šamaš, dem Gott der Gerechtigkeit, überreicht bekommt. Darunter sind die Gesetze in Keilschrift aufgelistet. Darin geht es um Handel, aber auch um Bußgelder und Strafen. So können wir heute genau sagen, wie viel man einem Arzt für eine Operation bezahlen musste. Aber wir erfahren auch, was passierte, wenn der Arzt einen Fehler machte. Die Strafen fielen nicht gerade glimpflich aus! Für manche Vergehen bekam man sogar ein Ohr abgehackt oder die Zunge rausgeschnitten. Aber es galt auch der Grundsatz, dass jemand unschuldig blieb, bis seine Schuld bewiesen war.

Die Original-Steinstele mit dem Codex Hammurabi kann man heute im Museum Louvre in Paris bewundern.

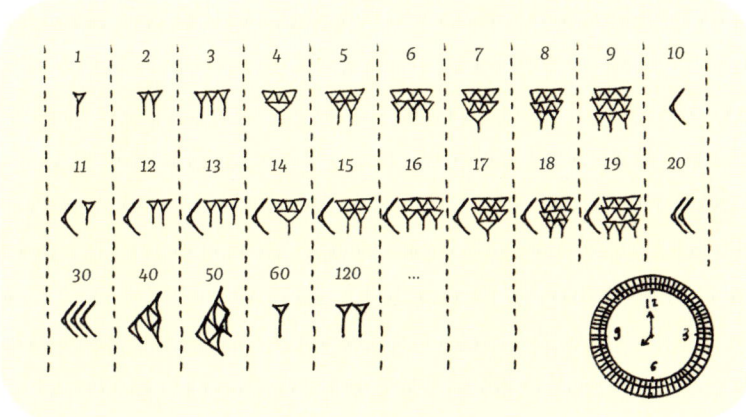

Sechziger-System

31 DIE BABYLONIER WAREN AUCH MATHE-ASSE

Die Babylonier waren ziemliche Alleskönner. Sie betrieben Landwirtschaft, aber waren auch ein großes Handelsvolk. Daneben befassten sie sich mit Wissenschaft und Mathematik. Damit versuchten sie, verschiedene Probleme zu lösen.

Die Sumerer hatten die Rechentafel bereits erfunden. Sie beherrschten auch das Teilen von Zahlen und die Flächenberechnung. Die Babylonier bauten auf diesem Wissen auf und gingen noch einen Schritt weiter: Sie erfanden unter anderem Brüche und quadratische Gleichungen. Hast du in der Schule schon vom Satz des Pythagoras* gehört? Den haben sich die Babylonier ausgedacht. Der Grieche Pythagoras gab ihm nur seinen Namen (und strich dafür den Ruhm ein).

Die babylonische Mathematik nutzte, anders als wir heute, kein Zehner-, sondern ein Sechziger-System. Die Babylonier notierten ihre Berechnungen in Keilschrift auf Tontafeln. Ein Keil stand dabei für die Eins, ein Haken für die Zehn. Bis zur 59 wurden Zeichen mehrfach geschrieben. Die Zahl 59 bestand also aus fünf Haken und neun Keilen. Auch die 60 wurde mit einem Keil dargestellt, genau wie 60² (3600) und 1/60. Die Ziffer Null und ein Komma verwendeten sie nicht. Bei den Babyloniern musste man also selbst schlau genug sein, um sich zusammenzureimen, welche Zahl gerade gemeint war.

Wusstest du, dass wir heute noch ein bisschen babylonische Mathematik gebrauchen? Denk nur an die Minute mit sechzig Sekunden und die sechzig Minuten in der Stunde. Oder den Kreis mit 360°.

* $a^2 + b^2 = c^2$

32 HAST DU ANGST VOR PAZUZU?

In der Glaubenswelt der Babylonier gab es viele höhere Wesen, darunter männliche und weibliche Götter und Halbgötter, aber auch Geister, Dämonen (Teufel) und Monster.

Der Hauptgott der Babylonier war Marduk. Er stand als Reichs- und Beschützergott allen anderen Göttern vor. Die Göttin Mami half bei der Schöpfung des Menschen. Ihr Name ist kein Zufall: Mami wurde als Muttergöttin verehrt.

Dämonen und Monster waren an ihrem furchterregenden Aussehen zu erkennen und spielten eine wichtige Rolle. Einer von ihnen war Pazuzu, ein haariges Wesen mit hässlichem Kopf und Schuppen am ganzen Körper. Auf dem Rücken hatte er große Flügel, an den Händen und Füßen scharfe Krallen. Und einen Schwanz wie ein Skorpion!

YEAH!
ICH BIN DER
OBERGOTT!

*Marduk,
Haupt- und Schutzgott*

Pazuzu war ein Dämon, der Krankheiten über die Menschen brachte. Sie fürchteten sich vor ihm. Manche trugen Amulette (eine Art Glücksbringer), um sich vor seiner Macht zu schützen. Aber Pazuzu war auch so hässlich, dass er andere Dämonen verjagen konnte. Darum riefen ihn Mütter mit kleinen Babys manchmal an, um die Dämonin Lamaschtu zu vertreiben. Die galt nämlich als gefürchtete Babyfresserin.

Im Pariser Louvre gibt es eine Statue von Pazuzu. Auf seinen Flügeln steht: »Ich bin Pazuzu, Sohn des Hanpa, König der bösen Geister und des Sturmwindes aus den Bergen.«

Und, hättest du auch Angst vor Pazuzu gehabt?

KUCKUCK

*Pazuzu,
Dämon*

babylonischer Priester beim Sternedeuten

33 BABYLONISCHE PRIESTER LASEN DEN HIMMEL WIE EINE SCHRIFTTAFEL

Die Babylonier erfanden die Keilschrift und waren gut in Mathe. Aber wusstest du, dass sie auch richtige Sternenkundler (Astronomen) waren?

⊙ Abends stiegen babylonische Priester auf die Spitze der Zikkurat (so heißen die babylonischen Tempeltürme) und versuchten von dort, die *himmlische Tafel* zu lesen. Diese Tafel war entstanden, als der Hauptgott Marduk das Monster Tiamat besiegte und aus seiner Haut den Himmel spannte. Aus den anderen Körperteilen formte er die Erde, die Sonne, den Mond und die Sterne. Die folgten am Himmel einer bestimmten Bahn. Das hatten sich die Götter schlau ausgedacht, denn so konnten sie den Menschen auf der Erde Botschaften übermitteln.

⊙ Es war Aufgabe der Priester, die Botschaften Marduks und der anderen Gottheiten zu entschlüsseln. Sie hatten dafür keine besonderen Geräte wie Fernglas oder Fernrohr. Aber sie beschrieben ganz genau, was sich am Himmel abspielte. Sie gaben den Sternen Namen und Nummern, entwickelten einen Kalender und konnten ziemlich genau Sonnen- und Mondfinsternisse vorhersagen. Das alles hielten sie in *astronomischen Tagebüchern* fest, die heute noch im British Museum in London zu bewundern sind.

⊙ Heutige Astronominnen und Astronomen sind oft erstaunt darüber, was ihre Kollegen von früher alles wussten. Zum Beispiel, welche Strecke der Planet Jupiter in einer bestimmten Zeit zurücklegte. Dafür waren sie auf höhere Mathematik und Geometrie angewiesen. All das haben die babylonischen Sternenforscher schon vor fünftausend Jahren ausgeknobelt!

34 IM ALTEN PERSIEN MUSSTE MAN SICH VOR WICHTIGEN ENTSCHEIDUNGEN BETRINKEN

Die alten Perser ließen sich gerne ein Gläschen Wein schmecken. Schon um 4000 v. Chr. beherrschten sie die Kunst der Weinherstellung. Mit den Jahrzehnten vertieften sie ihre Kenntnisse immer weiter. Irgendwann war der persische Wein allerorts bekannt. Am persischen Hof wurden ausschweifende Feste gefeiert, bei denen auch mal mehr als ein Gläschen ausgeschenkt wurde.

Dem Geschichtsschreiber Herodot zufolge tranken die Perser den Wein aber nicht nur, wenn es was zu feiern gab. Er diente auch als Entscheidungshilfe in wichtigen Lebensfragen:

Angenommen, ein junger Mann hatte Zweifel, ob er die Nachbarstochter heiraten wollte oder nicht. Anstatt nun mit nüchternem Kopf darüber nachzudenken – wie wir das heute vielleicht tun würden –, trank er so lange Wein, bis er sturzbetrunken war. Und in dem Zustand teilte er dann seinen Entschluss mit. Laut Herodot waren die

HEIRATEN?

weinseliger Antrag

Perser überzeugt, dass man nur betrunken die Wahrheit sprach. Am nächsten Tag wusste der Mann also, ob er um die Hand der Nachbarin anhalten sollte. Und hatte wahrscheinlich einen furchtbaren Kater ... Ob Herodot selbst beim Schreiben immer nüchtern war, wissen wir allerdings nicht. Es muss also nicht stimmen, dass die alten Perser immer nur betrunken Entscheidungen trafen.

35 TOILETTEN MIT SPÜLUNG GIBT ES SCHON SEIT ÜBER 4000 JAHREN

Glaubst du nicht? Stimmt aber! Die Menschen im Industal in Südasien (auf dem Gebiet des heutigen Pakistans und Nordwestindiens) hatten um 2600 v. Chr. schon Häuser mit voll ausgestatteten Baderäumen. Durch ein ausgeklügeltes System der Wasserversorgung und Kanalisation wurde Wasser in die Häuser befördert. In vielen Häusern konnte man sauberes Wasser aus einem Brunnen schöpfen. Manche Haushalte verfügten über einen eigenen Privatbrunnen, andere teilten sich einen. Das Wasser füllte man in einen Krug, den man nach einem großen Geschäft in die Toilette goss. Der Inhalt der Toilette wurde über die Kanalisation in eine Grube abgeführt. Die wurde regelmäßig geleert, die Ausscheidungen wurden wahrscheinlich zur Düngung des Bodens verwendet.

UPS

ÖHÖ

Platsch und Tratsch auf dem Klo

Zwischen 2600 und 1900 v. Chr. erreichte die Indus-Kultur ihren Höhepunkt. Sie verfügte auch über eine Schrift, die aber bis heute noch nicht entziffert ist. Was sehr schade ist, weil uns so ein Großteil dieser Kultur verborgen bleibt. Archäolog*innen wissen jedoch, dass die Kultur bald nach 1900 v. Chr. verschwand. Sie vermuten, dass es nicht mehr genug Nahrung gab oder dass eine große Flut viele ihrer Städte zerstörte. Ab 1500 v. Chr. ließen sich umherziehende Hirten in den alten Indus-Städten nieder und gründeten dort eine neue Zivilisation.

36 DER ERSTE MENSCH, DEN WIR MIT NAMEN KENNEN, WAR BUCHHALTER

Man könnte erwarten, dass der erste Mensch, dessen Namen wir kennen, ein König oder eine Königin war. Auf jeden Fall aber ein hohes Tier – schließlich war das Schreiben in früheren Zeiten allein den wichtigsten Personen in der Gesellschaft vorbehalten. Aber das stimmt nicht! Der älteste je entdeckte, schriftlich festgehaltene Name gehörte einem Buchhalter. Der Mann hieß Kushim und setzte um 3200 v. Chr. seine Unterschrift auf eine Tontafel. Auf der stand: »29 086 Einheiten Gerste empfangen über 37 Monate.« Gezeichnet: »Kushim«.

Nicht alle in der Geschichtswissenschaft sind jedoch überzeugt, dass Kushim wirklich der erste Name ist. Es kann auch sein, dass »kushim« bloß einen Beruf bezeichnete: »jemand, der Einheiten zählt«. Manche Fachleute vermuten, dass die allererste Tontafel mit Namen aus dem Jahr 3100 v. Chr. stammt. Darauf steht: »Zwei Sklaven von Gal-Sal. En-pap x und Sukkalgir.« Gal-Sal war der Sklavenhalter, En-pap x und Sukkalgir waren seine Sklaven.

Die großen Herrscher sorgten natürlich später dafür, dass ihre Namen überall bekannt wurden. Aber es ist doch irgendwie interessant, dass vielleicht der erste schriftlich festgehaltene Name zu einem Menschen gehört, der eben zufällig schreiben konnte.

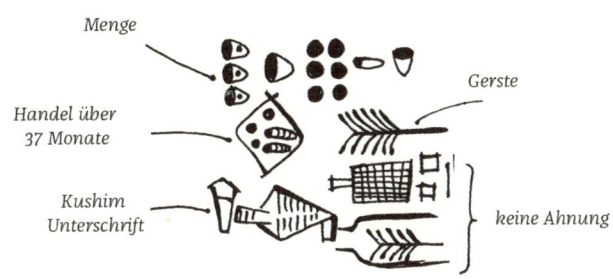

Tontafel aus dem Archivschrank des Buchhalters

37 SCHON UM 400 V. CHR. ERFANDEN DIE PERSER DIE KÜHLTRUHE

Manch eine Erfindung ist schon viel älter, als du denkst. Nimm zum Beispiel die Kühltruhe. Die Perser wussten schon vor über 2500 Jahren, wie man Eis macht. Dazu bauten schlaue Ingenieure sogenannte Yachtschals, eine Art Eishaus. Darin konnte man – mitten in der Wüste – Eis machen und aufbewahren.

Natürlich sahen die Yachtschals ganz anders aus als der Tiefkühlschrank bei dir zu Hause. Es handelte sich um riesige unterirdische Becken von gut fünftausend Kubikmetern Größe – stell dir fünf Räume nebeneinander vor, die jeweils acht Meter lang, fünf Meter breit und zweieinhalb Meter hoch sind! Über dem riesigen Becken wurde eine besondere Kuppel aus wasserdichtem Material errichtet, einem Mörtel aus Sand, Ton, Kalk, Ziegenhaaren, Eiweiß und Asche. Am unteren Rand war die Mauer der Kuppel gut zwei Meter dick. In der Kuppel des Yachtschals befand sich noch ein spezieller Windturm (auch Windfänger genannt), der für extra Kühlung sorgte.

Mit einem ausgeklügelten Bewässerungssystem wurde kaltes Wasser aus den Bergen in die Yacht-schals geleitet. Dank der Windtürme konnte es dort gefrieren. Im Winter wurde auch Eis aus den Bergen geholt, um den Prozess zu beschleunigen. Die Perser nutzten das Eis zur Herstellung von Eiscreme, aber sie bewahrten in diesen Kühlkellern auch Lebensmittel auf, um sie frisch zu halten.

Bonus-Info

Wusstest du, dass im heutigen Afghanistan und Tadschikistan ein Kühlschrank immer noch *Yachtschal* heißt?

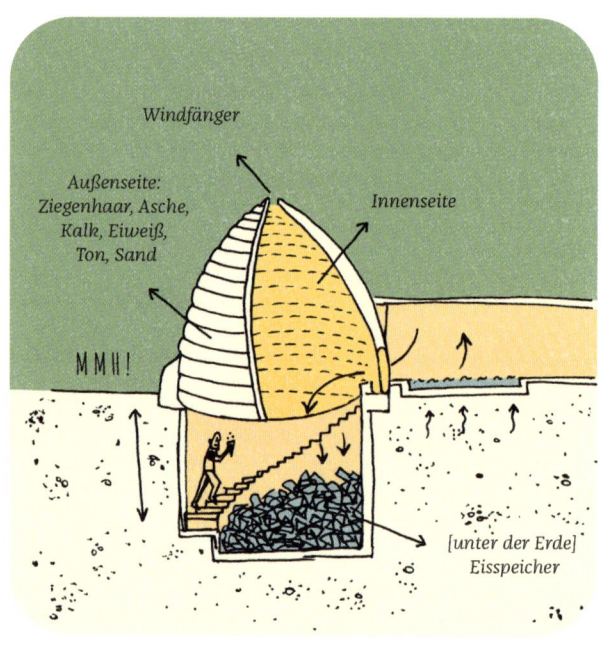

Yachtschal, der persische Tiefkühler

38 AUCH GESCHICHTSSCHREIBER MACHEN MAL FEHLER

Hast du schon einmal von den »hängenden Gärten von Babylon« gehört? Sie zählen zu den sieben Weltwundern der Antike. König Nebukadnezar II. lebte von 605 bis 562 v. Chr. Er soll die Gärten für seine Gemahlin, Königin Amytis, angelegt haben. Die war in den Bergen aufgewachsen und daran gewöhnt, viel Grün um sich herum zu haben. Davon gab es aber in der Großstadt Babylon nicht besonders viel. Das machte die Königin traurig und manchmal richtig niedergeschlagen. Um sie zu trösten, ließ der König prächtige Terrassen anlegen, von denen verschiedene Grünpflanzen und Blumen herabhingen. So zumindest schilderten es die griechischen Geschichtsschreiber.

Das Problem ist nur: Die hängenden Gärten von Babylon hat es wahrscheinlich nie gegeben. Vermutlich gab es aber welche in Ninive, der Hauptstadt Assyriens zwischen 703 und 612 v. Chr. Die Bewässerung dieser Prachtgärten erfolgte durch ein schlaues System, bei dem das Wasser mittels einer von Hand betriebenen Schraube durch ein Rohr bis auf die Terrassen befördert wurde.

Die antiken Geschichtsschreiber lagen gleich dreimal falsch. Sie verwechselten nicht nur Babylon mit Ninive, sondern auch König Nebukadnezar mit König Sanherib und den Euphrat mit dem Tigris. Die Irrtümer wurden erst viele Jahrhunderte später aufgedeckt.

die hängenden Gärten von Babylon

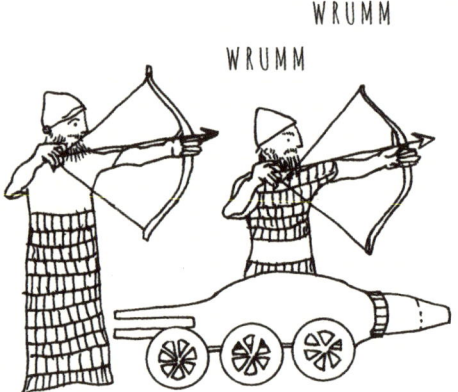

WRUMM

WRUMM

Rammbock

39 SCHON VOR DREITAUSEND JAHREN WURDE EINE ART PANZER ERFUNDEN

Wahrscheinlich gehst du wie die meisten Menschen davon aus, dass der Panzer eine eher moderne Erfindung ist – etwas aus dem Ersten Weltkrieg vielleicht. Damit liegst du ganz richtig, aber schon die Assyrer erfanden etwas, das durchaus Ähnlichkeit mit einem Panzer hatte. Dieser Rammbock hatte zwar keine Raupenkette und keinen Motor, aber treffsicher war er trotzdem.

701 v. Chr. rebellierten die Einwohner der Stadt Lachisch gegen den assyrischen König. Der wollte die Aufständischen so schnell wie möglich zum Schweigen bringen, aber er hatte keine Ahnung, wie er es bis in die Stadt schaffen sollte. Also lud er sich ein paar schlaue Köpfe in seinen Palast ein, die für ihn eine Waffe entwickeln sollten, mit der er die Stadt einnehmen konnte. Die Erfinder kamen auf ein hölzernes Fahrzeug in Form eines riesigen Kinderwagens. Es war rundum mit nassen Tierfellen verkleidet, zum Schutz vor

Angriffen mit Feuerpfeilen. Vorne befand sich ein Rammbock. Sklaven mussten das Gefährt schieben, und im Inneren des Wagens standen Bogenschützen.

Die Maschinen erfüllten ihren Zweck. In kürzester Zeit schaffte es die Armee des Königs in die Stadt. Bei der Eroberung wurden alle Aufständischen gnadenlos umgebracht, und Bewohner, die nicht geflohen waren, wurden gefangen genommen. König Hiskija, der oberste Anführer der Rebellen, sandte dem assyrischen König daraufhin einen Brief, in dem er um Gnade flehte: »Ich habe einen Fehler begangen! Zieh dich zurück, und du bekommst von mir, was du willst!« Die neue Erfindung hatte offensichtlich Eindruck gemacht. Der König kam der Bitte nach, aber nahm insgesamt zweihunderttausend Kriegsgefangene aus allen von den Aufständischen zurückeroberten Städten mit.

40 DIE PHÖNIZIER HANDELTEN MIT PURPUR (UND ENTDECKTEN VIELLEICHT AUCH AMERIKA)

Purpur ist ein violetter Farbstoff. Die Phönizier gewannen ihn aus Meeresschnecken. Sklaven mussten mit einem Stein in der Hand zum Meeresboden tauchen, um die Schnecken aufzusammeln. Es war eine furchtbar gefährliche Aufgabe. Bei den Tauchgängen kamen viele von ihnen ums Leben. Mit dem Purpur aus den Schnecken konnten die verschiedensten Stoffe in einem prächtigen Rotviolett gefärbt werden. Aber dazu waren viele Schnecken nötig: gut dreißigtausend Tiere für vier Gramm reinen Farbstoff! Es war also kein Wunder, dass sowohl der Farbstoff selbst als auch die damit gefärbten Stoffe ein Vermögen kosteten. Stoffe in *tyrischem Purpur* waren nur für die Reichsten der Reichen bestimmt. Besonders die römischen Könige und Adligen hüllten sich gerne in Purpurgewänder.

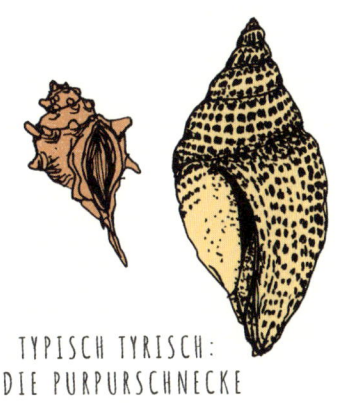

TYPISCH TYRISCH:
DIE PURPURSCHNECKE

Die Bireme bringt den begehrten Farbstoff.

Die Nachfrage nach tyrischem Purpur kam von überall her. Da traf es sich gut, dass die Phönizier hervorragende Seefahrer waren, die den Farbstoff auf ihren Ruderschiffen, den sogenannten *Biremen,* transportieren konnten. Mit diesen Schiffen unternahmen sie weite Entdeckungsreisen. Manche Historiker*innen glauben sogar, dass die Phönizier mit ihren Biremen lange vor den Wikingern und vor Kolumbus Amerika erreichten: In Brasilien wurde nämlich ein Stein entdeckt, auf dem ein Text in phönizischer Schrift steht. Er handelt von einem König Hiram, der 970 v. Chr. lebte. Wir wissen nicht sicher, ob der Stein echt ist oder eine Fälschung. Aber falls er echt ist, fuhren die Phönizier mit ihren Schiffen viel weiter, als wir bislang dachten.

41 DIE HETHITER HATTEN 165 FEIERTAGE PRO JAHR

Zwischen 1700 und 1200 v. Chr. war das Volk der Hethiter eine Großmacht, an der andere Reiche nicht vorbeikamen. Ihre Hauptstadt Hattuscha war größer als Troja. Einmal plünderten die Hethiter sogar Babylon, aber sie übernahmen dort nicht die Herrschaft. Das überließen sie ihren Verbündeten.

Die Hethiter waren darum so stark, weil sie die Eisenverarbeitung beherrschten. Die Technik hatten sie schon 1550 v. Chr. entwickelt, aber sie hatten niemandem davon erzählt. Über dreihundert Jahre lang waren sie die Einzigen, die Eisenwaffen herstellten, die viel stärker waren als die Waffen ihrer Feinde.

Die Hethiter hatten viele Götter. Und zu den Göttern gehörten natürlich Feiertage – stolze 165 pro Jahr! Manche von ihnen, zum Beispiel die für den Sonnengott oder den Gott des Sturms, wurden mit einem rauschenden Fest und einer königlichen Prozession begangen. Dabei zog der König mit seinem Gefolge von der Hauptstadt zum Heiligtum auf dem Land. Auf dem Weg wurde er von einer ganzen Schar von Untertanen, aber auch von Akrobaten und Schwertschluckern begleitet. Andere Festtage wurden weniger ausschweifend gefeiert. Zum Glück, denn so konnten sich die Hethiter zwischendurch auch mal erholen!

hethitischer Schwertschlucker

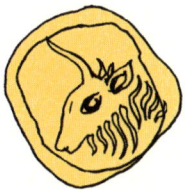

die ersten lydischen Münzen

42 DIE ERSTEN MÜNZEN GAB ES IM KÖNIGREICH LYDIEN

Du hast noch nie von Lydien gehört? Mach dir nichts draus, da bist du bestimmt nicht allein! Das Königreich Lydien existierte ab etwa 1200 v. Chr. auf dem Gebiet der heutigen Türkei.

Lydien war sehr wohlhabend. Das hatte mit dem vielen Gold im Fluss Paktolos zu tun, der durch das Land strömte. Die Lyder waren außerdem für ihre feinen Parfüms und Schönheitsprodukte bekannt. So gut wie alle Handelskarawanen durchquerten die lydische Hauptstadt Sardes. Und mit all dem Handel kam natürlich großer Reichtum. Klar, dass die Lyder ein kleines und praktisches Bezahlmittel gut gebrauchen konnten. Um 640 v. Chr. waren sie die Ersten, die mit Münzgeld handelten. Die Münzen bestanden meist aus einer Gold-und-Silber-Mischung namens Elektrum. Aber auch Münzen aus reinem Silber oder Gold wurden hergestellt. Eine Goldmünze war so viel wert wie zwölf Silbermünzen. Jede Münze wurde mit dem königlichen Siegel versehen, um Fälschung zu verhindern. Die Münzen waren enorm praktisch. Die Händler mussten keine Waagen mehr mit sich herumtragen, um etwa Gold und Silber zu wiegen. Man zahlte einfach mit den Münzen aus dem Geldbeutel.

Natürlich gab es auch Falschmünzer, die das Gold mit minderwertigen Metallen vermischten, wodurch die Münzen an Wert verloren.

DAS ALTE ÄGYPTEN

(VON ± 3300 V. CHR. BIS ± 332 V. CHR.)

43 DAS ALTE ÄGYPTEN IST SO WICHTIG, DASS SOGAR EINE WISSENSCHAFT DANACH BENANNT WURDE

Im Norden Afrikas liegt eine riesige, glutheiße Wüste. Dort wächst fast nichts, aber es fließt ein Fluss hindurch: der Nil, einer der längsten Flüsse der Welt. Im Frühling tritt der Nil über die Ufer und hinterlässt fruchtbaren Schlamm, in dem viele Arten von Pflanzen wachsen können. Schon vor

rund 25 000 Jahren ließen sich Menschen an den Ufern des Nils nieder. Um 3100 v. Chr. wurden alle diese Stämme durch den sagenumwobenen *König Menes* vereint. Er herrschte als erster König über ein mächtiges Reich. Die altägyptische Kultur war so bedeutend und besonders, dass ihre Erforschung einen eigenen Namen bekam: die Ägyptologie.

Der allererste Ägyptologe war der Franzose Jean-François Champollion. Er verfasste ein paar dicke Bücher über das alte Ägypten und entzifferte die ägyptische Schrift. An vielen Universitäten kann man auch heute noch Ägyptologie studieren.

BIST DU'S,
KÖNIG MENES?

Jean-François Champollion, Ägyptologe

44 DIE ÄGYPTER MUSSTEN IMMER KURZ ÜBERLEGEN, ZU WELCHEM GOTT SIE BETEN SOLLTEN

Die alten Ägypter brauchten ein besonders gutes Gedächtnis: Sie mussten sich über fünfhundert verschiedene Gottheiten merken! Jede von ihnen hatte ihre eigenen Aufgaben und Verantwortungsbereiche. Wer die Gottheiten verwechselte und aus Versehen die falsche anrief, kam schnell in Schwierigkeiten. Die ganze ägyptische Mythologie* war unheimlich kompliziert. Sie sollte für alles eine Erklärung liefern: warum eine Ernte gelang oder missglückte, wie sich die Planeten im Weltall bewegten, warum es regnete oder warum nicht …

Horus war einer der wichtigsten Götter. Die meisten Abbildungen zeigen ihn mit einem Falkenkopf. Die Ägypter glaubten, dass kein Vogel so hoch fliegen konnte wie der Falke.

Der Gott Re oder Ra war der Sonnengott. Er herrschte über Himmel und Erde und sorgte für Wärme und Licht auf der Erde. Dadurch konnte alles wachsen und blühen.

Fast jede Gottheit bekam einen eigenen Tempel, den nur der Pharao oder die Pharaonin betreten

EIN GÖTTLICHES TEAM!

Horus behält den Pharao im Auge.

Isis kümmert sich um Frauen und Kinder.

Ägyptische Gottheiten haben alles im Griff.

durfte. Die Pharaonen waren als ägyptische Könige die Vermittler zwischen den Menschen und den Göttern. Sie vertraten die Götter auf der Erde.

Von vielen ägyptischen Gottheiten sind bis heute Abbildungen erhalten, die man in Museen überall auf der Welt bewundern kann.

* Als Mythologie bezeichnet man die Sagen und Erzählungen in einer bestimmten Kultur. Dazu gehören sowohl wahre als auch erfundene Geschichten. Oft geht es darin um Götter oder Helden.

noch mehr bekannte Götter

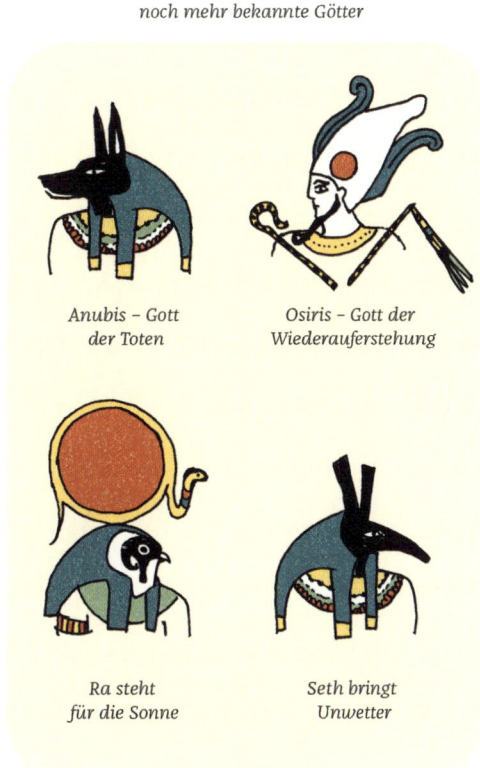

Anubis – Gott der Toten

Osiris – Gott der Wiederauferstehung

Ra steht für die Sonne

Seth bringt Unwetter

45 FRAUEN IM ALTEN ÄGYPTEN WAREN EMANZIPIERT

Frauen hatten im alten Ägypten eine hohe Stellung. Es gab sogar weibliche Pharaonen. Aber auch im Alltag nahmen Frauen eine sichtbare Rolle ein. Für dich klingt das vielleicht normal, aber in vielen alten Kulturen war die Gleichstellung von Mann und Frau überhaupt nicht selbstverständlich – und auch heute noch ist sie es längst nicht überall.

Hier kannst du lesen, was der altgriechische Schriftsteller Herodot über die Frauen im alten Ägypten schreibt:

»Fast alle ägyptischen Gewohnheiten und Gebräuche sind im Vergleich mit anderen Völkern auf den Kopf gestellt. In Ägypten gehen die Frauen auf den Markt und treiben Handel, während die Männer zu Hause sitzen und weben. Die Männer tragen Lasten auf dem Kopf und die Frauen auf den Schultern. Die Frauen lassen Wasser im Stehen, die Männer im Sitzen.«

Ob alles stimmt, was Herodot schreibt, darf bezweifelt werden. Aber es gilt als sicher, dass Frauen im alten Ägypten mehr oder weniger dieselben Rechte hatten wie Männer. Sie konnten selbst ein Haus oder ein Stück Land kaufen und verkaufen. Wenn sie der Meinung waren, dass man sie nicht korrekt behandelt hatte, konnten sie das einem Richter vortragen. Natürlich konnten sie auch genauso bestraft werden wie Männer. Nach der Hochzeit wurde die Frau zur »Vorsteherin des Hauses«. Nach heutigen Erkenntnissen hatten Frauen in der Antike nirgendwo so viele Rechte wie im alten Ägypten.

OB MIR DIE
ZUKÜNFTIGEN
LESER DAS ABKAUFEN?

Herodots Betrachtungen
über ägyptische Frauen

vollschlanker Pharao

46 ÄGYPTISCHE PHARAONEN WAREN OFT KEINE SCHÖNHEITEN

- Der Pharao war der König im alten Ägypten. Aber ursprünglich bedeutete das Wort »Pharao« oder *per-aa* gar nicht »König«, sondern »großes Haus«. Erst ab 1450 v. Chr. wurde die Bezeichnung »Pharao« in Ägypten für den König selbst verwendet. Es gab männliche und weibliche Pharaonen.

- Während der Antike wurde Ägypten insgesamt von rund 170 Pharaonen regiert. Der erste war der mythische König Menes, zuletzt herrschte Königin Kleopatra VII. über das ägyptische Reich.

- Pharao wurde man nicht einfach so. Dazu musste man einer Dynastie, also einem Herrschergeschlecht, angehören und schon als ganz junger Mensch eine knallharte Ausbildung durchlaufen, bei der vor allem die Muskeln trainiert wurden. Als Anführer der Armee musste der Pharao schließlich ein guter Kämpfer sein. Außerdem musste er lernen, Wildpferde zu zähmen und einzureiten. Langstreckenlauf, Fischfang und Jagd gehörten natürlich auch zur Ausbildung.

- Also waren alle Pharaonen echte Sportskanonen? Nun, ehrlich gesagt ... Auf den alten Abbildungen sieht man zwar nur schöne, schlanke junge Männer und Frauen, aber in Wirklichkeit waren viele Pharaonen eher dick. Sie futterten nämlich viel zu gerne Süßigkeiten. Aber weil so ein Pharao nun mal heilig war, mussten die Künstler ihn – oder sie – immer so schön wie möglich darstellen.

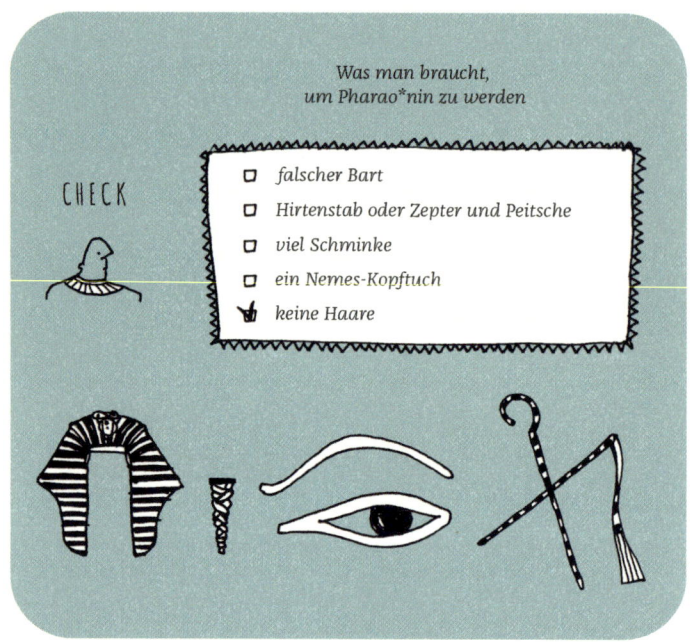

Was man braucht,
um Pharao*nin zu werden

CHECK

☐ *falscher Bart*

☐ *Hirtenstab oder Zepter und Peitsche*

☐ *viel Schminke*

☐ *ein Nemes-Kopftuch*

☑ *keine Haare*

47 ALLE PHARAONEN (AUCH DIE FRAUEN) TRUGEN BART

Hast du schon mal Bilder von Pharaonen gesehen? Dann ist dir vielleicht aufgefallen, dass sie alle einen Bart tragen. Wirklich alle. Auch die weiblichen Pharaonen wurden immer mit einem rechteckigen Kinnbart dargestellt. In den meisten Fällen war der Bart aber nicht echt. Die alten Ägypter hielten nämlich nicht viel von Körperbehaarung. Meistens rasierten sie sich alle Körperhaare ab. Aber der falsche geflochtene Bart war ein wichtiges Symbol, das den Pharao oder die Pharaonin den Göttern näherbringen sollte.

Auf dem Kopf trug der Pharao das Nemes-Kopftuch mit oder ohne Krone. Dabei handelte es sich um ein gestreiftes Stofftuch, das den ganzen Kopf und Nacken bedeckte. Oben war eine aufgerichtete Kobra abgebildet. Die giftige Schlange war eine Warnung davor, sich mit dem Pharao anzulegen.

Wie der Rest der Ägypter trugen auch die Pharaonen viel Make-up. Vor allem die Augen wurden mit Kohle schwarz geschminkt, sodass sie den Augen des Gottes Horus ähnlich sahen. Auch die Augenbrauen und Wimpern wurden schwarz gefärbt, und auf die Lider trugen sie blauen oder grünen Lidschatten auf.

Auf den meisten Abbildungen sieht man den Pharao mit einem Zepter in der einen und einer Peitsche in der anderen Hand. Das Zepter war oben gekrümmt wie ein Hirtenstab. Das bedeutete, dass Pharaonen die Oberhirten des Volkes waren. Die Peitsche diente vermutlich zum Klapse-Verteilen, vielleicht aber auch nur zum Vertreiben von Fliegen – sicher werden wir es wohl nie wissen.

48 PHARAONEN HEIRATETEN (MANCHMAL) IHRE GESCHWISTER

Bei den Pharaonen kam es häufig vor, dass sie ihre nächsten Familienangehörigen wie (Halb-) Brüder oder (Halb-)Schwestern heirateten. Das nennt man »Inzest« und ist in fast allen Kulturen verboten. Kinder, die aus solchen Ehen entstehen, haben ein höheres Risiko für Fehlbildungen oder bestimmte Krankheiten.

Warum die herrschende Klasse in Ägypten die Ehe unter Blutsverwandten bevorzugte, ist bis heute nicht ganz geklärt. Lag es daran, dass sie als Stellvertreter der Götter auf der Erde besondere Rechte hatten? Wollten sie so ihre Blutlinie rein halten? Leider können wir sie dazu nicht mehr befragen.

JO SISTA!

Büste von Nofretete

WIR KENNEN UNS SCHON SO LANGE ... WOLLN WIR HEIRATEN?

wahre Geschwisterliebe

Natürlich gingen aus diesen Ehen auch Kinder hervor. Bestimmte äußere Gemeinsamkeiten deuteten auf Inzest hin. Frauen aus der königlichen Familie waren zum Beispiel ein Stück kleiner als die Durchschnittsfrau im alten Ägypten. Und die männlichen Pharaonen waren im Durchschnitt alle größer als der Rest der männlichen Bevölkerung.

Auch die Untersuchung des Erbmaterials hilft uns dabei, die Verwandtschaftsverhältnisse in den Königsfamilien besser zu verstehen. Pharao Tutanchamun zum Beispiel war das Kind eines Bruders und einer Schwester, die miteinander verheiratet waren. Wahrscheinlich war das auch der Grund für seine vielen körperlichen Fehlbildungen.

TUT TUT,
WAS IHM GEFÄLLT

Tutanchamun auf Straußenjagd

49 KÖNIG TUT: DER STRAUSSENJAGENDE PHARAO

König Tutanchamun ist zweifellos einer der berühmtesten ägyptischen Pharaonen. Aber nicht, weil er so ein großartiger Herrscher war – im Gegenteil! Er war wahrscheinlich gerade mal neun Jahre alt, als er 1336 v. Chr. den Thron bestieg. Da er schon mit neunzehn starb, blieb ihm kaum Zeit für große Taten.

Aber warum ist er dann so bekannt? Das liegt daran, dass sein Grab fast vollständig und ungeplündert entdeckt wurde.

Wahrscheinlich hieß Tutanchamun anfangs noch Tutanchaton, was »lebendes Abbild des Aton« bedeutet. Aton war eine Sonnengottheit. Ein paar Jahre nach seiner Thronbesteigung begann der Pharao aber, den Gott Amun anzubeten, und änderte seinen Namen in Tutanchamun.

Straußenfedern

WEITER SO,
JUNGE!

*Amun steht
dem Jäger bei.*

Der junge Tutanchamun ging gern auf Straußenjagd. Das wissen wir, weil bei den Ausgrabungen neben seiner Mumie ein Fächer aus Straußenfedern gefunden wurde. Griff und Aufsatz des Fächers sind aus Gold. Auf der Vorderseite des Aufsatzes ist Tutanchamun in seinem Streitwagen bei der Straußenjagd zu sehen. Auf der Rückseite sieht man ihn mit seiner Beute zurückkehren. Der Strauß war sehr begehrt bei den alten Ägyptern.

Die Federn und Eier der Vögel galten als Luxusartikel. Aber nur Mitglieder der Königsfamilie und vor allem der Pharao durften Jagd auf sie machen. Damit zeigte er, dass er die Kontrolle über die Natur hatte.

Wie genau Tutanchamun ums Leben kam, ist nicht bekannt. Es gibt aber Hinweise darauf, dass er bei der Straußenjagd verunglückte.

50 KÖNIG RAMSES: REISEPASS FÜR EINEN PHARAO

Von 1279 bis 1213 v. Chr. war König Ramses II. Herrscher über das ägyptische Reich. Er gilt als der größte Pharao aller Zeiten. Ramses II. war nicht nur ein großer Feldherr, sondern ließ auch viele Tempel und andere wichtige Gebäude errichten. Das Ramesseum zum Beispiel, einen riesigen Tempel nahe dem Ufer des Nils, in dem unter anderem das Regierungsjubiläum des Pharaos gefeiert wurde. Die Tempelruinen bei der ägyptischen Stadt Luxor kann man heute noch besichtigen.

Ramses II. herrschte 66 Jahre lang und sorgte für Frieden und Wohlstand in Ägypten. Darum wird er manchmal auch der *Große Urvater* genannt. Nach seinem Tod wurde er in einem der größten Gräber im Tal der Könige begraben. Zwar wurde das Grab im Laufe der Jahrhunderte von Grabräubern leergeplündert, aber die Mumie von Ramses blieb erhalten.

1974 musste die Mumie für Restaurierungsarbeiten aus der ägyptischen Hauptstadt Kairo nach Paris gebracht werden. Aber wer von Ägypten nach Frankreich wollte, musste – ob tot oder lebendig – über gültige Papiere verfügen. So bekam der Pharao einen offiziellen Reisepass. Darauf wurden unter anderem sein Name, sein Alter (etwa 3000 Jahre) und sein Beruf eingetragen. Mit dem Hinweis, dass er verstorben war. Bis heute ist Ramses II. der einzige Pharao mit einem offiziellen ägyptischen Pass.

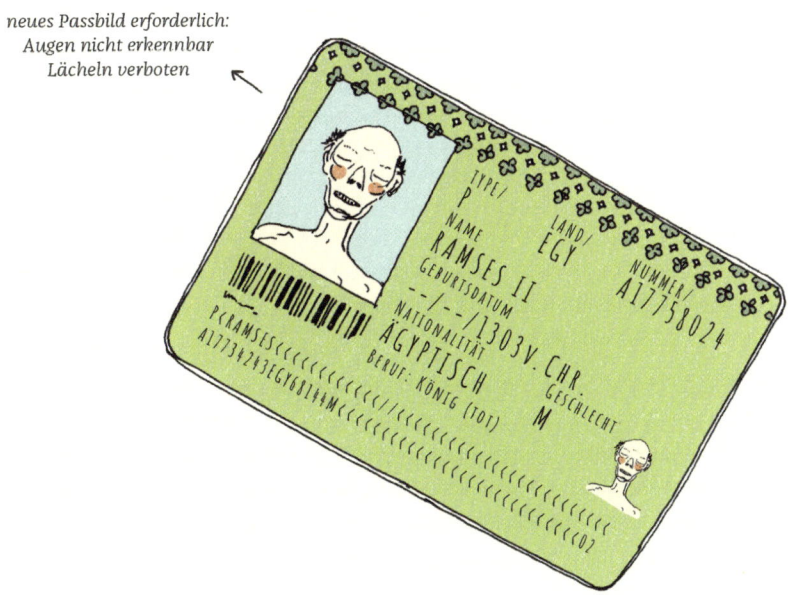

neues Passbild erforderlich:
Augen nicht erkennbar
Lächeln verboten

KOMISCHES
PAKET

HIHI

entrollt

*erste Begegnung zwischen
Julius Cäsar und Kleopatra*

51 KÖNIGIN KLEOPATRA: GESCHICHTE EINER PHARAONIN (TEIL 1)

Kleopatra wurde 69 v. Chr. als Tochter des Pharaos Ptolemaios XII. geboren. Während seiner Herrschaft war Ägypten ein großes und mächtiges Land. Dann starb Kleopatras Mutter und später auch ihr Vater. Das Mädchen war zu dem Zeitpunkt erst achtzehn Jahre alt. Sie heiratete ihren jüngeren Bruder Ptolemaios XIII. Gemeinsam herrschten sie über Ägypten. Aber leider ging das nicht gut. Es gab viele Überschwemmungen, Ernten missglückten, Hungersnöte folgten, und es gab politische Konflikte. Außerdem wollte Kleopatra am liebsten allein herrschen. Sie ließ Münzen mit nur ihrem Abbild pressen und unterzeichnete offizielle Dokumente im Alleingang. Das wollte ihr Bruder sich nicht bieten lassen, und so schmiedete er einen Plan, um sie vom Thron zu stoßen. Kleopatra floh mit ihrer jüngeren Schwester nach Syrien.

Der fünfzehnjährige Ptolemaios XIII. blieb als Alleinherrscher zurück. Doch er beging einen großen Fehler: In Rom stritten Julius Cäsar und Gnaeus Pompeius Magnus I. um die Macht. Cäsar gewann, und Pompeius floh nach Ägypten. Um die Gunst des neuen römischen Kaisers zu erlangen, ließ Ptolemaios Pompeius enthaupten. Nun war Pompeius zwar der Rivale von Julius Cäsar, aber auch sein Schwiegersohn. Der Kaiser dürfte nicht glücklich gewesen sein. Jedenfalls zog er bald darauf nach Ägypten.

Kleopatra erfuhr von der Ankunft der Römer in Ägypten. Weil sie verhindern wollte, dass ihnen das Land in die Hände fiel, beschloss sie zurückzukehren. Der Legende zufolge ließ sie sich als Geschenk für den Kaiser in einen Perserteppich einrollen. Cäsar war sofort beeindruckt von Kleopatra. Die beiden verliebten sich ineinander, und neun Monate später wurde ein Sohn geboren: Cäsarion. Cäsar erklärte sich bereit, Ägypten nicht zu erobern, aber gegen die Armee von Ptolemaios zog er dennoch in den Kampf. Der Pharao ertrank schließlich im Nil. Kleopatra wurde wieder Pharaonin und herrschte gemeinsam mit ihrem anderen jüngeren Bruder, Ptolemaios XIV, weiter.

52 KÖNIGIN KLEOPATRA: GESCHICHTE EINER PHARAONIN (TEIL 2)

Eine Weile lebte Kleopatra mit Cäsar in Rom, aber lange dauerte ihre Liebesbeziehung nicht. Cäsar wurde 44 v. Chr. ermordet (mehr dazu in Info 122). Aus Angst, man könnte auch sie ermorden, floh Kleopatra zurück nach Ägypten, wo ihr Bruder Ptolemaios XIV. noch immer den Thron innehatte. Er wurde vergiftet, wahrscheinlich durch Kleopatra selbst. Sie übernahm den Thron und herrschte von da an mit ihrem Sohn Cäsarion über das Land.

Marcus Antonius, der Nachfolger von Cäsar, wollte wissen, ob Kleopatra auf seiner Seite stand. Er ließ sie in die Türkei vorladen. Es gelang ihr, auch ihn zu verführen. Das Paar bekam Zwillinge. Aber eigentlich war Marcus Antonius noch mit der Römerin Octavia verheiratet.

Den Römern gefiel es gar nicht, dass Marcus Antonius zwei Frauen hatte. Octavian, Cäsars Adoptivsohn, nutzte seine Chance: Er konnte den Senat davon überzeugen, einen Krieg gegen Marcus Antonius zu beginnen. An der griechischen Küste trafen die beiden Heere aufeinander. Die Flotte von Octavian war viel stärker als die von Marcus Antonius. Kleopatra und Marcus Antonius mussten fliehen.

Wie es dann weiterging, wissen wir nicht genau. Eines Tages soll es zwischen Kleopatra und Marcus Antonius Streit gegeben haben. Kleopatra war so wütend auf Marcus Antonius, dass sie einen Boten zu ihm schickte. Der sollte ihm die falsche Nachricht von ihrem Tod überbringen. Marcus Antonius war darüber so untröstlich, dass er sich das Leben nahm.

Kleopatra wurde von Octavian gefangen genommen. Sie versuchte zwar noch, ihn zu verführen, aber ohne Erfolg. Daraufhin ließ sie sich – angeblich – von einer Kobra beißen und starb. Ihr Sohn Cäsarion wurde von den Römern ermordet. Kleopatra und Cäsarion waren die letzten ägyptischen Pharaonen. Danach wurde Ägypten Teil des Römischen Reichs.

SSS

PIKS

Wer oder was tötete Kleopatra?

53 KLEINE ZEICHNUNGEN ERZÄHLEN GROSSE GESCHICHTEN

Um 3200 v. Chr. entwickelten die Ägypter eine eigene Schrift. Sie bestand aus über tausend Zeichen für verschiedene Wörter und Laute: den Hieroglyphen. Die Hieroglyphenschrift sah ganz anders aus als die Keilschrift der Sumerer.

Am Anfang wurde die Schrift nur von Priestern und Personen der höheren Stände verwendet. Texte wurden in den Stein eines Tempels gemeißelt oder mit einem Schreibrohr aus Schilf oder einem Pinsel auf Papyrus geschrieben (siehe Info 61). Mal waren die Zeichen von rechts nach links zu lesen, mal von links nach rechts. Man musste in die Richtung zu lesen beginnen, in die die abgebildeten Menschen oder Tiere blickten.

Das Schreiben in Hieroglyphen war aufwendig und zeitraubend. Darum kam diese Schrift vor allem zum Einsatz, um Gräber oder Tempel zu verzieren und von den Großtaten der Pharaonen zu erzählen. Später nutzten die Schreiber in Ägypten einfachere Zeichen: die sogenannte hieratische Schrift. Die hat zwar noch Ähnlichkeit mit den Hieroglyphen, ist aber viel weniger aufwendig zu zeichnen.

Im alten Ägypten konnte nur einer von zehn Menschen lesen. Und noch weniger Menschen konnten schreiben. Zum Glück gab es professionelle Schreiber. Gegen Bezahlung konnte man sich von ihnen eine Nachricht aufschreiben lassen.

Als die Hieroglyphen entdeckt wurden, verstand noch niemand, was sie bedeuteten. Sie sahen aus wie Comics, bei denen die Sprechblasen vergessen wurden. Erst 1822, nach der Entdeckung eines wundersamen »Übersetzungssteins«, konnte die Schrift entziffert werden.

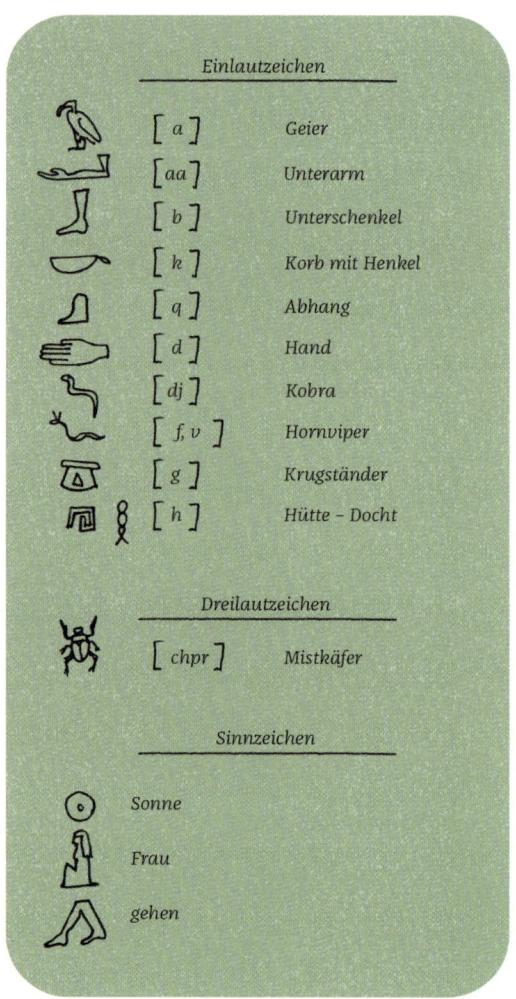

Einlautzeichen		
	[a]	Geier
	[aa]	Unterarm
	[b]	Unterschenkel
	[k]	Korb mit Henkel
	[q]	Abhang
	[d]	Hand
	[dj]	Kobra
	[f, v]	Hornviper
	[g]	Krugständer
	[h]	Hütte – Docht

Dreilautzeichen		
	[chpr]	Mistkäfer

Sinnzeichen	
	Sonne
	Frau
	gehen

AH OUI!

*der Stein von Rosetta
und sein Entzifferer*

54 DER DREISPRACHENSTEIN VON ROSETTA

Er klingt ein bisschen nach Harry Potter, aber es gibt ihn wirklich. Der Stein von Rosetta (auch: Rosette) wurde 1799 in der ägyptischen Hafenstadt Rosette gefunden. In den Stein ist ein einziger Text in drei verschiedenen Schriften eingemeißelt. Ganz oben stehen ägyptische Hieroglyphen, deren Bedeutung die Archäologen nicht verstanden. Darunter stand der Text in demotischer Schrift aus Ägypten, die von den Hieroglyphen abgeleitet war. Und ganz unten stand der Text auf Griechisch – diesen Abschnitt konnten die Forscher lesen.

1822 gelang es Jean-François Champollion, den gesamten Text auf dem Stein von Rosetta zu entziffern. Er verfasste eine Art Wörterbuch, mit dem jeder die Hieroglyphen lesen konnte. Es war eine bedeutende Entdeckung, weil wir dadurch viel mehr über die altägyptische Gesellschaft herausfinden konnten.

Du willst den Stein von Rosetta am liebsten mit eigenen Augen sehen? Dann musst du das British Museum in London besuchen, wo er seit 1802 aufbewahrt wird.

MEIN STEIN!

Rosetta

55 VON A BIS Z ... WOHER KOMMT DAS ALPHABET?

Die Phönizier waren großartige Seefahrer, die mit ihren Schiffen über das Mittelmeer fuhren, um überall Handel zu treiben. Dafür brauchten sie eine Schrift, die man leicht lernen konnte. Die ägyptischen Hieroglyphen fanden sie dafür einen Tick zu kompliziert.

Sie beschlossen, die ägyptischen Schriftzeichen zu vereinfachen. Anstatt einen Gegenstand oder einen Gedanken abzubilden, sollte jedes Zeichen ab sofort für einen Laut stehen.

So entstand das phönizische Alphabet, das aus zweiundzwanzig Zeichen bestand: *Aleph, Beth,*

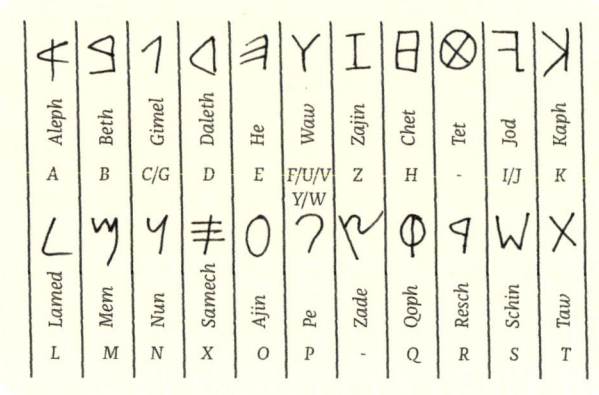

Aleph	Beth	Gimel	Daleth	He	Waw	Zajin	Chet	Tet	Jod	Kaph
A	B	C/G	D	E	F/U/V Y/W	Z	H	-	I/J	K

Lamed	Mem	Nun	Samech	Ajin	Pe	Zade	Qoph	Resch	Schin	Taw
L	M	N	X	O	P	-	Q	R	S	T

Bei ruhigem Seegang bleibt Zeit, das Alphabet zu üben.

Gimel, Daleth, He, Waw, Zajin, Chet, Tet, Jod, Kaph, Lamed, Mem, Nun, Samech, Ajin, Pe, Zade, Qoph, Resch, Schin und *Taw*. Mit etwas Fantasie erkennt man in dieser Liste viele Buchstaben aus unserem Alphabet wieder. Kein Wunder: Die phönizische Schrift ist die Grundlage des aramäischen, arabischen, hebräischen, griechischen und auch unseres lateinischen Alphabets. Sie wurde von rechts nach links geschrieben. Mit etwas Mühe kannst du sie vielleicht auch entziffern.

56 DIE ALTEN ÄGYPTER TRUGEN LUSTIGE UNTERHOSEN

Von Körperbehaarung hielten die alten Ägypter nicht viel. Meistens rasierten sie sich alle Haare ab. Viele Männer trugen Glatze. Wenn sie doch Haare hatten, banden sie sie zu einem dünnen Pferdeschwanz zusammen. Auch den kleinen Jungen wurden die Haare rasiert. Sie behielten bloß einen kleinen Zopf übrig. Wohlhabende Ägypterinnen und Ägypter trugen oft eine Perücke. Die bestand aus echten Haaren, Palmenfasern oder Stroh – je nachdem, was man bezahlen konnte.

Sowohl Männer als auch Frauen trugen viel Make-up. Um die Augen zogen sie mit einem Kohlestift eine dicke schwarze Linie. Das hatte aber nicht nur Schönheitsgründe: Es sollte auch ihre Augen vor der starken Sonne schützen. Schließlich war die Sonnenbrille noch lange nicht erfunden.

Kinder liefen meistens einfach nackt herum. Die Erwachsenen trugen aber Kleidung. Als Unterwäsche für Männer diente ein Lendenschurz, der wie eine Art Stoffwindel um die Hüfte gebunden

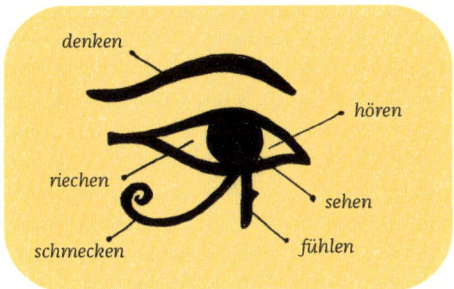

*das geschminkte Horusauge
(gegen die grelle Sonne)*

denken

hören

riechen

sehen

schmecken

fühlen

*Sandalen aus
Papyrus und Palmfasern*

trug Kleidung aus feinem, sonnengebleichtem Leinen. Manchmal wurden auch farbige Nähte, Perlen oder andere Verzierungen in den Stoff eingearbeitet.

wurde. Bei reichen Ägyptern war er aus gebleichtem Leinen, Arbeiter und Soldaten dagegen mussten sich mit einer Lederunterhose begnügen. Die war billiger und hielt länger. Über der Unterwäsche trugen reiche ägyptische Männer eine weite Tunika, die mit einem Riemen zusammengehalten wurde. Frauen waren meist in lange Gewänder aus Leinen gekleidet. An den Füßen trugen alle meist Zehensandalen.

Die Standesunterschiede zwischen Menschen sah man nicht an der Art der Kleidung, aber sehr wohl an der Qualität der Stoffe. Die reiche Bevölkerung

schön weite Unterhosen

SHAKE

SHAKE

billig   teuer

1
waschen

2
ausschütteln

3
in der Sonne trocknen

Um Unterwäsche kümmert sich der Oberwäscher.

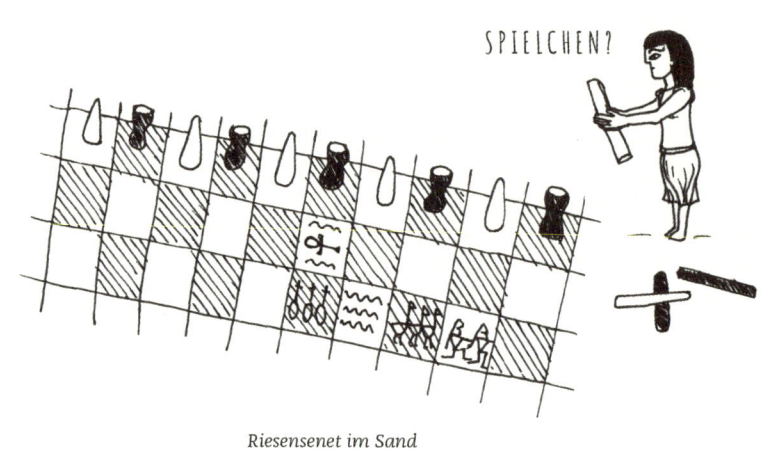

SPIELCHEN?

Riesensenet im Sand

57 LUST AUF EINE PARTIE SENET?

Magst du Gesellschaftsspiele? Dann hast du was gemeinsam mit den alten Ägyptern. Ihr Lieblingsbrettspiel war Senet. Alle spielten Senet, sogar der Pharao.

Für Senet brauchte man ein Brett mit dreißig Spielfeldern – zehn waagerechte und drei senkrechte. Auf einigen Feldern standen bestimmte Aufschriften oder Symbole – ein bisschen wie »Gehen Sie in das Gefängnis« beim Monopoly. Gespielt wurde mit Spielfiguren und vier halbrunden, zweifarbigen Stäbchen mit einer markierten Seite. Die wurden wahrscheinlich wie eine Art Würfel geworfen. Je nachdem, wie sie lagen, wurden dann Punkte verteilt, und der Spieler durfte weiterrücken. Sieger wurde, wer als Erstes seine Spielfigur ins letzte Feld setzte.

Arme Leute, die sich kein Spielbrett leisten konnten, zeichneten einfach eins in den Sand. Statt der Stäbchen verwendeten sie Steine zum Werfen. Reiche Ägypter besaßen oft schöne Holzspielbretter. Das Brett des Pharaos war aus edlem Holz oder einem anderen kostbaren Material wie Elfenbein gefertigt. In mehreren Pharaonengräbern wurden Senet-Bretter entdeckt. Wahrscheinlich, damit sie auch im Jenseits ihr Lieblingsspiel spielen konnten. Eine Anleitung lag leider nicht dabei, also mussten sich die Ägyptolog*innen die Spielregeln selbst zusammenreimen.

58 PAVIANE ALS POLIZEIHELFER IM ALTEN ÄGYPTEN?

Mit Tieren hatten es die Ägypter. Das sieht man auch an den Darstellungen ihrer Gottheiten: Die hatten oft den Kopf oder den Körper eines Tiers. Das konnte ein Krokodil sein, aber auch eine Katze, ein Hund, ein Ibis oder ein Falke.

Der Gott Thot wurde als Pavian abgebildet und stand für Weisheit und Wissenschaft. Laut den Ägyptern wussten Paviane immer genau, wann die Sonne aufging. Kurz davor machten sie nämlich immer den meisten Krach. Es galt als sehr schick, einen Pavian als Haustier zu halten. Manchmal wurden die Affen sogar mumifiziert und in den Gräbern reicher Ägypter beigesetzt.

Auf Abbildungen aus der Zeit sind manchmal Paviane zu sehen, die sich verhalten wie Menschen; die zum Beispiel tanzen, ein Instrument spielen, Obst pflücken oder Wein herstellen. Auf einem Bild sieht man sogar einen Pavian, der einen Schurken ergreift. Dass die Affen wirklich der Polizei bei der Verhaftung von Dieben halfen, ist unwahrscheinlich. Aber es gibt heute noch Länder, in denen Affen zum Obstpflücken eingesetzt werden.

Paviane wurden im alten Ägypten zwar verehrt, aber nicht immer wurden sie gut behandelt. Auf Pavianknochen, die bei Ausgrabungen gefunden wurden, sind Spuren von Misshandlung und Schlägen zu erkennen. Ob die Paviane auch zurückschlugen, ist nicht bekannt.

*Im alten Ägypten hörte man
die Paviansirene schon von Weitem.*

MIEZMIEZ

die Göttin Bastet

59 ZUM GLÜCK HATTEN DIE ALTEN ÄGYPTER NOCH KEIN FACEBOOK ...

... denn sonst gäbe es dort NOCH mehr Katzen-videos und -fotos zu sehen! Die Ägypter waren nämlich katzenverrückt.

⊙ Katzen und Menschen leben schon seit über zwölftausend Jahren zusammen. Die ersten wilden Katzen kamen wahrscheinlich in Afrika zum Menschen, angezogen durch die großen Getreidescheunen in Ägypten. Dort wimmelte es nur so von Ratten und Mäusen – köstliche Häppchen für hungrige Katzen! Und die Menschen waren froh, dass die Miezen sich um das Nagerproblem kümmerten. Die freundlichsten Katzen durften sogar mit ins Haus. Und dort fühlten sie sich pudelwohl. In kurzer Zeit hatte jeder Haushalt eine oder mehrere Katzen.

⊙ Wie Mauzi es genau anstellte, wissen wir nicht, aber sicher ist, dass im alten Ägypten bald ein richtiger Katzenkult entstand. Bastet, die Göttin der Fruchtbarkeit und Beschützerin der Hausfrauen, hatte den Kopf einer Katze. Dem Geschichtsschreiber Herodot zufolge hatte diese Göttin den schönsten Tempel, der auch die meisten Menschen anzog.

⊙ Bei einem Brand wurden zuallererst die Katzen gerettet und erst dann die anderen Hausbewohner*innen. Wer einer Katze Leid zufügte, musste mit einer strengen Strafe rechnen. Wer einer verletzten Katze über den Weg lief, suchte schnell das Weite, damit man ihm nicht die Schuld gab. Und wer eine Katze tötete, musste dafür nicht selten mit dem eigenen Leben bezahlen! Wenn eine Hauskatze starb, rasierten sich alle Familienmitglieder die Augenbrauen ab, um der verstorbenen Katze Ehre zu erweisen. Die Katzen der Königsfamilie wurden mumifiziert, in einen schönen Sarg gelegt und bekamen danach ein richtiges Begräbnis. Auch gewöhnliche Katzen wurden mumifiziert und als Opfergabe im Tempel dargebracht. Bei Ausgrabungen sind immer wieder Katzenmumien aus dem alten Ägypten entdeckt worden.

PS: Lies deiner Katze diesen Text besser nicht vor. Nachher steigt ihr der Ruhm noch zu Kopf.

60 DAS MACHT DANN FÜNF SHÂT, BITTE.

In der Geschichtswissenschaft ging man lange davon aus, dass die Ägypter ihre Waren tauschten: »Gib mir zwei Getreidesäcke, dann bekommst du ein Bett.« Aber so simpel war die Sache nicht. Die ägyptische Wirtschaft war irgendwann viel zu groß für einfachen Tauschhandel.

Die Arbeiter, die die Tempel und Pyramiden bauten, wurden wahrscheinlich in Getreide bezahlt, später auch in Stoffen. Die waren sehr wertvoll im alten Ägypten.

Um alles ordentlich auszurechnen, brauchten die Ägypter natürlich eine Recheneinheit: Das war der *Shât*. Ein Shât entsprach dem Wert von siebeneinhalb Gramm Gold. Ein Stück Leinen hatte zum Beispiel einen Wert von zwei Shât.

Fünf Kilo Getreide entsprachen einem Shât. Für Shât gab es keine Münzen, aber man konnte damit ausrechnen, was und wie viel man für etwas bekommen musste.

Der Wert größerer Anschaffungen wurde in *Deben* angegeben. Ein Deben entsprach dabei zwölf Shât oder neunzig Gramm Gold.

Später wurde Gold als Gegenwert abgeschafft und durch Silber ersetzt. Das lag daran, dass Gold als göttlich galt und nicht für so etwas Weltliches wie Handel verwendet werden durfte. Aber auch das Silber wurde nicht direkt zum Tausch gegen Waren eingesetzt. Erst später bei den Griechen kamen Münzen zum Einsatz, wie wir sie heute kennen.

5 SHÂTZE,
BITTE!

1 Deben = 12 Shât = 90 Gramm Gold
1 Shât = 7,5 Gramm Gold

61 PAPYRUS, TINTE UND KALENDER: GROSSE ÄGYPTISCHE ERFINDUNGEN, TEIL 1

Die alten Ägypter waren große Erfinder. Vieles, was sie sich ausdachten, gebrauchen wir heute noch. Wusstest du zum Beispiel, dass die Ägypter eine Art Papier und Tinte erfunden haben? Schon vor 4500 Jahren kamen sie darauf, dass man auf den Stängeln der Papyruspflanze schreiben konnte. Dafür wurden lange Streifen der Stängel überlappend aneinandergelegt und mithilfe des Pflanzensaftes verklebt. Auf der so entstandenen Fläche schrieben sie mit einer Tinte aus pflanzlichem Gummi, Ruß und Wasser. Auch anderswo auf der Welt interessierte man sich für den praktischen Papyrus. Die Ägypter verkauften ihn bald auf der ganzen Welt. Die Römer und die Byzantiner benutzten ihn noch bis ins siebte Jahrhundert.

Auch die Sonnenuhr ist eine ägyptische Erfindung. Sie besteht immer aus einem Kreis und einem Stab in der Mitte. Am Schatten des Stabes kann man ablesen, wie spät es ist. Die altägyptischen Sonnenuhren gibt es übrigens noch heute. Manchmal wurden auch *Obelisken* – ganz hohe Steine –

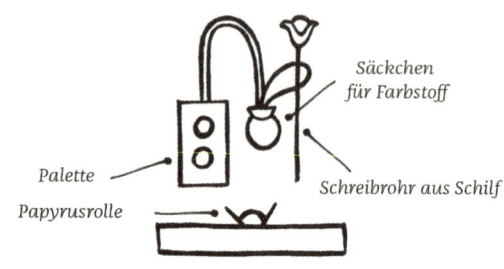

Säckchen
für Farbstoff

Palette
Papyrusrolle

Schreibrohr aus Schilf

Hieroglyphe für »schreiben«

als riesige Sonnenuhren in der Landschaft aufgestellt; auch hier konnte man am Schatten ablesen, wie spät es war. Im Grab eines Pharaos wurde bei Ausgrabungen außerdem die Abbildung einer Art Wasseruhr entdeckt. Dabei handelte es sich um ein Gefäß mit einem kleinen Loch auf der Unterseite. Aus dem tropfte Wasser – am Wasserstand konnte man dann die Zeit ablesen.

Und das war noch längst nicht alles …

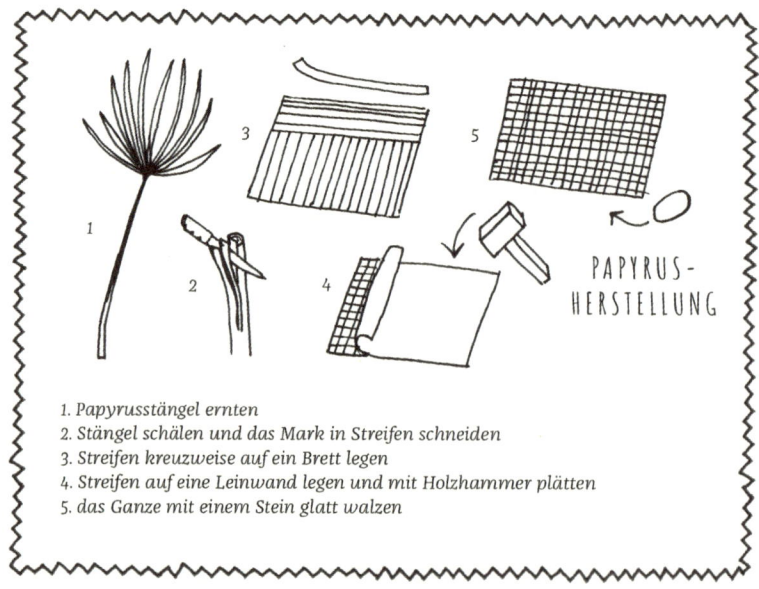

PAPYRUS-HERSTELLUNG

1. Papyrusstängel ernten
2. Stängel schälen und das Mark in Streifen schneiden
3. Streifen kreuzweise auf ein Brett legen
4. Streifen auf eine Leinwand legen und mit Holzhammer plätten
5. das Ganze mit einem Stein glatt walzen

HOPP

SCHNIPP

HOPP

*Pflügen
mit dem Pflug*

*Ernten
mit der Sichel*

*Bewässern mit
dem Schaduf*

62 PFLUG, SICHEL UND SCHADUF: GROSSE ÄGYPTISCHE ERFINDUNGEN, TEIL 2

Für die alten Ägypter war die Landwirtschaft unheimlich wichtig, und sie ließen sich schlaue Methoden einfallen, um Wasser vom Nil zu fernab gelegenen Äckern zu transportieren. Sie erfanden auch einen Pflug, der von Ochsen gezogen wurde. Pflüge kommen auch heute noch weltweit in der Landwirtschaft zum Einsatz. Zum Schneiden des Getreides verwendeten sie ein gebogenes Messer: die Sichel. Und zum Bewässern diente der Schaduf: ein langer Pfahl mit einem Gewicht an der einen und einem Eimer an der anderen Seite, mit dem Wasser aus einem Graben gehoben wurde. Wie der Pflug und die Sichel wird auch der Schaduf bis heute verwendet.

Putzt du dir auch jeden Tag die Zähne? Das taten schon die alten Ägypter. Sie hatten sogar Zahnpasta. Die wurde aus Ochsenhuf-Asche, Eierschalen und Bimsstein hergestellt. Oder auch aus Steinsalz, Minze, Pfeffer und getrockneten Irisblüten. Angeblich wurden die Zähne davon wirklich weißer. In Pharaonengräbern wurden auch Zahnstocher gefunden – praktisch, um sich im Jenseits noch ein paar Essensreste aus den Zahnzwischenräumen zu kratzen.

Auch chirurgisches Besteck, Perücken und Make-up gehören zu den Erfindungen der Ägypter (siehe Info 56).

Und hast du dich schon mal gefragt, wer sich das Schlüsselloch ausgedacht hat? Ja, auch das waren die alten Ägypter. Sie erfanden es etwa 2000 v. Chr., um ihre Speicher abzuschließen! Ganz schön einfallsreich, oder?

Lieferservice

63 WIR NEHMEN DAS BOOTTAXI

Für die Wissenschaft war es lange ein Rätsel, wie die alten Ägypter *es* angestellt haben, ohne Kräne oder Kettenfahrzeuge die gigantischen Pyramiden zu errichten. Irgendwie mussten die Bauarbeiter die riesigen Steine über den rutschigen Wüstensand bekommen haben. Durch Experimente konnte inzwischen gezeigt werden, wie sie es geschafft haben: mit einem Spezialschlitten, auf dem sie die Steinblöcke stapelten. Sie befeuchteten den Wüstensand und zogen den Schlitten bis vor die Pyramide. Durch den nassen Sand konnte der Schlitten viel leichter gleiten.

Und die anderen Transportmittel? Um selbst schnell von einem Ort zum anderen zu kommen, nutzten die Ägypter vor allem Esel. Aber das vornehmste Verkehrsmittel war das Boot. Mit riesigen Holzbooten transportierten die Ägypter Getreide, Vieh und schwere Steine über den Nil. Für die Beförderung von Menschen wurden leichte Boote aus Papyrus gebaut. Mit diesen Boottaxis konnte man sowohl rudern als auch segeln. Auf dem großen Fluss muss damals ganz schön was los gewesen sein!

1, 2, 3
WEITER SO, LEUTE

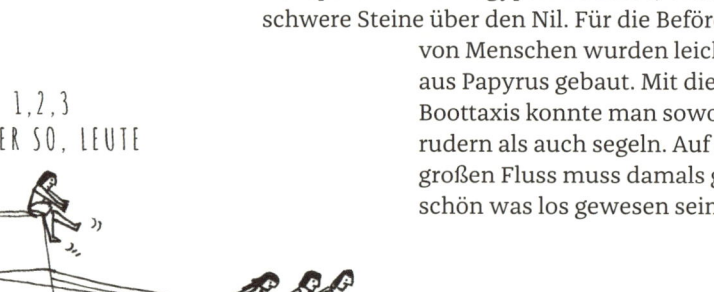

64 KENNST DU DAS PASSWORT ZUR UNTERWELT?

Die Menschen im alten Ägypten glaubten daran, dass sie nach dem Tod zu einem großen Tor gelangen würden. Dort mussten sie den Wächtern ein Kennwort nennen. Diese Wächter hatten die Aufgabe, keine bösen Kräfte ins Totenreich einkehren zu lassen. Wer das richtige Kennwort wusste, durfte in die *Halle der zwei Wahrheiten*. Dort befand sich eine Waage, die von dem Totengott Osiris bewacht wurde. Der überprüfte, dass man keine Sünden begangen hatte. In der einen Waagschale lag die Feder der Wahrheit, in die andere musste die verstorbene Person ihr Herz legen. Nur wenn das Herz so leicht war wie die Feder, durfte man weiter in die Unterwelt. War das Herz schwerer, wurde es von der Dämonin *Ammit* aufgefressen. Die Seele des Verstorbenen musste dann bis in alle Ewigkeit über der Erde schweben.

Für die alten Ägypter lag das Totenreich im Westen, wo abends die Sonne unterging. Osiris fuhr jede Nacht mit seinem Boot von Westen nach Osten, wo er die Toten abholte, aber auch die Sonne. Die wurde am Morgen im Osten wiedergeboren. Den Toten, die keine Sünden begangen und somit ein reines Herz hatten, schenkte Osiris ein neues Leben.

Bei den alten Ägyptern war das Leben nach dem Tod genauso real wie das Leben auf der Erde. Darum wurde der Leichnam des Pharaos mumifiziert (mehr dazu in Info 71). Nur so konnte die Seele aus der Unterwelt zurückkehren. Den Toten wurden auch verschiedene Gegenstände ins Grab gelegt, die sie auf ihrer Reise ins Totenreich begleiten sollten: Lebensmittel, ein Brettspiel, Waffen, Dienerfiguren und sogar Haustiere. Es gab auch eine Art Reiseführer, der den Verstorbenen den Weg zum Totenreich und zurück zeigen sollte. Durch diese besonderen Bestattungsbräuche wissen wir heute noch sehr viel über das alte Ägypten.

die Halle der zwei Wahrheiten

65 EIN ÄGYPTISCHER BAUARBEITER DURFTE ZU HAUSE BLEIBEN, WENN SEINE FRAU ODER TOCHTER IHRE TAGE HATTE

Das Bauen von Grabkammern und Pyramiden war harte Arbeit. Wenn man sich die Pyramiden anschaut, wird sofort klar, dass die allerbesten Handwerker nötig waren, um daran mitzubauen. Sie mussten nicht nur in der sengenden Hitze der Wüste arbeiten, sondern auch noch ständig auf die Pyramide klettern, um immer höher zu kommen – kein Zweifel, das war körperliche Schwerstarbeit.

Jede Woche zogen die Arbeiter aufs Neue von ihrem Haus zur Baustelle der Pyramide. Die Arbeitstage waren lang. Aber sie wurden gut versorgt. Wenn sie krank wurden, mussten sie nicht arbeiten und bekamen trotzdem ihren Lohn. Außerdem gab es eine Art Krankenhaus, wo sie sich untersuchen lassen konnten, wenn es ihnen nicht gut ging. Oder ihnen ein schwerer Stein auf die Füße gefallen war.

EINMAL IM MONAT

PROST

Freizeit für Männer dank Menstruation

Und laut der Archäologin Anne Austin, die eine altägyptische Stadt erforscht hat, gibt es sogar Hinweise darauf, dass ein Arbeiter zu Hause bleiben durfte, wenn seine Frau oder seine Tochter ihre Tage hatte. So konnte er sich um sie kümmern. Ziemlich gut geregelt, oder?

66 EIN ARZT FÜR JEDES LEIDEN

Schon vor über viertausend Jahren gab es im alten Ägypten Ärzte und Zahnärzte. Das ist auch nicht so überraschend: Durch die Mumifizierung von Toten wussten die alten Ägypter sehr viel über den menschlichen Körper.

Es gab viele verschiedene medizinische Berufe: Augenärzte, Zahnärzte, Ärzte für den Magen und den Darm und Spezialisten für Körperflüssigkeiten. Es gab sogar »Anus-Hirten« – vielleicht kannst du dir schon vorstellen, wofür die zuständig waren. Eine ganze Schar von Chirurgen stand bereit, um Patienten zu operieren. Dazu gebrauchten sie Messer aus Bronze und Kupfer, Haken, kleine Bohrer, Pinzetten, Löffel und Sägen.

Operiert wurde man nur, wenn die Chirurgen glaubten, dass es eine Heilungschance gab. Kranke wurden in drei Kategorien eingeteilt: behandelbar, Zweifelsfall und aussichtslos. Im ersten Fall

BITTE MAL HINLEGEN!

Anus-Hirte
Diagnose: behandelbar, Zweifelsfall
oder aussichtslos

landete man auf dem OP-Tisch. Bei den Zweifels-
fällen warteten die Chirurgen eine Weile ab; wer
bis dahin nicht starb, wurde operiert. Und im
dritten Fall unternahmen die Chirurgen nichts.

Übrigens konnten im alten Ägypten nicht nur
Männer Ärzte und Chirurgen werden, sondern
auch Frauen. Und wie bei den Männern gab es
auch eine »leitende Ärztin«, die die Arbeit der
anderen überwachte. Ganz schön fortschrittlich!

Horus-Auge
Schutz vor Unfall und Krankheit

67 WER KLEIN WAR, KONNTE IM ALTEN ÄGYPTEN GROSS RAUSKOMMEN

Im alten Ägypten konnte man es mit geringer
Körpergröße weit bringen. Die Ägypter glaubten
nämlich, dass Kleinwüchsige und Pygmäen
(Angehörige einer kleinwüchsigen Bevölkerungs-
gruppe in Afrika – die Ägypter machten da keinen Unterschied) über ganz besondere, beinahe
göttliche Kräfte verfügten. Wer als »Zwerg«
geboren wurde, hatte gute Berufsaussichten.
Zum Beispiel als Kleidermacher, Juwelier oder
Kammerdiener des Pharaos.

Manchmal wurden kleinwüchsige Menschen oder
Angehörige eines Pygmäenvolks auch als Sänger
oder Tänzer am Hof des Pharaos beschäftigt. Von
Pharao Pepi II. ist ein Brief überliefert, in dem es
um einen »tanzenden Zwerg« geht. Der zu dem
Zeitpunkt erst achtjährige Pharao wollte ihn
unbedingt nach Ägypten holen: »Lass alles stehen
und liegen und bring diesen Zwerg aus dem Land
der Horizontbewohner lebendig und wohlbehalten
zu mir, damit er für mich tanzen und mein Herz
erfreuen kann.«

Die Verehrung der Ägypter ging so weit, dass sie
auch Zwerggottheiten hatten, die sie anbeteten.
Bes zum Beispiel war der Gott der Liebe, der Geburt
und der Sexualität. Frauen riefen ihn vor der
Geburt ihrer Kinder um Beistand an. Auch Ptah
war ein Zwerggott. Er war für die Kunst, das

Handwerk und die Kreativität zuständig. Im alten
Ägypten wäre niemand auf die Idee gekommen,
sich über kleine Menschen lustig zu machen –
sie wurden sogar auf einer königlichen Grabstätte
nicht weit von den Pyramiden bestattet.

PTAH   BES

68 EIN BAUWERK AUS ÜBER ZWEI MILLIONEN STEINEN

Die Pyramiden gehören zu den bedeutendsten Hinterlassenschaften der Ägypter. Die älteste Pyramide wurde zwischen 2667 und 2648 v. Chr. im Auftrag von König Djoser erbaut.

Als Baumeister hatte der König einen besonderen Architekten beauftragt: Imhotep. Dieser Mann entwarf den Plan für die allererste Pyramide und stellte sicher, dass sie auch richtig gebaut wurde. Das war keine einfache Aufgabe – besonders mit zweieinhalb Tonnen schweren Steinen. Sie stammten aus einem fast einen Kilometer entfernten Steinbruch und wurden erst mit einem Boot über den Kanal transportiert und dann in einen Spezialschlitten verfrachtet, der über den Sand glitt (mehr in Info 63). Der Bau begann mit dem Stumpf der Pyramide, der *Mastaba*. Darauf wurden noch fünf weitere Stufen gebaut. Die Form erinnert an eine gigantische Treppe, die von allen vier Seiten zu besteigen ist. Dieser Pyramidentyp wird »Stufenpyramide« genannt.

Die Cheopspyramide in Gizeh, auch »Große Pyramide« genannt, hat keine Treppenform. Die Außenwände verlaufen glatt und stufenlos schräg nach oben. Diese Pyramide gehört zu den sieben Weltwundern der Antike und wurde als Grabmal für den Pharao Cheops errichtet, der von 2604 bis 2581 v. Chr. regierte. Sie hat eine Grundfläche von 230 mal 230 Metern und ist fast 150 Meter hoch. Insgesamt wurden für die »Große Pyramide« gut 2,3 Millionen Steine verbaut!

Im Inneren der Pyramiden befanden sich verschiedene Räume. Die Mumie des Pharaos wurde in der Königskammer aufbewahrt, umringt von verschiedenen Gebrauchsgegenständen. Durch das Mauerwerk der Pyramide führten Schächte nach außen. Wozu die dienten, ist noch immer nicht ganz klar: Waren es Belüftungsschächte für die Arbeiter, oder sollten sie dem Pharao die Reise in die Unterwelt erleichtern?

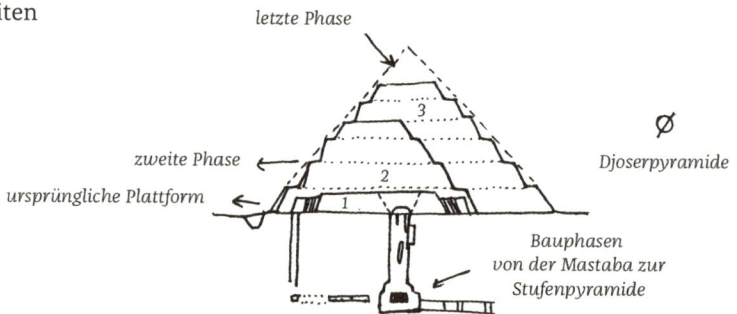

letzte Phase

zweite Phase

ursprüngliche Plattform

Ø Djoserpyramide

Bauphasen von der Mastaba zur Stufenpyramide

69 DIE PYRAMIDEN WURDEN NICHT VON SKLAVEN ERBAUT

Ein frischgebackener Pharao ließ schon kurz nach der Thronbesteigung seine persönliche Pyramide errichten. Kein Wunder: Bis so ein Bauwerk fertig wurde, konnten viele Jahre vergehen. Der Bau der Cheopspyramide zum Beispiel dauerte gut zwanzig Jahre. Alles musste fertig sein, bevor der Pharao starb.

Vielleicht hast du irgendwo gehört, dass die Pyramiden von Sklaven errichtet wurden. Beim Geschichtsschreiber Herodot zum Beispiel ist nachzulesen, dass über hunderttausend Sklaven unter schrecklichen Bedingungen am Bau der Cheopspyramide arbeiten mussten. Dank neuerer archäologischer Forschungen wissen wir aber, dass diese Erzählung nicht stimmt.

Vollzeitarbeiter   *Teilzeitarbeiter*   *Auftraggeber*

Bei den Männern, die die Pyramiden erbauten, handelte es sich vor allem um Fachkräfte, die für ihre Arbeit gut entlohnt wurden. Fünftausend festangestellte Arbeiter und zwanzigtausend Zeitarbeiter mussten gemeinsam dafür sorgen, dass alles rechtzeitig fertig wurde. Jeder Mann im alten Ägypten war verpflichtet, drei bis vier Monate beim Bau der Pyramide mitzuhelfen.

Die Arbeiter lebten gemeinsam in einem Lager, wo sie zu essen und zu trinken bekamen und medizinisch versorgt wurden. Oft bekamen sie auch noch einen Lohn in Form von Getreide oder Stoffen. Wenn einer bei den Bauarbeiten ums Leben kam, wurde er angemessen bestattet. Wahrscheinlich war dem Pharao der Bau der Pyramide zu wichtig, um die Arbeit von Sklaven erledigen zu lassen.

70   NIEMAND WEISS, WOFÜR DIE GROSSE SPHINX GUT WAR

Neben den drei Pyramiden von Gizeh befindet sich eine enorme Sphinx-Statue. Die (auch: der) Sphinx ist ein mythisches Wesen mit dem Körper eines Löwen und einem Menschenkopf. Die Große Sphinx wurde um 2500 v. Chr. aus einem Steinhügel gehauen. Die genaue Funktion der Figur kennt niemand, aber Fachleute vermuten, dass sie die Königsgräber bewachen sollte.

Die Große Sphinx ist stolze dreiundsiebzig Meter lang, neunzehn Meter breit und zwanzig Meter hoch. Heutzutage ist sie einfach wüstenfarben wie der Rest ihrer Umgebung, aber wahrscheinlich war sie ursprünglich mit bunten Farben bemalt.

Bis heute gibt die Große Sphinx der Wissenschaft noch Rätsel auf. Es kann sogar sein, dass sich in ihrem Inneren Kammern befinden, die noch nie jemand betreten hat. Daher kommt vielleicht der

Ausdruck »Sie oder er ist eine Sphinx« – damit ist gemeint, dass ein Mensch so unergründlich ist, dass man keinen blassen Schimmer hat, was in ihm vorgeht.

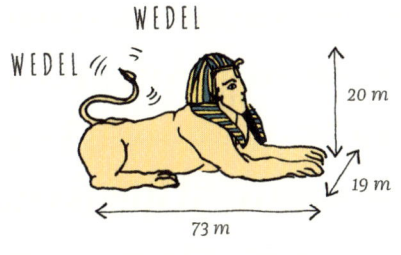

die Große Sphinx

71 DIE ALTEN ÄGYPTER WAREN MUMIEN-MEISTER

Die alten Ägypter waren Meister in der Erhaltung toter Körper. Sie waren so gut darin, dass wir die Mumien heute noch in vielen Museen der Welt bestaunen können.

Nicht nur Pharaonen, auch hohe Beamte und sogar manche gewöhnlichen Ägypter ließen sich nach ihrem Tod mumifizieren. Bei den Pharaonen waren immer Profis am Werk. Weniger wohlhabende Menschen mussten sich an einen billigeren Mumienmacher wenden, bei dem das Ergebnis oft zu wünschen übrig ließ.

Mit einem speziellen Haken entfernte der Mumienmacher als Erstes das Gehirn des Leichnams, und zwar durch die Nase. Dann setzte er einen Schnitt in die Körperseite und entnahm alle Organe, bis auf das Herz. Das wurde nämlich noch zum Eintritt ins Totenreich gebraucht (siehe Info 64).

AUTSCH

für jedes Organ ein eigener Krug

Danach wurden die Organe in Krüge gelegt, die mit im Grabmal aufbewahrt wurden. Diese Krüge waren oft mit dem Kopf einer Gottheit verziert.

Der ausgeweidete Körper wurde anschließend für siebzig Tage mit Natron, einem bestimmten Salz, bedeckt, wodurch er langsam austrocknete. Weiter wurde er mit Palmwein und verschiedenen Kräutern balsamiert, um ihn noch besser haltbar zu machen.

Danach stopfte der Mumienmacher die Körperhöhlen mit Leinen aus und nähte alles fein säuberlich zu. Dann wurde der oder die Tote in lange Stoffstreifen gewickelt – alle aneinandergereiht wären über anderthalb Kilometer lang gewesen! Zum Schluss wurde die Mumie in drei hölzerne Särge gelegt. Die waren menschenförmig und oft prächtig bemalt. Als Pharao bekam man noch einen Steinsarg – den Sarkophag. Der wurde dann in eine speziell für ihn erbaute Pyramide oder ein Grab gelegt.

Survival-Kit fürs Totenreich

gut eingepackte ägyptische Katze

Senet-Spiel

Glücksbringer

Fluchtroute aus der Pyramide

Wein und Honig

Tal der Könige

72 TRAUST DU DICH INS PHARAONENGRAB?

Im Neuen Reich – von etwa 1550 bis 1069 v. Chr. – wurden keine neuen Pyramiden mehr gebaut. Stattdessen wurden am Ufer des Nils tiefe Grabstätten in den Felsen geschlagen. Dieser Ort ist bekannt als das Tal der Könige.

⊙ Warum die Ägypter von Pyramiden zu dieser neuen Art Grab wechselten, ist noch nicht endgültig geklärt. Aber schon in der Antike gab es Grabräuber, die es auf die wertvollen Schätze in den Pyramiden abgesehen hatten. Es wurde viel geplündert. Vielleicht entschieden sich die Pharaonen darum für weniger auffällige und versteckt liegende Grabstätten – das Tal lag außer Sichtweite und war nicht leicht zu erreichen.

⊙ Über sechzig Pharaonen liegen im Tal der Könige begraben. Das einfachste Grab ist nur eine Grube, die größten Grabstätten bestehen aus über hundert Kammern. Der Aufbau darin war mehr oder weniger gleich. Über einen

schmalen Gang oder Schacht gelangte man in eine Schatzkammer, in der alle Gegenstände aufbewahrt wurden, die der Pharao im Totenreich brauchen würde. Im Hauptraum dahinter stand der steinerne Sarg mit der Mumie des Pharaos.

⊙ Es gibt auch ein Tal der Königinnen. Darin liegen nicht nur Königinnen, sondern auch Königskinder und andere Adlige begraben. Die Ägypter nannten das Tal *Ta-set-neferu*: »Platz der Schönheit«.

⊙ In beiden Tälern kann man heute einzelne Gräber besichtigen. Man muss sich nur trauen, denn da gibt es ja noch den »Fluch des Pharao« …

73 WER HAT ANGST VORM »FLUCH DES PHARAO«?

Am 4. November 1922 entdeckte ein Archäologen-
team eine steinerne Treppe im Tal der Könige. Sie
waren sich sicher, dass sie zum Grab eines Pharaos
führen würde. Sie folgten dem Gang nach unten
bis zu einem zugemauerten Eingang, der mit einem
königlichen Siegel versehen war. Also waren sie
auf ein ungeplündertes Grab gestoßen! Sie machten Luftsprünge vor Freude.

Am 16. Februar 1923 wurde die Königskammer
geöffnet. Mehrere tausend Gegenstände fand
das Team dort vor: Streitwagen, Möbelstücke,
Schmuck, Schatztruhen, Königsbilder und den
goldenen Thron des Pharaos. In der Kammer
befand sich auch ein goldener Sarkophag mit
einer prachtvollen Totenmaske. Darin lagen drei
ineinandergeschachtelte Särge und ganz im
Innern die Mumie des Pharaos Tutanchamun.

Eigentlich war Tutanchamun gar kein so bedeutender Pharao. Er starb mit nur etwa neunzehn
Jahren. Und im Vergleich zu anderen Pharaonen
hat er sogar ein ziemlich kleines Grab. Trotzdem
wurde Tutanchamun der bekannteste Pharao. Das
liegt daran, dass sein Grab bei der Entdeckung 1922

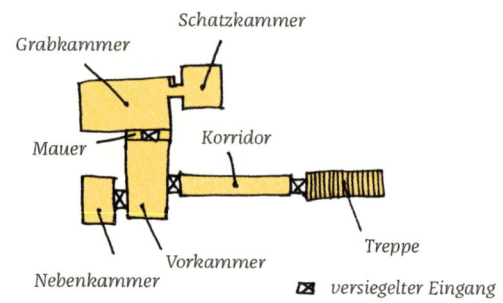

noch von keinem Menschen betreten worden war.
Dank ihm wissen wir, wie all diese Gräber einst
ausgesehen haben müssen. Vielleicht hat seine
Bekanntheit aber auch etwas mit dem Fluch zu
tun, der auf seinem Grab zu lasten scheint. Der
Geldgeber der Ausgrabungen, Lord Carnavon,
starb einige Monate nach der Entdeckung. In den
folgenden Jahren starben noch weitere Menschen,
die das Grab besucht hatten. In den Zeitungen
wurde über eine Inschrift in der Grabkammer
berichtet, die lauten sollte:

»Wer diese heilige Grabkammer betritt, den
werden die Schwingen des Todes ereilen.«

Konnte das sein? Lord Carnavon war an einer
Blutvergiftung gestorben, und auch für die anderen
Todesfälle gab es eine logische Erklärung. Die Inschrift war wohl einfach eine Erfindung der Zeitungen. Den Fluch von Tutanchamun hat es also nie
gegeben.

ZEIT DER ABRECHNUNG!

Lord Carnavon hatte keine Angst.

74 SECONDHAND-SARG

Im Stein-Sarkophag von Tutanchamun wurden drei vergoldete Särge entdeckt, die alle ineinanderpassten. Aber etwas war komisch. Der äußerste Sarg war zurechtgesägt worden. Er war wohl etwas zu hoch gewesen, sodass das Fußteil über den Rand des steinernen Sarkophags hinausragte. Die abgesägten Stücke wurden auf dem Boden des Sarkophags gefunden. Der mittlere Sarg hatte einen ganz anderen Stil als die anderen beiden. Außerdem sah das Bild darauf gar nicht so aus wie Tutanchamuns Totenmaske. Fachleute vermuten daher, dass die Särge eigentlich für jemand anderen bestimmt waren. Das spricht dafür, dass Pharao Tutanchamun unerwartet starb, wodurch nicht genug Zeit blieb, um seine Grabstätte für ihn herzurichten.

Trotzdem wurde dafür gesorgt, dass es Tutanchamun im Totenreich an nichts fehlte. In seinem Grab wurden 32 Paar Handschuhe, vier Paar Socken, 145 Lendentücher, zwölf Tuniken, achtzehn Gürtel und 25 Kopftücher gefunden. Und zwischen all dem Kram befand sich ein besonderer Dolch mit goldenem Griff. Vor allem die eiserne Klinge ist außergewöhnlich. Sie besteht aus einem einzigartigen Material, das die Ägypter »Eisen aus der Luft« nannten – ein Meteorit also! Im Grab von Tutanchamun wurden noch weitere eiserne Gegenstände entdeckt. Sie sind zwar nicht besonders gut gemacht, weil das Material so schwer zu bearbeiten war, aber sie sind dennoch sehr wertvoll.

2016 entdeckte ein Forschungsteam, dass es im Grab von Tutanchamun wahrscheinlich noch verborgene Kammern gibt. Bis jetzt wurden sie noch nicht geöffnet. Der Pharao gibt uns seine Geheimnisse immer nur Stück für Stück preis.

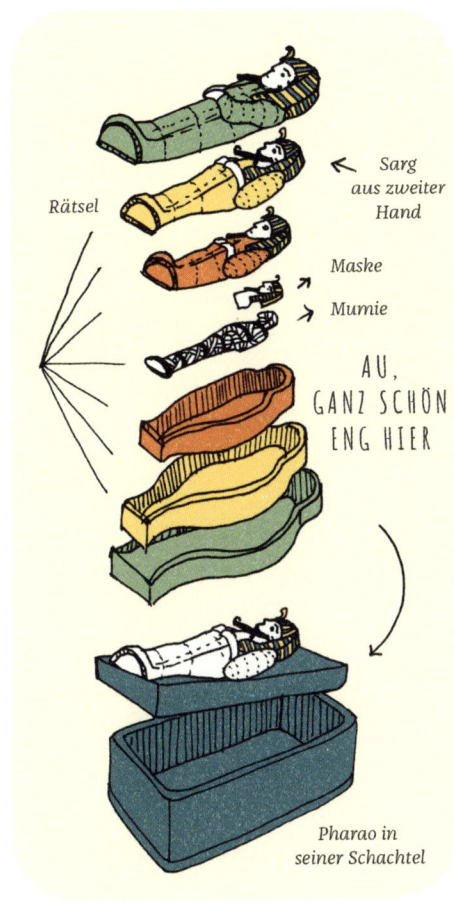

Rätsel

Sarg aus zweiter Hand

Maske

Mumie

AU, GANZ SCHÖN ENG HIER

Pharao in seiner Schachtel

DIE ALTEN GRIECHEN

VON 3000 BIS 30 V. CHR.

75 DIE WIEGE UNSERER KULTUR STEHT IM ANTIKEN GRIECHENLAND

In Griechenland stehen bestimmt Tausende Wiegen, aber um die geht es hier nicht. Es geht darum, dass ein Großteil der westlichen Kulturen bei den alten Griechen ihren Anfang genommen hat.

⊙ Schon seit über hunderttausend Jahren wird Griechenland von Menschen bewohnt. Am Anfang waren es umherziehende Jäger und Sammler. An den fruchtbarsten Orten errichteten sie Dörfer.

⊙ Eine erste richtige Hochkultur entwickelte sich auf der Insel Kreta: die minoische Kultur. Sie bestand zwischen 2700 und 1450 v. Chr. und ist benannt nach dem legendären König Minos (mehr über ihn in Info 77).

⊙ Auf dem griechischen Festland entstand die mykenische Kultur mit eindrucksvollen Bauwerken, verschiedenen Gebrauchsgegenständen und einem eigenen Schrifttum.

⊙ Um 1100 v. Chr. schien es damit plötzlich vorbei zu sein. Es folgten Hunderte Jahre, über die wir so gut wie nichts wissen. Es wirkt so, als ob alle Menschen gleichzeitig mit dem Schreiben, Bauen und Kunstschaffen aufgehört hätten. Erst dreihundert Jahre später, um 800 v. Chr., erlebte die Kultur auf dem griechischen Festland eine neue Blüte. Um 510 v. Chr. brach sogar ein

goldenes Zeitalter an. Viele Tempel wurden gebaut, die Wissenschaft machte große Sprünge, bedeutende Kunst wurde geschaffen, und es entwickelte sich eine Demokratie. Das war das »klassische Griechenland«, das wir heute die »Wiege unserer Kultur« nennen. Ab 146 v. Chr. herrschten die Römer über Griechenland. Sie ließen die griechische Kultur fortleben und bauten darauf auf.

WIR SIND ECHTE TRENDSETTER

alter Grieche

DEN ALTEN GRIECHEN VERDANKEN WIR TOLLE GESCHICHTEN

Die alten Griechen waren Meister im Geschichten-erfinden. Ihre Mythen und Sagen kann man mit unseren Märchen vergleichen. Götter und Halb-götter, Nymphen und Helden spielten darin die Hauptrolle. Die Mythen wurden erzählt, um den Menschen Antworten auf die wichtigsten Fragen zu geben. Wie ist die Welt entstanden? Was sind all die Sterne, die nachts am Himmel leuchten? Warum gibt es Jahreszeiten? Warum führen Men-schen Kriege? Die Mythen wurden im Theater aufgeführt oder als Bildgeschichten auf die unterschiedlichsten Gegenstände gemalt.

Wusstest du, dass die griechische Mythologie bis heute in unserer Sprache fortlebt? Nein? Dann hör mal diese Geschichte:

Einst herrschte im Himmel Krieg zwischen den Göttern des Olymp und den Titanen. Prometheus war ein Titan, doch irgendwann schloss er sich den Göttern an. Zum Dank erlaubte ihm Zeus, die Erde mit Leben zu füllen. Prometheus erschuf nicht nur Tiere, sondern auch den Menschen und hauchte ihm Leben ein. Das gefiel Zeus ganz und gar nicht. Als Prometheus dann auch noch Feuer aus dem Himmel stahl, um es den Menschen zu geben, rastete Zeus so richtig aus. Zur Strafe ließ er Prometheus in Ketten an einen Felsen binden, wo jeden Tag ein Adler vorbeikam, um von seiner Leber zu fressen.

Vasengeschichte

Außerdem gab Zeus dem Gott Hephaistos den Auftrag, aus Lehm eine Frau zu schaffen. Die bekam den Namen Pandora und wurde von Zeus zur Erde geschickt, um den Feuerdiebstahl zu rächen. Er gab ihr eine Büchse mit, die sie auf keinen Fall öffnen durfte.

die Zweifel der Pandora

Prometheus will den Adler umstimmen.

Aber Pandora war leider so neugierig, dass sie sie doch aufmachte. Sofort entwichen alle möglichen Katastrophen daraus. Von diesem Moment an wurde die Menschheit von Hungersnöten, Krank-heiten, Erdbeben und Kriegen geplagt. Wenn wir heute also sagen, jemand habe »die Büchse der Pandora« geöffnet, meinen wir, er oder sie hat etwas getan, was schlimme Folgen haben wird.

HMMH

ANSTELLEN BITTE

*zum Spielen
beim Minotaurus*

77 KÖNIG MINOS UND DAS MONSTER

In der griechischen Mythologie (mehr dazu in Info 76) war König Minos der Sohn des Obergottes Zeus und der göttlichen Prinzessin Europa. Minos herrschte über Kreta und war mit Pasiphaë verheiratet.

Eines Tages sandte der Gott Poseidon König Minos einen schneeweißen Stier zur Erde. Poseidon wollte, dass er das Tier den Göttern opferte. Der König aber fand es so schön, dass er es lieber behalten wollte. Das erzürnte Poseidon sehr. Zur Strafe belegte er Minos' Frau mit einem Fluch, durch den sie sich in den Stier verliebte und ein Kind von ihm gebar. Das Kind hatte den Körper eines Menschen und den Kopf eines Stiers. Es bekam den Namen Minotaurus und entwickelte sich zu einem schrecklichen Monster. König Minos ließ unter seinem Palast ein Labyrinth bauen, wo er den furchterregenden Minotaurus gefangen hielt.

Als der Sohn von König Minos von den Athenern ermordet wurde, entbrannte der König in Zorn. Er verlangte, dass die Athener ihm ihre Töchter und Söhne brachten, um sie dem Minotaurus zum Fraß vorzuwerfen.

Am Ende wurde König Minos selbst von den Töchtern des Königs von Sizilien ermordet. Während er ein Bad nahm, übergossen sie ihn mit kochendem Wasser. Nach seinem Tod wurde Minos Herrscher über die Unterwelt.

Was für eine Gruselgeschichte, oder? Aber das ist natürlich »nur« eine Legende. Wie es wirklich war, erfährst du im nächsten Abschnitt.

78 EIN VULKANAUSBRUCH SETZTE DER MINOISCHEN KULTUR EIN ENDE

König Minos hat es wahrscheinlich nie gegeben. Es kann sogar sein, dass *minos* in der Sprache Kretas einfach nur »König« bedeutete.

Zwischen 3000 und 1450 v. Chr. existierte eine große Kultur auf der Insel Kreta. Die Bewohner*innen der Insel, die Kreter oder *Minoer*, bauten riesige Paläste. Der Grundriss dieser Paläste erinnerte an ein Labyrinth. Vielleicht stammte daher die Erzählung vom Minotaurus. In den Häusern gab es fließend Wasser, und ein Kanalisationssystem gab es auch. Die Kreter waren auch Meister der Metallschmiedekunst. Sie fertigten Schmuck, Keramik und weitere Gegenstände an, die andere Völker gerne kaufen wollten. Mit ihren Schiffen brachten sie die Waren zu den Käufern. Manchmal traten sie auch als Transportfirma auf und brachten zum Beispiel Eisenerz von einem Ort zum anderen.

1620 v. Chr. gab es auf einer Insel in der Nähe (wo heute Santorini liegt) einen Vulkanausbruch. Der Schock war bis nach Kreta zu spüren. Der Ausbruch führte zu Erdbeben, und die Insel wurde von einem Tsunami überflutet. Die Insel Santorini wurde vollständig zerstört, wodurch die Minoer ihren bedeutendsten Handelshafen verloren. Ihre Kultur bestand zwar weiter, wurde aber nie mehr so groß wie zuvor. Um 1450 v. Chr. wurde Kreta von den Festlandgriechen erobert und ging vollständig in der griechischen Kultur auf.

Bonus-Info

Die Sprache der Minoer ist noch nicht entschlüsselt worden. Sie wurde in einer Art Hieroglyphenschrift verfasst, die der Forschung bis heute Rätsel aufgibt.

Ohne Handelsstadt fällt
der Handel der Minoer ins Wasser.

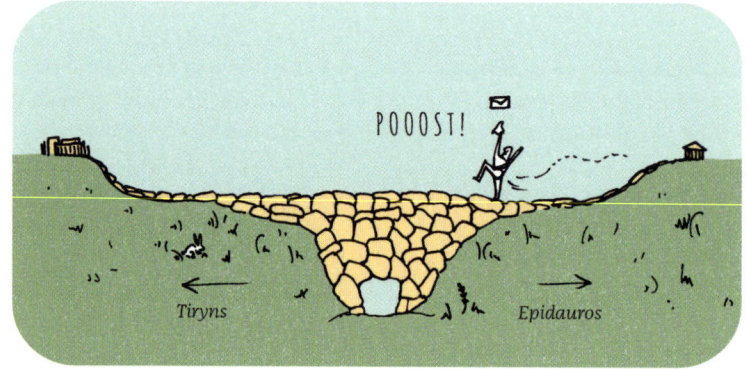

POOOST!

Tiryns → ← *Epidauros*

Arkadiko-Puzzle-Brücke

79 IN GRIECHENLAND KANNST DU ÜBER EINE FAST 3500 JAHRE ALTE BRÜCKE SPAZIEREN

Ab 1600 v. Chr. entwickelte sich auf dem griechischen Festland die mykenische Kultur. Die Mykener gründeten Städte, die es zu großem Reichtum brachten. Die bekannteste darunter war Mykene.

Im Zentrum jeder Stadt befand sich eine riesige Burg. Die wurde Akropolis genannt. Sie war von bis zu fünf Meter dicken Mauern umgeben. Nur die Oberschicht durfte dort wohnen, die kleinen Leute mussten draußen bleiben. Die verschiedenen Städte waren durch Straßen und Brücken miteinander verbunden. Darüber fuhren die Soldaten mit ihren Streitwagen.

Eine der Brücken aus der griechischen Bronzezeit ist heute noch gut erhalten. Die Arkadiko-Brücke ist die älteste Brücke der Welt und lag zur Zeit der Mykener zwischen den Städten Tiryns und Epidauros. Sie ist etwa zweieinhalb Meter breit und aus großen, perfekt ineinanderpassenden

Steinen gebaut. Beim Bau wurde kein Zement verwendet. Das zeigt, was für geschickte Bauleute da am Werk waren. Ob auch unsere Brücken in über dreitausend Jahren noch stehen?

80 DER TROJANISCHE KRIEG BEGANN MIT EINEM GOLDENEN APFEL

Jedenfalls, wenn wir der alten Sage Glauben schenken. Die geht so:

Zur Hochzeit von Peleus und Thetis sind alle Götter eingeladen, bis auf Eris. Sie ist die Göttin des Streites, und so eine will man nicht auf seinem Fest haben. Eris ist entsprechend sauer. Sie erscheint trotzdem und bringt einen goldenen Apfel mit, darauf die Widmung: »für die Schönste«. Damit handelt man sich natürlich Ärger ein, weil alle Göttinnen sich selbst für die Schönste halten. Eris lässt den Apfel über die Tanzfläche rollen. Drei Göttinnen meinen, dass sie den Titel verdienen: Hera, Athene und Aphrodite. Sie können sich nicht einigen und fragen Obergott Zeus um Rat. Er ist so weise, sich lieber nicht einzumischen, und schickt die Frauen zu Paris, dem Sohn des trojanischen Königs. Alle drei versuchen, Paris auf ihre Seite zu ziehen: Hera verspricht ihm Macht, Athene will ihm Weisheit schenken, und Aphrodite will dafür sorgen, dass die schönste Frau der Welt sich in ihn verliebt. Paris entscheidet sich für die schönste Frau: Helena von Sparta.

Nur leider ist Helena schon mit einem griechischen Herrscher verheiratet. Paris will sie trotzdem nach Troja bringen und entführt sie. Das wollen sich die Griechen nicht gefallen lassen. Um Helena zu befreien, fallen sie in Troja ein. Der trojanische Krieg wird über zehn Jahre andauern.

Den Rest der Geschichte kennst du vielleicht schon. Die Griechen bauen ein hölzernes Pferd, das sie den Trojanern schenken. Die Trojaner ahnen nicht, dass sich im Bauch des Pferdes griechische Soldaten verstecken. Im Schutz der Nacht klettern sie heraus und erobern die Stadt.

Gab es den trojanischen Krieg wirklich? Wahrscheinlich schon, aber nicht so, wie es in der Sage erzählt wird. Durch Ausgrabungen wissen wir, dass um 1200 v. Chr. rund um Troja viele große und kleine Schlachten gefochten wurden. Die Geschichte vom trojanischen Krieg wurde um 800 v. Chr. von Homer in seinem Werk *Ilias* erzählt. Zugegeben, es ist eine wirklich gute Geschichte!

HIER,
EIN GESCHENK!

ein Holzpferd für Troja

Leben wie im Himmel auf Erden

81 IM HIMMEL GING ES ZU WIE AUF DER ERDE

Die alten Griechen sind überzeugt, dass alles, was auf der Erde passiert, von den Göttern verursacht wird. Die wohnen in einem Palast in den Wolken hoch oben auf dem Berg Olymp. Bei den Göttern geht es ungefähr so zu wie bei den Menschen auf der Erde: Sie verlieben sich ineinander, heiraten und bekommen Kinder. Genau wie Menschen haben sie ihre Ecken und Kanten. Manchmal kämpfen sie miteinander, sie sind eifersüchtig und lieben Klatsch und Tratsch. Zwischendurch behalten sie das Leben auf der Erde im Auge und mischen sich wenn nötig ein. Wenn es unten aus dem Ruder läuft, werden sie sauer und schicken zur Strafe einen Sturm auf die Erde. Sie sind es auch, die in einem Krieg über Sieg und Niederlage entscheiden. Nichts macht ihnen so viel Spaß, wie die lästigen Erdlinge zu ärgern.

Die wichtigsten Götter sind der Obergott Zeus, seine Frau Hera, der Gott des Meeres Poseidon, die Göttin der Landwirtschaft Demeter, die Göttin der Weisheit und des Kampfes Athene, der Kriegsgott Ares, die Göttin der Liebe Aphrodite, der Gott der Künste Apollon, die Göttin der Jagd Artemis, der Gott des Feuers Hephaistos, der Gott der Reisenden Hermes und der Gott des Weines Dionysos. Daneben gibt es noch eine ganze Reihe anderer Götter. In der Unterwelt gibt Hades den Ton an.

Zur Ehre all dieser Götter bauten die alten Griechen prächtige Tempel. Der berühmte Parthenon zum Beispiel ist Göttin Athene gewidmet. Im Theater wurden Stücke aufgeführt, in denen die Götter oft eine Hauptrolle spielten. Darüber erfährst du im nächsten Abschnitt mehr.

82 IM GRIECHISCHEN THEATER FLOGEN GÖTTER DURCH DIE LUFT

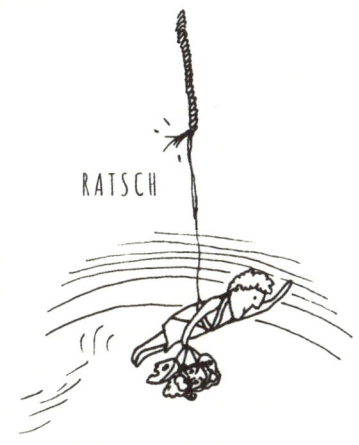

Hopp, auf zum nächsten Drama!

⊙ Das Theater war bei den alten Griechen ein bisschen wie das Fernsehen bei uns. Jeden Tag wurde ein neues Stück aufgeführt. Am Anfang passierte das auf der Straße, aber später bauten die Griechen große Freilufttheater mit mehreren tausend Sitzplätzen. Die Theater wurden in einen Hang hineingebaut. Darauf wurden Steintreppen errichtet, auf denen man sitzen konnte. Im vorderen Halbkreis spielten die Schauspieler.

⊙ Das antike griechische Theater war dazu gedacht, dass die Zuschauer nach einem langen Arbeitstag ihre Sorgen vergessen konnten. Wer Geld hatte, zahlte Eintritt und durfte sich einen guten Platz aussuchen. Arme Leute durften umsonst rein, mussten sich aber mit den weniger guten Plätzen ganz oben begnügen.

⊙ Gespielt wurde entweder eine Tragödie oder eine Komödie. Tragödien handelten von schlimmen Dingen, die Menschen zustießen, weil sie nicht auf die Götter gehört hatten. Diese Geschichten gingen nie gut aus. Oft trat auch ein Chor auf. Komödien waren eher lustig, aber es konnte auch ziemlich hart zugehen. Oft trugen die Schauspieler darin Kritik an politischen Zuständen und Ereignissen vor.

⊙ Nur Männer durften Schauspieler sein, und meist spielten sie mehrere Rollen gleichzeitig. Für jede Rolle setzten sie eine andere Maske auf, die jeweils einen eindeutigen Gesichtsausdruck zeigte. Die Masken hatten eine große Mundöffnung, die wie ein Megafon funktionierte, damit auch die Zuschauer auf den hintersten Plätzen etwas verstanden.

⊙ In fast jedem Theaterstück spielten Götter eine wichtige Rolle. Damit es möglichst echt aussah, wurden die Darsteller in manchen Theatern mit einer Art Kran hochgezogen und schwebten dann – wie echte Götter – über dem Publikum. Sie waren also nicht nur Schauspieler, sondern die Trapezkünstler der Antike!

griechisches Theater

83 GRIECHISCHE FRAUEN MUSSTEN ZU HAUSE BLEIBEN UND BRAV SEIN

Das alte Griechenland war die erste Demokratie. Aber Frauen und Sklaven zählten nicht – sie galten nicht als richtige »Bürger«.

⊙ Die Benachteiligung begann schon in der Kindheit: Ein Mädchen musste zu Hause bleiben und der Mutter im Haushalt helfen. Wenn es dreizehn Jahre alt war, machte sich der Vater auf die Suche nach einem passenden Mann. Am Tag vor der Hochzeit musste das Mädchen der Göttin Artemis ihr Spielzeug opfern. So zeigte sie, dass sie erwachsen und bereit war, selbst ein Kind zu bekommen.

⊙ Der neue Ehemann war meistens um die dreißig Jahre alt. Das Mädchen zog bei ihm ein. Oft bekam sie von da an nicht viel mehr als diese vier Wände zu sehen. Sie musste kochen, waschen und sich um den Haushalt kümmern. Meistens bekam sie Unterstützung von Haussklavinnen und -sklaven. Die putzten, spannen Garn, webten Stoffe, kochten und sorgten für die Kinder. Sogar arme Frauen hatten manchmal Sklavinnen im Haus.

⊙ Die meisten Griechinnen – jedenfalls die reicheren – durften das Haus nur in Begleitung eines Mannes verlassen. Und mussten vorher ihren Ehemann um Erlaubnis bitten. Ärmere Frauen hatten mehr Freiheiten. Sie machten alleine Besorgungen und gingen manchmal sogar einer Arbeit nach.

⊙ Wenn der Mann abends nach Hause kam, setzte er sich nicht gemütlich mit Frau und Kindern zum Essen an den Tisch. Er speiste in einem getrennten Raum, wo er von Sklaven bedient wurde. Seine Frau und die Kinder nahmen ihre Mahlzeit woanders ein.

Wir finden, die alten Griechinnen waren nicht zu beneiden. Und du?

Immer dieselben vier Wände – Alltag der Frauen im alten Griechenland.

84 IN SPARTA GING ES ZIEMLICH RAU ZU

Das antike Griechenland bestand aus verschiedenen Stadtstaaten, die alle ihre eigene Verwaltung hatten. Die wichtigsten Stadtstaaten waren Athen und Sparta. In Sparta drehte sich alles um die Armee und den Krieg. Jungen wurden mit sieben Jahren aus ihren Familien geholt, um in einem Lager eine militärische Ausbildung zu durchlaufen.

Erst mit dreißig Jahren waren sie mit der Ausbildung fertig. Und von da an kämpften sie in der Armee, so lange, bis sie nicht mehr konnten: wenn sie also zu stark verwundet, krank oder zu alt waren. Die Männer lebten dauerhaft im Feldlager, und wenn sie ihre Frauen sehen wollten, mussten sie sich nachts heimlich davonschleichen.

In Sparta bekamen auch Mädchen eine Ausbildung. Auch sie trieben viel Sport und hielten Wettkämpfe ab. Wenn sie alt genug waren, mussten sie heiraten. Für die Hochzeit rasierten sie sich die Haare ab und trugen sie von da an ihr Leben lang kurz. Ihre Aufgabe war es, möglichst viele kräftige und gesunde Kinder auf die Welt zu bringen – am besten Jungen, die später in der Armee kämpfen konnten.

Weil ihre Männer nie da waren, mussten die Spartanerinnen alles selbst regeln. Sie beaufsichtigten die Hausklaven (siehe auch Info 83) und kümmerten sich selbstständig um Haus und Grund. Das machte sie etwas freier als die Frauen in anderen griechischen Stadtstaaten.

HABT IHR AUCH KLEINERE GRÖSSEN DA?

DIE MIT DEN MEISTEN KINDERN GEWINNT!

Zukunftsaussichten spartanischer Jungen und Mädchen

Bonus-Info

„Spartanisch" nennt man auch heute noch eine besonders harte und strenge Erziehung. Wieder ein Beispiel, wie die Antike noch Jahrhunderte später unsere Sprache beeinflusst.

85 WOHER KAMEN DIE GRIECHISCHEN SKLAVEN?

Die Reichen im alten Griechenland hielten nicht viel von bezahlter Arbeit. Lieber ließen sie alles von Sklavinnen und Sklaven erledigen. Die Sklaverei galt in der griechischen Gesellschaft als völlig normal.

VERKAUFT!

SKLAVENMARKT

Ein Teil der Versklavten waren Menschen, die das griechische Heer auf verschiedenen Eroberungszügen und im Krieg gefangen genommen hatte. Sklavenhändler zogen hinter der Armee her und warteten ab, bis die Kämpfe vorbei waren. Dann nahmen sie die Kriegsgefangenen mit und verkauften sie bei der Rückkehr nach Griechenland.

Aber auch in Friedenszeiten gab es Menschenhandel. Manchmal verkauften Händler Luxusartikel wie Wein oder wertvolle Kleider im Austausch gegen eine Ladung Sklaven und Sklavinnen. Vor allem gute Fachkräfte brachten viel ein.

Besonders arme Familien sahen oft keinen anderen Ausweg, als eins oder mehrere ihrer Kinder an einen Sklavenhändler zu verkaufen. Sie wurden nach Griechenland verschleppt, wo sie ohne Rechte leben und harte Arbeit verrichten mussten.

86 DIE ALTEN GRIECHEN LIESSEN ALLES VON SKLAVEN ERLEDIGEN

Wir wissen nicht genau, wie viele Sklavinnen und Sklaven es im alten Griechenland gab. Ihre Anzahl war auch je nach Ort und Zeit unterschiedlich. Historiker*innen zufolge waren am Höhepunkt der Sklaverei bis zu vier von zehn Menschen in Griechenland Versklavte.

Es war noch Glück, in einem Haushalt zu landen. Oft waren es Frauen, die als Sklavinnen der Dame des Hauses bei Besorgungen, beim Putzen, Weben,

Kochen und bei der Versorgung der Kinder halfen. Reiche Familien ließen oft gut ein Dutzend Sklavinnen und Sklaven für sich arbeiten. Nur die allerärmsten Familien hatten keine Haussklaven.

Als männlicher Sklave konnte man aber auch in der Feldarbeit, auf einem Schiff oder als Speerträger in der griechischen Armee eingesetzt werden. Am schlimmsten war die Arbeit in den Minen. Die war so ungesund und so gefährlich, dass die Sklaven meist nicht lange überlebten.

Die Griechen fanden Sklaverei ganz normal. Aristoteles, ein griechischer Philosoph, über den du in Info 94 mehr erfährst, schrieb dazu: »Manche Menschen sind eben zum Sklaven geboren und andere zum Herrn.« Laut Aristoteles wüssten die Versklavten ohne ihre Herren gar nicht, was sie tun sollten.

Die Griechen hatten zwar eine große Kultur, aber so einen Umgang mit Menschen finden wir absolut kulturlos und falsch.

»Der eine wird als Sklave geboren, der andere als Herr.«

87 IN SPARTA PROBTEN SKLAVEN DEN AUFSTAND

Spartanische Männer verbrachten praktisch ihr ganzes Leben in der Armee. Darum wurden viele Sklaven und Sklavinnen gebraucht, die die Feldarbeit und die Arbeit im Haus erledigten. Manche Sklaven mussten auch in der Armee mitkämpfen.

Die Sklaven in Sparta wurden Heloten genannt. Verglichen mit anderen Versklavten hatten sie etwas mehr Freiheit. Die spartanischen Männer waren ja auch meistens nicht da, um sie die ganze Zeit im Auge zu behalten. Die Heloten und ihre

Streik der Heloten

Familien lebten in abgetrennten Dörfern. Sie gehörten nicht einem bestimmten Herrn, sondern galten als Staatseigentum.

Um die Heloten zu überwachen, gab es eine Geheimpolizei: die Krypteia. Die war dafür zuständig, Vergehen zu bestrafen und Aufstände der Heloten zu verhindern.

Viele Heloten waren mit ihrer Situation nicht zufrieden. Trotz der wachsamen Augen der Geheimpolizei kam es immer wieder zu Aufständen. Im Jahr 665 v. Chr. brachen unter den Sklaven Spartas heftige Tumulte aus. Es dauerte fast zwanzig Jahre, bis die Spartaner die Aufstände unter Kontrolle bringen konnten.

88 DIE GRIECHEN HABEN DIE DEMOKRATIE ERFUNDEN

Das Wort »Demokratie« hast du bestimmt schon mal gehört. Es ist ein griechisches Wort. *Demos* bedeutet »Volk« und *kratein* bedeutet »herrschen« – Demokratie bedeutet also »Herrschaft des Volkes«.

Zwischen 508 und 322 v. Chr. gab es in Athen eine Demokratie mit einer Volksversammlung und einem Bürgerrat, dessen Mitglieder per Losverfahren bestimmt wurden. Von allen männlichen Bürgern über achtzehn Jahren wurde erwartet, dass sie an der Volksversammlung teilnahmen. Die Leiter der Versammlung wurden ausgelost. Während der Versammlung durften die Teilnehmer durch Handheben abstimmen. Die Gesetzesvorschläge kamen von einem Rat aus fünfhundert per Los bestimmten Mitgliedern, der Bule. An den Abstimmungen nahmen gut sechstausend Menschen teil.

Damit niemand allein zu mächtig wurde oder sich zum Alleinherrscher aufschwingen konnte, gab es das sogenannte *Scherbengericht*. Das funktionierte so: Wenn man fürchtete, dass eine bestimmte Person zu viel Macht in der Stadt bekam, schrieb man ihren Namen auf eine Tonscherbe. Alle Scherben wurden gezählt. Stimmten viele Menschen gegen eine bestimmte Person, wurde sie aus Athen verbannt. Das Scherbengericht trat nur einmal pro Jahr zusammen.

Kein schlechtes System, denkst du jetzt vielleicht. Aber vergiss nicht, dass Frauen, Versklavte und

Menschen von außerhalb Athens nicht abstimmen durften. Fast neunzig Prozent der Bevölkerung hatten also keinen Einfluss darauf, was in der Stadt passierte. Das ist nicht besonders demokratisch.

HÄTTE ICH DOCH
KLEINER GESCHRIEBEN ...

das Scherbengericht

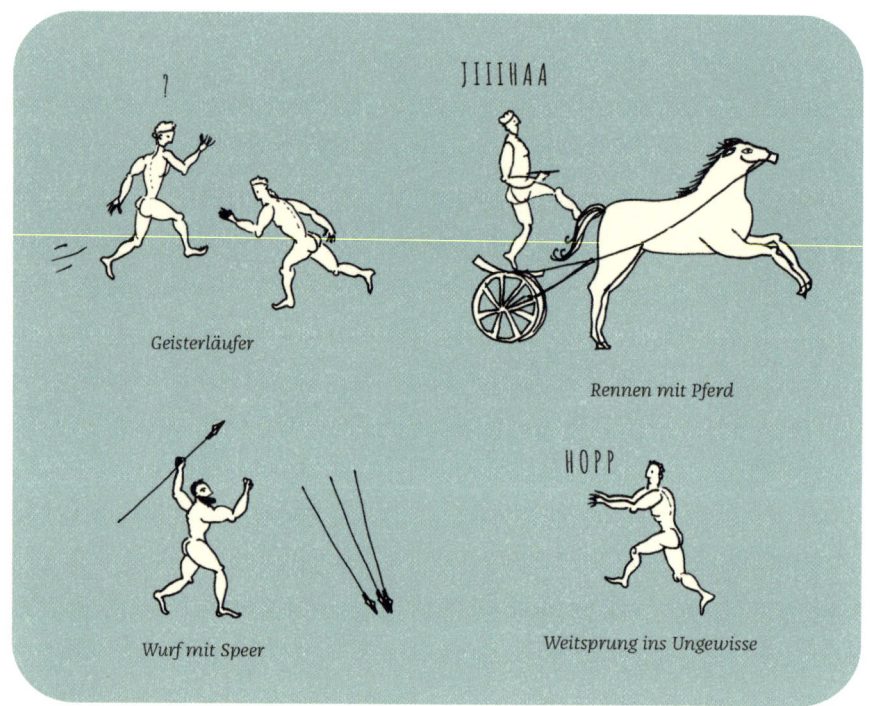

Geisterläufer

Rennen mit Pferd

Wurf mit Speer

Weitsprung ins Ungewisse

89 BEIM SPORT WAREN DIE ALTEN GRIECHEN NACKT

Die Panhellenischen Spiele begannen als großes Fest zu Ehren der Götter. Sie wurden in vier verschiedenen Stadtstaaten abgehalten. Die wichtigsten Spiele fanden in der Stadt Olympia statt. Nach ihr wurden sie auch benannt: die Olympischen Spiele, die wir heute noch kennen.

Olympia war eine heilige Stadt mit vielen Tempeln. Außerdem stand dort eine zwölf Meter hohe Statue von Zeus. Unter dem wachsamen Auge des höchsten Gottes traten Männer in der Arena in verschiedenen Sportarten gegeneinander an. Und zwar nackt.

Anfangs war Wettlaufen die einzige Disziplin. Später kamen Faustkampf, Ringkampf und Allkampf (*pankration* – eine Kombination aus

Boxen und Ringen), Pferderennen und der *Pentathlon* hinzu. Das war ein Fünfkampf mit Ringen, Laufen, Weitsprung, Speer- und Diskuswerfen. Schon 350 v. Chr. befand sich in Olympia ein großes Stadion mit einer Steintribüne. Dort gab es Platz für 45 000 stehende Zuschauer. Beim Einzug ins Stadion mussten die Athleten durch einen langen Gang, der unter den Sitzplätzen hindurchführte. Das war ein spektakulärer Anblick, denn es wirkte so, als ob sie plötzlich aus dem Nichts auftauchten. Die Sieger bekamen einen Kranz aus Olivenblättern überreicht. Besonders gute Sportler erwartete in ihrem Heimatort ewiger Ruhm – genau wie Spitzensportler heute auch.

90 ÜBER DAS OLYMPISCHE FEUER UND FRAUEN IM SPORT

In Olympia stand ein Tempel für Zeus mit einem großen Altar. Kurz vor Beginn der Spiele wurden auf dem Altar einhundert Ochsen geschlachtet und mit dem heiligen Feuer der Göttin Hestia verbrannt. Das olympische Feuer brannte während der gesamten Spiele weiter.

Zur Zeit der Spiele und in den Monaten davor durften die Stadtstaaten keinen Krieg gegeneinander führen. Dieses Abkommen galt zum Schutz der Athleten während der Spiele und auch auf ihrer Reise zu den Spielen. Man nannte das den olympischen Frieden. Den gibt es auch heute noch, aber er wird nicht mehr so gut eingehalten wie im alten Griechenland.

Frauen durften an den Olympischen Spielen nicht teilnehmen. Mehr noch: Sie durften noch nicht einmal zusehen und die Männer anfeuern. An den *Nemeischen* und den *Pythischen Spielen* durften sowohl Frauen als auch Männer teilnehmen. Zu den *Heraia* waren ausschließlich Frauen zugelassen, im Publikum wie im Wettkampf. Im Gegensatz zu den Männern behielten sie aber ihre Kleidung an.

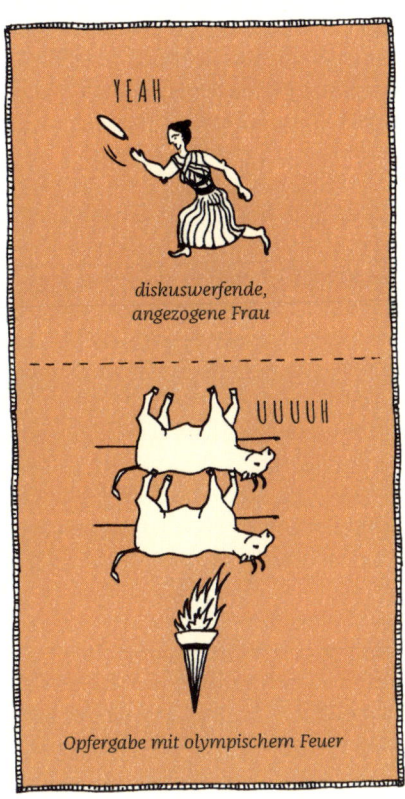

YEAH

*diskuswerfende,
angezogene Frau*

UUUUH

Opfergabe mit olympischem Feuer

91 ERRÄTST DU, WAS DAS WORT »SCHULE« BEDEUTET?

Das Wort »Schule« kommt aus dem Griechischen. *Scholé* bedeutet wörtlich »Muße« oder »Freizeit«. Das findest du bestimmt komisch, aber für griechische Kinder war es wirklich so: In die Schule zu gehen bedeutete, nicht auf dem Feld arbeiten zu müssen.

In Athen, aber auch in den meisten anderen griechischen Stadtstaaten, besuchten nur die Jungen die Schule. Mädchen, die lesen und schreiben konnten, hatten es zu Hause von ihrer Mutter gelernt. Die Jungen lernten nicht nur lesen und schreiben, sondern bekamen auch Unterricht in Musik, Zeichnen, Mathematik, Wissenschaft und Politik. In der Regel lernten sie auch ein Musikinstrument. Im Politikunterricht bekamen sie beigebracht, wie man eine Rede hielt. Nach der weiterführenden Schule besuchten viele junge Männer eine Militärschule, wo sie zu Soldaten ausgebildet wurden. Mit zwanzig Jahren schlossen sie die Ausbildung ab.

Wahrscheinlich überrascht es dich nicht, dass Sparta auch hier aus der Reihe tanzte. Jungen dort wurden schon mit sechs oder sieben Jahren auf die Militärschule geschickt und zu Soldaten ausgebildet.

Freizeit im alten Griechenland

Das bedeutete nicht nur ein hartes Training, sondern auch regelmäßige Schläge und Erniedrigungen. Lesen und Schreiben waren hier nicht so wichtig; die Jungen lernten es nur, damit sie militärische Botschaften verstehen konnten. An der Militärschule gab es wenig zu essen, sodass die Schüler ihr Essen oft stehlen mussten. Wurden sie dabei erwischt, setzte es Prügel. Die Mädchen in Sparta besuchten auch eine Schule. Dort standen wie bei den Jungen Ringkampf und Waffengebrauch auf dem Stundenplan.

Wofür würdest du dich als Mädchen entscheiden – kämpfen lernen oder doch lieber zu Hause bei deiner Mutter bleiben und den Abwasch machen?

92 ALTE GRIECHEN IN DEINER MATHESTUNDE

Mathe stand bei den alten Griechen hoch im Kurs. Vielleicht hast du in der Schule schon den Satz des Pythagoras gelernt? Oder hat dir deine Mathelehrerin schon mal das archimedische Prinzip erklärt? Echte Schlauköpfe haben vielleicht auch schon vom Sieb des Eratosthenes gehört, einer simplen Methode, um Primzahlen zu bestimmen. Diese und viele andere wissenschaftliche Entdeckungen haben wir den alten Griechen zu verdanken.

Die wiederum lernten so einiges von den Ägyptern und den Babyloniern und bauten auf dem auf, was frühere Denker schon entdeckt hatten. Die griechischen Erkenntnisse hatten großen Einfluss auf die Geometrie, die Zahlentheorie, die Analysis und die angewandte Mathematik.

Die Theorien der alten griechischen Mathematiker wurden von arabischen und persischen Gelehrten aufgeschrieben und gut gehütet. Erst im Mittelalter tauchten sie in Europa wieder auf.

Beeindruckend, diese griechischen Mathe-Genies, oder? Und alles ohne Taschenrechner und Computer!

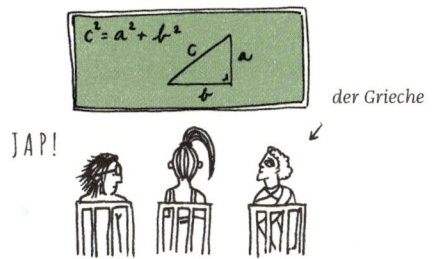

der Grieche

JAP!

93 DIE ALTEN GRIECHEN ERNÄHRTEN SICH SEHR GESUND

Die griechische Küche gilt heute noch als besonders gesund. Sie besteht vor allem aus Obst und Gemüse, Olivenöl, Käse, Fisch und ein bisschen Fleisch. Daran hat sich seit der Antike gar nicht so viel geändert.

○ Obst aßen die alten Griechen vor allem zum Frühstück. Dazu gab es Brot, das sie in Wein tunkten. Zu Mittag aßen sie – echt wahr – Käsebrote. Eine warme Mahlzeit bestand oft aus Gerstenbrei. Dazu gab es Käse, Gemüse, Eier, Obst oder Fisch. Natürlich standen auch Oliven auf dem Speiseplan, und ohne Olivenöl ging gar nichts. Fleisch gab es nur zu besonderen

Gelegenheiten und meistens nur bei reichen Leuten. Die gönnten sich auch gerne ein Glas Wein zum Essen.

○ Die wenigsten Menschen im alten Griechenland aßen bei sich zu Hause. Stattdessen kauften sie sich Essen an kleinen Ständen entlang der Straße. Nur sehr reiche Griechen hatten eine Küche oder eine Feuerstelle, um selbst zu kochen.

○ Zum Essen benutzten sie kein Besteck. Alles wurde vorgeschnitten, damit man mit den Händen essen konnte.

○ Von Völlerei hielten die alten Griechen nichts. Es gehörte sich nicht, zu viel zu essen oder zu trinken. Außerdem hatten sie klare Vorstellungen davon, was gesund war und was nicht. Mittlerweile wissen wir, dass sie richtiglagen: Die Mittelmeer-Diät gilt bis heute als eine der gesündesten der Welt.

DARF'S EIN BISSCHEN MEHR SEIN?

Markthändler im alten Griechenland

94 DIE GRIECHISCHEN PHILOSOPHEN DACHTEN TIEF NACH

Sokrates   Platon   Aristoteles

Wusstest du, dass auch das Wort »Akademie« aus dem Griechischen kommt? Die erste Akademie wurde von Platon gegründet. Der kaufte 387 v. Chr. einen Garten bei Athen, eröffnete dort eine Schule und benannte sie nach dem Helden Akademos. In der Schule lernte man nicht Lesen, Schreiben und Rechnen und auch nicht Kunst oder Musik – sie war dazu bestimmt, über die verschiedensten Fragen nachzudenken.

Platon gründete die Schule, um seinem Lehrer Sokrates Ehre zu erweisen. Sokrates war ein Philosoph. Das ist jemand, der sich über alles Mögliche Gedanken macht und versucht, die Welt besser zu verstehen. Platon und Sokrates führten viele Gespräche, die Platon in seinen *Dialogen* aufschrieb.

drei große Säulen

Ein weiterer wichtiger Philosoph im alten Griechenland war Aristoteles, ein Schüler Platons an der Akademie. Er war nicht nur Philosoph, sondern auch Mathematiker, Biologe, Künstler und Politiker. Er sagte unter anderem: »Zum Glücklichsein braucht der Mensch gute Freunde.« Da können wir ihm nur zustimmen.

Bonus-Info

Hast du schon mal von der *platonischen Liebe* gehört? So nennen wir eine Liebe zwischen Menschen, die keinen Sex miteinander haben. Platon selbst verstand darunter aber etwas anderes. Für ihn war die platonische Liebe die höchste Stufe der Liebe. So eine Liebe konnte es nur zwischen Philosophen geben.

95 SOKRATES, DIE NERVENSÄGE

Um Sokrates ging es schon im letzten Text. Er wird auch oft der Vater der Philosophie genannt. Sokrates spazierte jeden Tag durch Athen und versuchte, mit möglichst vielen Leuten ins Gespräch zu kommen. Am liebsten sprach er mit bekannten Athener Persönlichkeiten und stellte ihnen schwierige Fragen, wie zum Beispiel: Ist Wissen wichtiger als Meinen? Oder: Was ist Mut?

Und er hörte sich die Antwort an. Aber anstatt der Person zuzustimmen oder zu widersprechen, stellte er direkt die nächste Frage. Er fragte immer weiter. Aber nicht, um den Menschen auf die Nerven zu gehen oder sie als dumm darzustellen. Er wollte sie dazu bringen, über die Dinge gründlich nachzudenken und nicht einfach irgendwas zu antworten.

Ginge es nach Sokrates, könnten die meisten Menschen durchaus etwas kritischer sein. Über sich selbst sagte er: »Ich weiß, dass ich nichts weiß.«

Viele Leute konnten Sokrates mit seiner ewigen Fragerei nicht ausstehen. In Athen nannte man ihn auch die »Bremse«, weil er den Leuten immer wie ein lästiger Brummer summend um den Kopf schwirrte. Irgendwann reichte es den Athenern und sie stellten ihn vor Gericht. Sie fanden, dass er zu viele Fragen stellte und dass er der Jugend Flausen in den Kopf setzte. Denn die Jugendlichen waren in letzter Zeit ungehorsam geworden. 399 v. Chr. musste der Philosoph zur Strafe einen Becher voll Gift trinken, woran er starb. Aber in den Philosophiebüchern lebt er bis heute fort.

BSSS
EINE FRAGE NOCH

Sokrates, der
Vater der Philosophie

96 SPIEL UNS EIN LIEDCHEN, MAESTRO!

Das Wort »Musik« ist vom griechischen Wort *musike* abgeleitet, das »Kunst der Musen« bedeutet. Die Musen waren die neun Töchter des obersten Gottes Zeus und wurden als Schutzgöttinnen der Künste und der Wissenschaft verehrt.

ERSTE
GIRLBAND?

die neun griechischen Musen

Für die alten Griechen kam die Musik also direkt von den Göttern selbst. Jedem Gott wurde ein eigenes Instrument gewidmet. Für Apollon spielte man die Leier, Dionysos bevorzugte eine Art Gitarrenmusik. Es gab auch große Chöre, die im Theater für die Hintergrundmusik sorgten.

Von allen Griechen wurde ein gewisses musikalisches Grundwissen erwartet. Musik war auch ein Pflichtfach in der Schule. Die Griechen erfanden außerdem einige besondere Instrumente wie die Luftorgel und das Monochord, ein Saiteninstrument mit einem beweglichen Steg, den man verschieben musste, um verschiedene Töne zu erzeugen.

Lange wussten wir nicht, wie die griechische Musik geklungen hat. Die alten Griechen notierten ihre Musik ganz anders, als wir das heute tun, und so hatten auch Fachleute lange keine Ahnung, in welchem Rhythmus gespielt wurde. Inzwischen wissen wir viel mehr über den Klang der antiken griechischen Musik, und es gibt sogar Vorstellungen mit alten griechischen Gesängen und Stücken. Sie klingen ganz anders als die Lieder, die wir gewohnt sind. Wäre das auch was für dich, so ein Abend mit altgriechischer Musik? Oder doch lieber ein Festival?

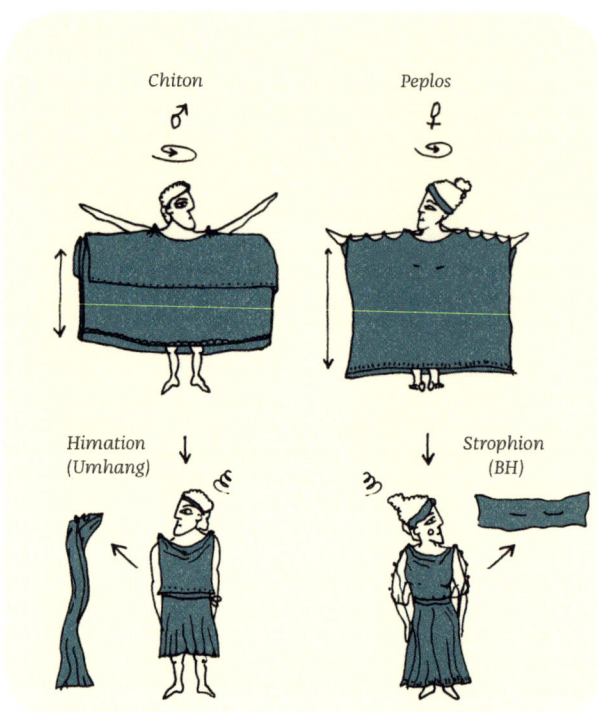

Chiton

Peplos

Himation
(Umhang)

Strophion
(BH)

97 »IST MEIN CHITON GEWASCHEN, SCHATZ?«

Solange sie noch klein waren, liefen Kinder im alten Griechenland einfach nackt herum. In der griechischen Sonne war es ja auch schön warm. Ab einem bestimmten Alter trugen sie dann natürlich Kleidung. Die Kleiderschränke griechischer Frauen und Männer sahen wahrscheinlich ziemlich langweilig aus. Die etwas älteren Jungen trugen einen *Chiton,* ein kurzes Tunika-Gewand bis über die Knie. Erwachsene Männer trugen einen längeren Chiton, der um die Taille mit einem Gürtel zusammengebunden wurde. Wenn es kühler war, trug man über dem Chiton eine Art Umhang, das sogenannte *Himation.* Im Sommer war der Umhang dünner, im Winter eher dick. Männliche Sklaven trugen nur einen Lendenschurz, das war ein Tuch, das wie eine Art Windel umgebunden wurde. Männer liefen meistens barfuß, drinnen wie draußen. Manchmal trugen sie aber auch Zehensandalen oder weiches Schuhwerk. Zum Reiten hatten Soldaten spezielle Reitstiefel.

Frauen kleideten sich ähnlich wie Männer, ihr Gewand hieß *Peplos* und wurde über oder statt dem Chiton getragen. Bei Kälte trugen Frauen darüber auch ein Himation. Und wie Männer liefen sie entweder barfuß oder in Sandalen herum.

Unter ihrer Kleidung trugen sie auch schon eine Art BH, das *Strophion,* ein breites Stoffband, das um die Brüste gebunden und am Rücken zusammengeknotet wurde.

Zum Schutz vor der Sonne trugen Männer einen Hut mit breiter Krempe. Frauen trugen ein Kopftuch, wenn sie rausgingen. Zu festlichen Anlässen trugen sie Schmuck wie Armbänder, Ohrringe oder Halsketten. Sie benutzten eine bleihaltige Schminke, die verhindern sollte, dass sie von der Sonne braun gebrannt wurden. Aber weil Blei giftig ist, wurden sie auch krank davon. Ein hoher Preis für ein Schönheitsideal ...

98 LEONIDAS, DER TAPFERE KÖNIG

Im fünften Jahrhundert v. Chr. versuchten die Perser, Griechenland zu erobern. Der persische König Xerxes rückte mit einem riesigen Heer in Athen ein. Damit waren die griechischen Stadtstaaten natürlich nicht einverstanden und stellten unter Führung der Spartaner ein eigenes Heer zusammen. An der Spitze stand König Leonidas.

Leonidas wählte dreihundert tapfere Spartaner aus, die es gemeinsam mit anderen griechischen Soldaten mit Xerxes aufnehmen sollten. Das kleine, aber gut trainierte Heer lauerte den Persern an den Thermopylen, einem engen Bergpass, auf. Das war schlau geplant von Leonidas. Der Weg zwischen den Bergen war so schmal, dass man ihn kaum mit zwei Streitwagen nebeneinander passieren konnte. Auf der einen Seite klaffte der Abgrund, auf der anderen stieß man gegen eine steile Bergwand. Die Perser konnten die Griechen also unmöglich umzingeln. Es gab eine blutige Schlacht, und eine Zeit lang sah es aus, als könnten die Griechen gewinnen. Doch am Ende war die persische Übermacht zu groß, sodass der tapfere Leonidas und all seine Krieger getötet wurden.

Die Perser plünderten Athen und steckten alle Tempel in Brand. Zum Glück waren die Stadtbewohner rechtzeitig auf die Insel Salamis geflüchtet. Dort fand wenig später eine wichtige Seeschlacht statt, bei der die persischen Truppen große Verluste erlitten. Letztlich glückte Xerxes die Eroberung Griechenlands nicht.

Zum Gedenken an König Leonidas und seine spartanischen Kämpfer ließen die Griechen einen großen steinernen Löwen auf seinem Grab errichten. So wurde dem tapferen Leonidas doch noch die verdiente Ehre zuteil.

Leonidas in der Schlacht bei den Thermopylen

99 DIE GEHEIMBOTSCHAFTEN DER ALTEN GRIECHEN

Nimm dir einen Holzstab, einen Bürstenstiel oder eine lange, schmale Flasche. Dein Freund oder deine Freundin bekommt genau den gleichen Stab oder die gleiche Flasche. Jetzt nimmst du ein langes Stoffband und wickelst dieses gleichmäßig um den Stiel oder die Flasche. Schreibe darauf eine geheime Botschaft, sodass die andere Person sie nicht sehen kann. Wickle den Stoff wieder runter und schreibe zusätzliche Buchstaben zwischen die Buchstaben deiner Botschaft. Nun steht da ein Text, der keinen Sinn ergibt. Gib jetzt deinen Stoffstreifen an die andere Person weiter. Wenn sie den Streifen um ihren Stiel oder ihre Flasche wickelt, kann sie die Botschaft lesen.

So sahen die ersten Geheimnachrichten im alten Griechenland aus. Mit dieser Methode – der *Skytale* – konnten geheime Informationen über große Entfernungen weitergegeben werden. Die Skytale-Stäbe waren damit die ersten Verschlüsselungsgeräte.

Geheimbotschaft

Der Grieche Aineias bekam nicht umsonst den Beinamen *Taktikos*, also der Taktiker, denn er war für seine vielen guten Ideen bekannt. Er erfand auch eine Art Telegrafensystem. Das funktionierte so: Auf den Türmen der Stadt standen Wachposten. Jeder Posten bekam ein mit Wasser gefülltes Gefäß. Darin trieb ein aufrecht stehender Stab auf einem Stück Kork. An diesem Stab waren in regelmäßigen Abständen Schildchen mit Botschaften befestigt. »Feind in Sicht« zum Beispiel, oder vielleicht: »Ich muss kurz auf Toilette. Behältst du meinen Turm im Auge?« Wenn es etwas mitzuteilen gab, winkte der eine Turmwächter seinem Kollegen auf dem anderen Turm mit einer Fackel. Sobald er seine Fackel wieder senkte, drehten beide Wächter einen Wasserhahn an ihrem Gefäß auf, sodass das Wasser langsam abfließen konnte. Dabei sank der Stab mit den Botschaften ab. Sobald der Füllstand zur gewünschten Botschaft gesunken war, zeigte der erste Wächter mit seiner Fackel an, dass der andere den Hahn wieder zudrehen konnte. Auf beiden Türmen war nun am Rand des Gefäßes dieselbe Botschaft zu lesen. Ein bisschen kompliziert vielleicht, aber trotzdem eine schlaue Idee von Aineias, dem Taktiker!

PINKELPAUSE, BITTE!

*geheime Botschaft,
endlich entschlüsselt*

Alexander der Große

KEINER IST WÜRDIG

ICH HAB SEINE NASE

ICH HAB SEINE AUGEN

ICH HAB SEINEN HUMOR

der Streit um den Thron

100 ALEXANDER DER GROSSE UND SEIN GROSSER FEHLER

Alexander III. von Makedonien ist besser bekannt als Alexander der Große. Er war einer der bedeutendsten Herrscher aller Zeiten. Von 336 bis 323 v. Chr. regierte er ein mächtiges und weitläufiges Reich.

Alexander III. hatte von seinem Vater ein großes und starkes Königreich geerbt. Er herrschte unter anderem über Griechenland. Zehn Jahre lang führte er Krieg und eroberte auf seinen Feldzügen ein Reich nach dem anderen. Irgendwann stand das gesamte Gebiet zwischen dem Ionischen Meer und dem Himalaya unter seiner Herrschaft.

Doch leider beging Alexander einen Fehler: Er kümmerte sich nicht rechtzeitig um seine Nachfolge. Als er mit 32 Jahren starb, war nicht klar, wer in seine Fußstapfen treten sollte. So kam es zu Streitigkeiten und Kriegen zwischen seinen möglichen Nachfolgern, den sogenannten *Diadochen*. Das waren ehemalige Feldherren Alexanders, aber auch Verwandte von ihm und etliche andere Leute, die meinten ein Anrecht auf den Thron zu haben. Infolge der Diadochenkriege fiel das Alexanderreich endgültig auseinander.

101 FEUER, DAS AUF DEM WASSER BRENNT

Im Jahr 672 n. Chr. gelang einem gewissen Kallinikos von Heliopolis eine Erfindung, die den Lauf der Geschichte verändern sollte. Er mischte verschiedene Stoffe zusammen – Fachleute vermuten unter anderem Schwefel, Petroleum, Pech und Baumharz. Das Gemisch war hoch entzündlich und brannte sogar auf dem Wasser weiter. Zudem war es fast unlöschbar. Kallinikos stellte es sich so vor: Wenn man dieses Brandmittel in ein zerbrechliches Gefäß (zum Beispiel einen Tonkrug) füllte, hatte man die perfekte Kriegswaffe. Man schleuderte sie brennend auf den Gegner, und der konnte dem Feuer nicht ausweichen.

Doch die arabischen Truppen versalzten ihm die Suppe. Sie fielen in Syrien ein, und Kallinikos als Christ musste fliehen. Er ging nach Konstantinopel. Auch da war er nicht lange sicher. Die Truppen des Kalifen fielen auch hier ein. Anstatt erneut zu fliehen, suchte Kallinikos den byzantinischen Kaiser auf und zeigte ihm seine Erfindung.

Kaiser Konstantin IV. erkannte sofort die Möglichkeiten der neuen Waffe. Er ließ einige Schiffe mit Flammenwerfern ausstatten, die mit Kallinikos' Erfindung bestückt wurden. Damit setzte er die Schiffe des Kalifen in Brand. Die ganze See verwandelte sich in ein riesiges Flammenmeer. Die gesamte Flotte des Kalifen wurde vernichtet. Kallinikos' Erfindung wurde als Griechisches Feuer bekannt und sollte noch lange danach in etlichen Kriegen zum Einsatz kommen.

πῦρ θαλάσσιον
Griechisches Feuer

DIE ALTEN RÖMER

VON ± 750 V. CHR. BIS ± 476 N. CHR.

102 ROM ENTSTAND DURCH DIE ENTFÜHRUNG EINES ZWILLINGSPAARS

Eines Tages brachte die Priesterin Rhea Silvia Zwillingssöhne zur Welt. Deren Vater war kein Geringerer als der Kriegsgott Mars. Rhea nannte die beiden Jungen Romulus und Remus. Zu dieser Zeit saß der Onkel von Rhea auf dem Thron. Der war eigentlich nicht der rechtmäßige König, aber er hatte seinen Bruder und seinen Neffen ermordet, um an die Macht zu kommen. Er fürchtete, dass die beiden Jungen ihn später vom Thron stoßen könnten, denn schließlich war Rhea die Tochter des wahren Königs.

Also gab der Onkel bei einem Gehilfen die Ermordung der Zwillinge in Auftrag. Zum Glück hatte der Gehilfe Mitleid mit den Kindern und setzte sie stattdessen in einem Korb auf dem Fluss Tiber aus. Der Korb wurde von einer Wölfin gefunden. Die ließ die beiden Jungen von ihrer Milch trinken und hielt sie so am Leben. Eines Tages entdeckte ein Hirte die Zwillinge und nahm sie mit zu sich nach Hause. Er zog sie auf wie seine eigenen Kinder.

Als Erwachsene kehrten Romulus und Remus an ihren Geburtsort zurück, wo sie ihren Großonkel ermordeten. 753 v. Chr. gründeten die Zwillinge eine große Stadt. Später tötete Romulus seinen Bruder im Streit, krönte sich selbst zum ersten König und benannte die Stadt nach sich selbst: Rom. Romulus herrschte über Rom bis zu seinem Tod. Der Legende zufolge ist Romulus aber nie richtig gestorben, sondern nach seinem Tod unter die Götter aufgenommen worden.

So schildert der Dichter Vergil in seiner Heldensage *Aeneis* die Geschichte über die Gründung der Stadt Rom. Natürlich ist es »nur« eine Geschichte. Was aber stimmt, ist, dass sich ungefähr zu dieser Zeit eine Siedlung in der Nähe des Tiber zu einer Stadt entwickelte. Aus der Stadt Rom erwuchs ein riesiges, mächtiges Reich.

Romulus und Remus

MEIN IST
DIE MACHT!

PIKS

AUTSCH

*Tarquinius Superbus war
nicht besonders beliebt.*

103 DER ARROGANTE KÖNIG

Zwischen 616 und 509 v. Chr. herrschten etruskische Könige über Rom. Der letzte von ihnen war Tarquinius Superbus. Beim Volk war er nicht gerade beliebt. Kein Wunder, denn in seinem Machthunger schreckte er vor nichts zurück: Er ließ sogar seinen Bruder, seine Frau und seinen Schwiegervater ermorden. Danach verurteilte er auch noch alle Senatoren zum Tode, die seinen Schwiegervater unterstützt hatten. Tarquinius war der Meinung, dass er über dem Gesetz stand, und ließ die Tafeln mit den Gesetzestexten vernichten. Die arme Bevölkerung wurde zu Schwerstarbeit gezwungen, den Reichen nahm er all ihren Besitz ab. Kurz gesagt: Tarquinius machte sich bei allen Klassen unbeliebt und wurde von allen gehasst. Am Ende wurde er abgesetzt. Die Römer beschlossen, dass sie keinen König mehr wollten, und gründeten eine Republik. Das Wort »Republik« kommt von *res publica*, was »öffentliche Angelegenheit« bedeutet. Die Macht lag fortan nicht mehr bei einer einzigen Person, sondern bei einer größeren Gruppe von Menschen. Jedes Jahr wurden zwei neue Staatsoberhäupter gewählt, die die Führung übernahmen. Das waren die *Konsuln*.

Die römische Republik existierte von 509 bis 27 v. Chr. Danach ernannte sich Augustus selbst zum Kaiser von Rom. Erst unter der Kaiserherrschaft wurde das Römische Reich so richtig groß. Im ersten Jahrhundert nach Christus erstreckte es sich von Spanien bis nach Syrien und hatte eine Bevölkerung von geschätzt 60 Millionen Menschen.

104 WER DEN KRIEGSDIENST VERWEIGERTE, WURDE LEBENDIG VERBRANNT

Ihr gigantisches Reich verdankten die Römer vor allem ihrer großen und gut aufgestellten Armee. Soldaten wurden per Losverfahren ausgewählt und mussten dann für eine bestimmte Zeit in den Kampf ziehen. Ihre Uniform und ihre Waffen mussten sie selbst kaufen. Wer arm war, durfte in kleinen Raten bezahlen.

Vor allem in der Anfangszeit herrschte in der Armee eine eiserne Disziplin, und bei Fehlverhalten drohten harte Strafen. Faule Soldaten wurden nachts aus dem Feldlager geschickt und mussten schutzlos im Freien übernachten. Wer während der Dienstzeit schlief, bekam tagelang nur noch schlechtes Essen vorgesetzt. Für bestimmte Verstöße mussten die Soldaten sogar mit dem Leben bezahlen: Soldaten, die während einer Schlacht das Weite suchten, wurden zu Tode geprügelt. Wer sein Regiment in Gefahr brachte, wurde gesteinigt. Wenn ein Regiment vor dem Feind floh, wurde das ganze Regiment bestraft. Dann mussten sich die Soldaten in einer Reihe aufstellen, und jeder zehnte Mann wurde getötet. Du kannst dir vorstellen, dass die römischen Soldaten ihre Befehle gehorsam befolgten.

Manche jungen Männer wollten am liebsten gar nicht zur Armee. Sie hackten sich den Daumen ab, damit sie nicht mehr mit einem Schwert kämpfen konnten. Die Heeresleitung kannte solche Tricks natürlich. Wenn rauskam, dass jemand versuchte, dem Kriegsdienst zu entkommen, wurde er gestellt und bei lebendigem Leib verbrannt. Die meisten Jungen gaben also lieber klein bei und traten ihren Dienst doch an.

Und wenn die Heeresleitung vermutete, dass bei einem Soldaten Fluchtgefahr bestand, bekam der ein Brandzeichen verpasst. Das war wie eine Art Tätowierung, durch die jeder erkennen konnte: Dieser junge Mann ist eigentlich Soldat. Wurde ein Soldat auf der Flucht entdeckt und an die Heeresleitung verraten, bekam er die Todesstrafe.

Für Fahnenflucht musste man im alten Rom mit dem Leben bezahlen.

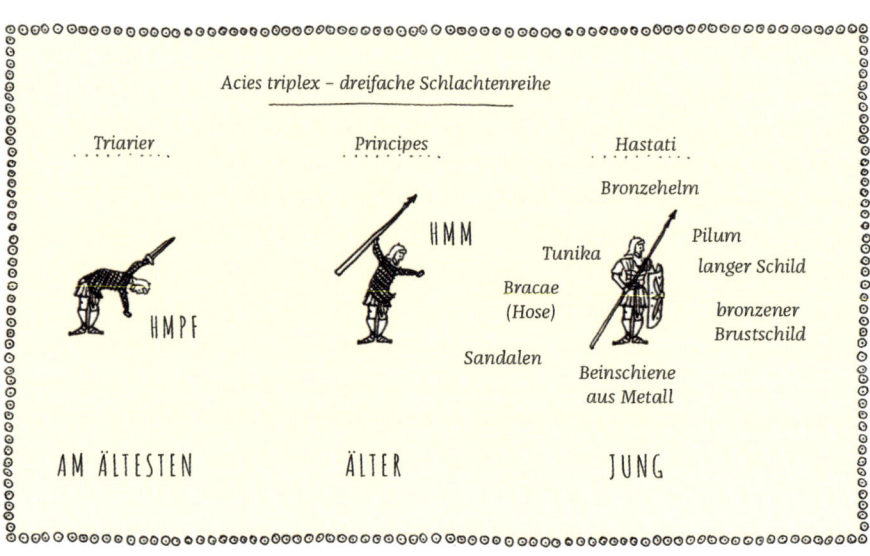

Acies triplex – dreifache Schlachtenreihe

Triarier — Principes — Hastati

HMM

HMPF

Bronzehelm

Tunika

Bracae (Hose)

Sandalen

Pilum

langer Schild

bronzener Brustschild

Beinschiene aus Metall

AM ÄLTESTEN — ÄLTER — JUNG

105 AUFGEPASST! DIE JUNGEN NACH VORN – DIE ÄLTEREN ANS ENDE

Die alten Griechen setzten als Kampfformation auf die sogenannte Phalanx. Dabei marschierten die Soldaten mit Schild und Lanze in dicht geschlossenen Reihen auf. Die Römer entwickelten die Phalanx später weiter. Die Formation war nämlich nicht besonders beweglich, was in der Schlacht zu Problemen führte. Die Römer stellten ihre Soldaten in einer dreifachen Reihe (*acies triplex*) auf. Vorne standen die jüngsten Soldaten, die Speermänner oder *Hastati*. Hinter ihnen marschierten die *Principes*, Soldaten Ende zwanzig bis Anfang dreißig. Ganz hinten kämpften die *Triarier*. Das waren die ältesten und erfahrensten Soldaten. Die Hastati und die Principes kämpften in Mannschaften von 120 bis 160 Soldaten, die Triarier in Einheiten von sechzig Mann.

Alle Soldaten der Formation trugen einen bronzenen Helm und hatten einen langen Schild in den Händen. Die vorderen beiden Reihen waren mit einem Pilum bewaffnet, einem schweren Speer mit pyramidenförmiger Spitze. Damit konnte man sogar einen Schild durchstechen. Die reichsten Soldaten schützten sich mit einem Kettenhemd.

Wer sich keins leisten konnte, trug einen bronzenen Brustschild.

In einer Schlacht griffen als Erstes die Hastati mit ihren Speeren an. Wenn die dann geschwächt waren, zogen sie sich nach hinten zwischen die Principes zurück, die den Kampf weiterführten. Die hinterste Reihe mit den Veteranen kämpfte erst mit, wenn es unbedingt nötig war.

Die *acies triplex* war eine hervorragend durchdachte Kampfformation. Sie brachte dem römischen Heer viele Siege ein.

106 HANNIBAL UND SEINE ELEFANTEN

Im Kampf um die Macht am Mittelmeer führten die Römer drei Kriege gegen Karthago in Nordafrika: die Punischen Kriege. Hannibal war wohl der gefürchtetste Gegner im Zweiten Punischen Krieg. Im Jahr 218 v. Chr. zog er über die Pyrenäen und die Alpen bis nach Italien.

Hannibal hatte nicht nur jede Menge Soldaten dabei, sondern auch 37 Elefanten. So ungewöhnlich war das nicht, in Asien wurden häufiger Elefanten im Kampf eingesetzt, aber in Europa war es eine Sensation. Hannibal überquerte sogar die hohen Berge mit den Elefanten, aber nicht alle Tiere schafften es: Nur fünfzehn überlebten den beschwerlichen Marsch und zogen mit in den Kampf gegen die Römer. Am Ende überlebte nur ein einziger Elefant: Hannibals Lieblingselefant *Surus*.

Bis heute wissen wir nicht genau, was für Elefanten Hannibal mitnahm. Vermutlich waren es vor allem Afrikanische Waldelefanten. Sie sind kleiner als die Afrikanischen Elefanten, die wir heute kennen, und einfacher zu zähmen. Hannibals eigener Elefant war jedoch viel größer als ein Waldelefant. Vielleicht handelte es sich um einen Indischen Elefanten. Aber wie Hannibal an den gekommen war, wissen wir nicht.

Es grenzt an ein Wunder, dass Hannibal es mit den großen Tieren durchs Gebirge schaffte. Wahrscheinlich hatte er sich Rat bei ortskundigen Führern geholt. Stell dir vor, was die Menschen für Augen machten, als das riesige Heer mitsamt Elefanten in den Bergen auftauchte!

Hannibal überquert die Alpen.

DUMDIDUM

HAAALT

NICHTS WIE WEG!

AU

107 WIE HÄLT MAN EINEN ELEFANTEN AUF?

Nicht nur Hannibal ließ sich im Kampf von Elefanten helfen, das gab es auch bei anderen Völkern. Im Kampf gegen die Römer setzte der griechische König Pyrrhos ebenfalls Elefanten ein. Die stürmten auf die römischen Soldaten zu und trampelten sie einfach nieder. Wer noch konnte, ergriff die Flucht.

Ein Jahr später standen sich die beiden Armeen bei Asculum erneut gegenüber. Inzwischen hatten die Römer ihre Lektion gelernt: Sie waren mit dreihundert Spezialstreitwagen angerückt, bestückt mit Bogenschützen und Soldaten mit Schleudern. Denen gelang es, etliche Elefanten zu verletzen oder zu töten. Manche Tiere gerieten so sehr in Panik, dass sie ihre eigenen Soldaten tottrampelten.

In der Schlacht von Zama verwendete der römische Feldherr Scipio noch eine andere Strategie. Hannibal stellte sich dem römischen Heer mit seinen Kriegselefanten entgegen. Aber sobald die Tiere losgestürmt waren, teilten sich die römischen Truppen – die eine Hälfte rannte

nach links, die andere nach rechts. Die Reiter konnten die schwerfälligen Tiere nicht so schnell umlenken und rasten so durch die freie Mitte. Römische Soldaten mit langen, spitzen Speeren lauerten ihnen auf und verletzten die Elefanten mit gezielten Stichen. Wild vor Schmerz drehten die Tiere ab und stürmten zurück in Richtung des karthagischen Heers. Damit hatten die karthagischen Soldaten nicht gerechnet. Viele von ihnen wurden von ihren eigenen Elefanten totgetrampelt.

108 EIN SOLD UND EINE ESSENSRATION

Römische Soldaten erhielten für ihren Dienst in der Armee einen Lohn oder Sold, der in Münzen ausbezahlt wurde. Außerdem bekamen sie eine Verpflegungsration. Die bestand aus Brot, etwas Fleisch, Salz und Wein – was man halt zum Überleben brauchte. Das stellte sicher, dass Soldaten ihr Essen nicht selbst auftreiben mussten und sich voll auf ihre militärischen Aufgaben konzentrieren konnten.

Diese Ration gab es allerdings nicht umsonst. Alles, was man bekam, wurde vom Sold abgezogen – auch die Uniform und die Kampfausrüstung.

Bei einer Schlacht konnte man sich aber auch etwas dazuverdienen. Wer besonders gut gekämpft hatte, bekam eine Belohnung. Manchmal gab es auch etwas extra, wenn der Heerführer Geburtstag hatte.

Es gab aber auch Zeiten, in denen das Heer knapp bei Kasse war und den Soldaten weniger Lohn zahlen konnte. Dann war Plündern offiziell erlaubt.

ICH HATTE
SO 'NEN HUNGER!

Essen gegen Kleidung

109 DER HAMBURGER IST EINE RÖMISCHE ERFINDUNG

»Man nehme Hackfleisch und würze es mit Salz. In Wein eingeweichtes Brot und Pinienkerne hinzugeben, alles gut vermischen und zu einem flachen Klößchen formen. In der Pfanne braten und in einem Brot servieren.«

BESTE
HÄPPCHEN!

bei Apicius

*Feinschmecker und Kochbuchautor
Marcus Gavius Apicius*

Kommt dir das Rezept bekannt vor? Genau, es geht um einen Hamburger! Es stammt von einem gewissen Marcus Gavius Apicius, einem römischen Feinschmecker und Kochbuchautor, der im ersten Jahrhundert v. Chr. geboren wurde.

Im alten Rom gingen die Menschen oft auswärts essen. Sie lebten in großen Wohnblocks, und in den meisten Wohnungen gab es keine Schornsteine und keinen Herd zum Kochen. Darum holten sie sich ihre Mahlzeiten meist an einer der zahlreichen Imbissbuden auf der Straße.

Beliebte Snacks waren zum Beispiel gefüllte Jungsau-Gebärmutter oder gebratene Haselmaus. Wir bleiben dann doch lieber beim Hamburger …

N'APPETIT

APICIVS

die römische Küche

110 »KANN ICH MAL DIE FISCHSOSSE?«

Die Römer aßen wie wir auch drei Mahlzeiten am Tag: ein Frühstück, ein eher leichtes Mittagessen gegen elf Uhr und ein üppiges Abendmahl. Durch archäologische Funde, Abbildungen auf antiken Vasen und anderen Gefäßen und auch durch das Kochbuch von Apicius haben wir heute eine gute Vorstellung davon, was die alten Römer so aßen.

Im alten Rom aß man Fisch, Fleisch, Gemüse, Eier, Käse, Getreide und Obst. Als Fleisch gab es aber kein Steak, sondern zum Beispiel Haselmaus, Wildschwein, Hase, Drossel oder Schnecken. Auch Austern, Tintenfisch und Seefische standen oft auf dem Speiseplan. Dazu gab es Bohnen, Erbsen, Oliven, Salat, Zwiebeln und Kohl. Zum Nachtisch aß man zum Beispiel Äpfel, Birnen, Granatäpfel oder Trauben. Zum Süßen von Speisen nahm man Honig. Brot wurde aus Dinkel hergestellt. Gebacken wurde in Bäckereien, weil die Menschen zu Hause keinen Ofen hatten.

Arme Menschen und Sklaven mussten mit viel weniger auskommen. Für sie gab es meist nur Dinkel- oder Hirsebrei.

Reiche wie arme Menschen würzten ihr Essen mit Garum. Das war eine Soße aus gesalzenen und getrockneten Fischinnereien. Der Geschmack erinnerte ein bisschen an Soja- oder Fischsoße.

BLUB

Garum

Bonus-Info

In der italienischen Küche, wie wir sie heute kennen, wird viel mit Paprika und Tomaten gekocht. Die gab es bei den alten Römern noch nicht, denn sie wurden erst viel später aus Südamerika eingeführt.

111 »KOMMT, WIR BADEN ALLE ZUSAMMEN!«

Die alten Römer nahmen das Baden sehr ernst. Jede Stadt verfügte über mindestens ein öffentliches Badehaus, die sogenannte Therme, oft auch mehrere. Die ganz Reichen hatten sogar eine eigene Therme in ihrer Villa. Alle Menschen waren verpflichtet, sich regelmäßig zu waschen.

Die öffentlichen Thermen befanden sich in großen Gartenanlagen. Männer und Frauen gingen nie zusammen baden, sondern hatten entweder getrennte Badehäuser oder badeten zu verschiedenen Zeiten. Sie wurden von einem Sklaven oder einer Sklavin begleitet, die aber selbst nicht ins Wasser durften. Stattdessen mussten sie im Umkleideraum auf die Kleider aufpassen, ihrem Herrn oder ihrer Herrin Handtücher hinterhertragen oder ihnen den Rücken schrubben.

Vom Aufbau her erinnerten die alten römischen Badehäuser ein bisschen an unsere heutigen Wellnessbäder. Es gab warme und kalte Bäder, Räume mit trockener Hitze und feuchte Dampfbäder. Außerdem konnte man sich einer Massage oder Schönheitsbehandlung unterziehen. In welcher Reihenfolge die verschiedenen Räume benutzt wurden, wissen wir nicht mit Sicherheit.

Bei dem großen Angebot kann man sich vorstellen, dass so ein Thermenbesuch ziemlich lange dauerte. Für die alten Römer war das Badehaus auch ein perfekter Ort, um sich zu treffen und miteinander ins Gespräch zu kommen. Oft gab es im Garten noch extra Lese- oder Speiseräume. Zur Unterhaltung gab es manchmal einen Gedichtvortrag oder eine Theatervorstellung. Klingt gar nicht schlecht, so ein Tag in der Therme, oder?

HERRLICH

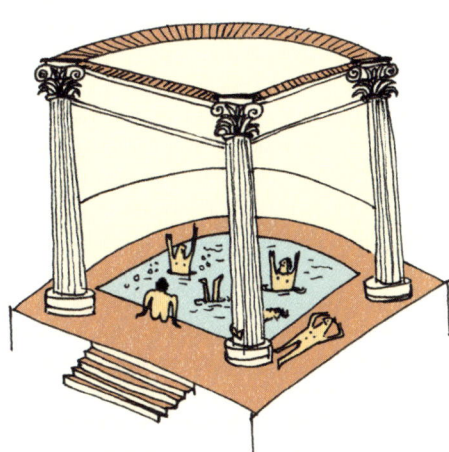

römisches Badehaus

112 KOMM, LEG DICH ZU TISCH ...

Die reichen Römer hielten für ihr Leben gern ausschweifende Bankette ab. Das waren große Gelage, bei denen immer (viel zu) viel gegessen und getrunken wurde. Auch Artisten und Artistinnen traten auf – es wurde jongliert und geturnt, gesungen und getanzt. Mit einem besonders großen und spektakulären Bankett konnte man allen zeigen, wie reich man war.

Man aß im Liegen anstatt im Sitzen. Der Tisch war gedeckt mit einem Tischtuch, einem Messer und einem Löffel. Gegessen wurde mit den Fingern. Das Messer benutzte man nur, um das Fleisch anzustechen. Der Löffel war für flüssiges Essen wie Suppen.

Manchmal standen ausgefallene Leckerbissen auf dem Speiseplan: exotische Vögel wie gebratener Papagei oder Flamingo, Giraffenfleisch, gefüllte und gebratene Drossel. Schnecken galten als besondere Delikatesse. Die hatten sich vorher tagelang mit Milch und Fleisch vollfuttern können und wurden anschließend frittiert.

Über die römischen Bankette wurden einige lustige Geschichten geschrieben. Eine handelt von dem reichen Römer Trimalchio. Der ließ eines Tages bei einem Festmahl ein gebratenes Wildschwein servieren. Als die Diener es aufschnitten, flogen lebendige Drosseln aus seinem Bauch. Die

Die Drosseln suchen das Weite.

Geschichte ist frei erfunden, aber sie zeigt gut, wie üppig das Essen bei so einem römischen Bankett war.

Vielleicht hast du mal gehört, dass sich die Römer nach der ersten Essensrunde mit einer Feder im Hals kitzelten, damit sie sich übergeben konnten, um Platz für mehr Essen zu schaffen. Eine gute Geschichte, aber sie stimmt nicht. Bestimmt wurde ab und zu jemandem schlecht, wenn er was Falsches oder zu viel gegessen hatte oder sehr betrunken war. Aber einen extra Brechraum, wo man hinging, um sich zu übergeben, gab es in Wirklichkeit nicht. Ist vielleicht auch besser so, denn eigentlich ist schon die Vorstellung eklig genug.

113 NUR DIE STARKEN BABYS ÜBERLEBTEN

Wenn bei uns ein Baby geboren wird, gehen wir sehr behutsam mit ihm um. Der kleine Mensch wird gut eingepackt, und wir kümmern uns liebevoll um ihn. Das war bei den Römern ein bisschen anders.

⊙ Direkt nach der Geburt legte die Hebamme das Baby auf den Boden. Dort blieb es liegen, bis der Vater es in den Arm nahm und damit als sein

Kind anerkannte. Tat er das nicht, wurde das Kind einfach ausgesetzt. Erst nachdem der Vater das Kind aufgehoben hatte, wurde es gewaschen und angezogen.

⊙ Wahrscheinlich wurde den Eltern geraten, ihr Baby mit Urin zu waschen – am besten von jemandem, der vorher Kohl gegessen hatte. Wie viele Eltern den Rat befolgten, wissen wir nicht.

- Viele Babys starben damals bei der Geburt oder kurz danach. Darum galten Neugeborene bei den Römern noch nicht als vollwertige Menschen und bekamen in den ersten Tagen noch keinen Namen. Bei Mädchen dauerte es acht, bei Jungen neun Tage, bis sie einen Namen bekamen und in die Familie aufgenommen wurden. Mädchen wurden meist nach ihrem Vater benannt, aber mit einem -a am Ende. Die Tochter von Julius hieß also Julia und die von Octavius eben Octavia. Die Kinder bekamen auch ein kleines Amulett umgehängt, das sie beschützen sollte. Mädchen trugen es bis zur Hochzeit.

- Bei Jungen durften die Eltern den Namen frei wählen.

kräftige Babys hatten Glück

- Die meisten Römer freuten sich sehr, wenn ein Kind geboren wurde. Oft wurde zu diesem Anlass ein großes Fest organisiert.

114 KROKODILMISTMASKE GEFÄLLIG?

Römische Damen legten viel Wert auf gutes Aussehen. Als schön galt damals weiße Haut. Dazu cremten sie sich mit gemahlener Kreide oder einer Paste aus Bleiweiß ein. Das Blei war aber leider giftig, und so wurden viele Frauen davon krank. Für etwas Farbe auf den Wangen und Lippen benutzten sie Rouge aus rotem Lehm, der mit Fett verrührt wurde.

Manchmal brauchten sie natürlich auch eine Schönheitsmaske, um ihre Haut jung zu halten. Dann mussten sie von irgendwoher frischen Krokodilmist auftreiben – der galt als ein hervorragendes Mittel, um ewig jung auszusehen.

Von den Römerinnen wurde erwartet, dass sie sich die Bein- und Achselhaare entfernten. Dazu benutzten sie einen speziell geschliffenen Stein. Oder sie mischten sich aus dem Blut von wilden Ziegen, Vipernpulver und Meeresspargel eine Enthaarungscreme zusammen. Ob das funktionierte – wer weiß? Damit die Haare nicht so schnell nachwuchsen, cremten sich manche Frauen mit Hasenblut ein. Eins steht jedenfalls fest: Die Römerinnen schworen auf Naturprodukte!

Verjüngungskur auf Römisch

Rom steht in Flammen.

115 DIE FEUERWEHR HATTE IM ALTEN ROM GUT ZU TUN

Den Beruf des Feuerwehrmanns gibt es schon seit über zweitausend Jahren. Erfunden haben ihn die alten Römer.

Die Stadt Rom war unheimlich vollgebaut, und überall lebten die Menschen dicht zusammen. Du kannst dir vorstellen, wie gefährlich das war, wenn irgendwo ein Feuer ausbrach. Darum gründete Kaiser Augustus eine offizielle Feuerwehr. Aber es war gar nicht so leicht, Leute zu finden, die diese gefährliche Arbeit ausüben wollten. Also setzte Augustus Sklaven ein. Denen versprach er, dass sie freikommen würden, wenn sie sechs Jahre lang bei der Feuerwehr gedient hatten. Wie viele von ihnen die sechs Jahre überlebten, ist ungewiss. Jeder Brand war ein Kampf auf Leben und Tod.

Leider gab es unter den Feuerwehrmännern auch richtige Bösewichte. Sie legten selbst Feuer und zwangen die Hausbesitzer, ihnen Geld zu geben, damit sie den Brand rechtzeitig löschten.

Am Ende sollte Rom durch ein großes Feuer fast komplett zerstört werden. Am 18. Juli des Jahres 64 n. Chr. brannten zehn der vierzehn Stadtbezirke Roms fast vollständig nieder. Sogar der kaiserliche Palast wurde zerstört. Das Feuer wütete sechs Tage und sieben Nächte.

116 BETON IST EINE RÖMISCHE ERFINDUNG

Wusstest du, dass das Pantheon, das um 200 v. Chr. gebaut wurde, eine Betonkuppel hat? Die Kuppel ist sogar eine der größten, die je aus Beton geschaffen wurden! Die Römer nannten das Material *opus caementitium*. Davon abgeleitet ist unser heutiges Wort »Zement«.

Sand, Kalkstein und Sandstein wurden mit Wasser zu einem festen Baustoff vermischt. Das Mischungsverhältnis war immer leicht unterschiedlich, je nachdem, an welchem Teil der Kuppel gerade gearbeitet wurde; oben kam leichterer Beton zum Einsatz als unten.

Durch Beigabe von Vulkanasche konnte der Beton vollständig wasserdicht gemacht werden. Und weil das Bauen mit Beton so schnell ging, konnten die Römer sich fix an neuen Orten niederlassen. Neue Dörfer schossen wie Pilze aus dem Boden.

Nach dem Zusammenbruch des Römischen Reichs verschwand Beton als Baustoff eine ganze Weile von der Bildfläche. Erst tausend Jahre später wurde er schließlich »wiedererfunden«.

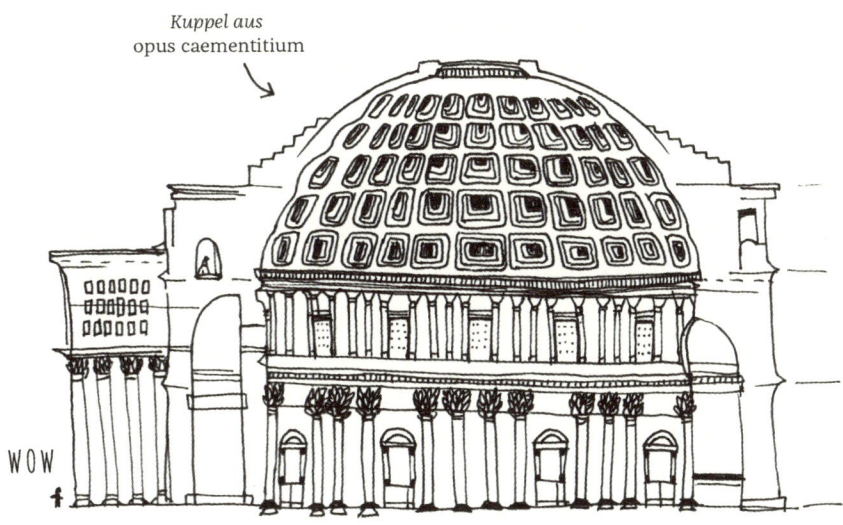

Kuppel aus opus caementitium

WOW

das Pantheon

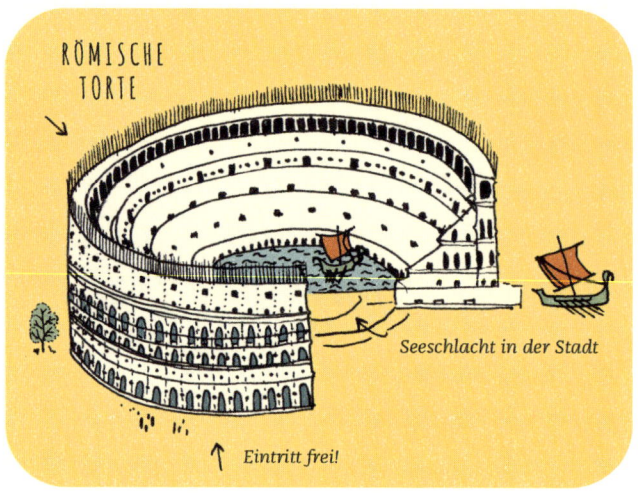

RÖMISCHE
TORTE

Seeschlacht in der Stadt

Eintritt frei!

nasse Füße im Kolosseum

117 IM KOLOSSEUM WURDEN SEESCHLACHTEN NACHGESTELLT

Noch heute kann man im Zentrum Roms das Kolosseum bewundern, ein riesiges *Amphitheater*, in dem Theateraufführungen, Sportveranstaltungen und Gladiatorenkämpfe stattfanden. Es konnte sogar mit Wasser geflutet werden, sodass auch Seeschlachten nachgestellt werden konnten. Das Kolosseum bot Platz für rund 50 000 Zuschauer. Man musste keinen Eintritt zahlen, auch Getränke und Snacks waren kostenlos. Zum Schutz vor Sonne und Regen wurde ein riesiges Segel über die Zuschauerbereiche gespannt. Da könnte sich so manches moderne Fußballstadion mal ein Beispiel dran nehmen!

Das Kolosseum wurde in knapp zehn Jahren von Zehntausenden jüdischen Sklaven erbaut. Beim Bau kamen Stein und Beton zum Einsatz. Unterirdisch befanden sich Kerker für die Kämpfer und Käfige für die wilden Tiere. In den 400 Jahren, in denen die Arena des Kolosseums in Betrieb war, starben dort geschätzt 400 000 Menschen und über eine Million Tiere. Das passierte vor allem bei den Gladiatorenkämpfen, über die du im nächsten Abschnitt mehr erfährst.

> ### Bonus-Info
>
> Heute ist das Kolosseum ein Denkmal gegen die Todesstrafe. Immer wenn irgendwo auf der Welt ein Todesurteil in eine normale Haftstrafe umgewandelt wird oder ein Staat die Todesstrafe ganz abschafft, wechselt die Beleuchtung des Kolosseums von weiß zu bunt.

118 GLADIATOREN: RÖMISCHE HELDEN

Die alten Römer waren verrückt nach Gladiatoren-kämpfen. Die allerbesten Kämpfer wurden ver-ehrt und bejubelt wie heute Ronaldo oder Messi. Ursprünglich fanden Gladiatorenkämpfe im Rahmen von Totenfeiern statt. Beim Tod eines wichtigen römischen Bürgers mussten zwei Sklaven auf Leben und Tod miteinander kämpfen, um dem Verstorbenen Ehre zu erweisen und den Göttern ein Opfer darzubringen. Später wurden diese Kämpfe in Amphitheater wie etwa das Kolosseum verlegt. Bei den Gladiatoren handelte es sich oft um Kriegsgefangene, verurteilte Ver-brecher oder um Sklaven, die in der Arena gegen-einander antreten mussten. Das Wort »Gladiator« stammt vom lateinischen Wort *gladius*, was »Schwert« bedeutet.

Die Kämpferlaufbahn der meisten Gladiatoren war nur von kurzer Dauer. Die meisten von ihnen überlebten nur die ersten zwei oder drei Kämpfe, für den Rest war spätestens nach einem Dutzend Kämpfen Schluss. Nur die besten und bekanntes-ten Gladiatoren hielten länger durch. Flamma, ein Sklave aus Syrien, ging aus 21 seiner 34 Kämpfe als Sieger hervor. Neunmal gab es einen Gleichstand, bei dem beide Gladiatoren davonkamen. Vier Kämpfe verlor er, aber jedes Mal wurde er vom Kaiser begnadigt. Viermal wurde ihm ein hölzernes Schwert verliehen, zum Zeichen, dass er als freier

PIKS

Carpophorus der Venator spießt im Amphitheater alle tierischen Gegner auf.

Mann die Arena verlassen durfte. Doch er ent-schied sich dagegen und kämpfte weiter. Er starb im Alter von dreißig Jahren.

Ein Kämpfer, der es mit wilden Tieren aufnahm, wurde *Venator* oder *Bestiarius* genannt. Der be-rühmteste von ihnen war Carpophorus. Von ihm wird erzählt, dass er in einem einzigen Kampf einen Bären, einen Löwen und einen Leoparden tötete.

Wir bleiben dann doch lieber beim Fußball …

WAS SOLL ICH MIT
EINEM HOLZSCHWERT?!

Flamma der Unverwüstliche

Bonus-Info

Bei archäologischen Untersuchungen der Knochen von Gladiatoren fand man heraus, dass viele von ihnen Vegetarier waren und sich hauptsächlich von Getreide und Bohnen ernährten. Im Volksmund wurden sie sogar spöttisch »Gerstenfresser« genannt. Die pflanzliche Ernährung wurde ihnen wahrscheinlich von den betreuenden Ärzten vorge-schrieben – schließlich sollten sie für die Kämpfe so stark und gesund wie möglich sein.

119 EIN GLÄSCHEN GLADIATORENSCHWEISS GEFÄLLIG?

Vor einem Kampf rieben die römischen Gladiatoren ihren Körper mit Olivenöl ein. Aber nicht weil sie zarte Haut wollten, sondern damit sie glitschiger für den Gegner waren. Außerdem sah so ein glänzender, starker Männerkörper auch noch beeindruckender aus.

Nach dem Kampf schabten sie sich mit einem speziellen Hautkratzer wieder ab. Die schmierige Flüssigkeit fingen sie in einer Schale auf. Und ob du es glaubst oder nicht: Es gab reiche römische Frauen, die für so ein Gläschen Gladiatorenschweiß viel Geld bezahlten und ihn als Gesichtsmaske benutzten. Er galt als Wundermittel, das die Haut jung und zart halten sollte – und den Duft mochten sie auch … Tja, die spinnen, die Römerinnen!

edle Schweißschabung

120 SPARTACUS UND DER AUFSTAND

Keine Frage, der bekannteste Gladiator aller Zeiten war Spartacus. Aber wusstest du, dass er nie in der Arena gekämpft hat? Zuerst war er wahrscheinlich Soldat in der römischen Armee. Von dort floh er, wurde aber gefangen genommen und als Sklave an die Gladiatorenschule verkauft. Doch anstatt zu kämpfen, entfloh er 73 v. Chr. zusammen mit bis zu achtzig anderen Sklaven und Sklavinnen.

Sie versteckten sich auf dem Vulkan Vesuv. Bald schlossen sich immer mehr entkommene Sklaven der Gruppe an, und sie bildeten eine Rebellenarmee. Gemeinsam besiegten sie die römischen Legionen, die entsandt worden waren, um sie zurückzubringen. Die Armee wuchs immer weiter an und bestand irgendwann aus neunzigtausend Männern, Frauen und Kindern.

Spartacus und seine Rebellenarmee im Versteck

Eigentlich wollte Spartacus die ehemaligen Sklaven zurück in ihr Heimatland führen, aber das gelang ihm nicht. 71 v. Chr. verlor er schließlich den Kampf gegen die römische Armee. Was genau dann mit ihm geschah, ist nicht endgültig geklärt. Einer Überlieferung zufolge wurde er verwundet und zusammen mit sechstausend anderen Gefangenen entlang der Via Appia, der großen Straße nach Rom, gekreuzigt. Zur Abschreckung anderer Aufständischer sollen die Toten noch jahrelang dort gehangen haben. Es gibt aber noch eine andere Geschichte über das Ende von Spartacus, nach der seine Leiche nie aufgefunden wurde ...

121 IMMER MUSSTE BLUT FLIESSEN

Die Römer liebten blutige Gladiatorenkämpfe. Die dauerten am besten so lange, bis einer starb. Auch im Theater musste es möglichst spannend und brutal zugehen. In römischen Theateraufführungen waren die Kämpfe nämlich echt. Kein Kinderkram mit stumpfen Pappschwertern, sondern echte Kämpfe mit echten Waffen. Und sie gingen sogar noch weiter. Es gab wohl mal ein Theaterstück, in dem der Bösewicht am Ende gekreuzigt, gefoltert und von einem Bären zerfleischt werden sollte. Angeblich haben sie dafür kurzerhand den Schauspieler durch einen zum Tode Verurteilten ersetzt und den Mann dann in echt ans Kreuz genagelt, in echt gefoltert und in echt von einem Bären fressen lassen. Wir wissen nicht, ob die Geschichte stimmt, aber wundern würden wir uns auch nicht mehr.

Im Amphitheater wurden auch manchmal Menschen umgebracht, gegen die die Zuschauer etwas hatten. Das konnten Straftäter sein, aber zum Beispiel auch Christen. Die wurden dann in der Arena wilden Tieren zum Fraß vorgeworfen.

Eins ist jedenfalls klar: Ein Theaterabend ohne Blutvergießen war für die Römer stinklangweilig.

»romantisch« ins Theater

122 JULIUS CÄSAR WURDE VON SEINEM BESTEN FREUND VERRATEN

Der bekannteste römische Herrscher war ohne Frage Gaius Julius Cäsar. Er wurde um 100 v. Chr. in eine einigermaßen wohlhabende Adelsfamilie hineingeboren. Laut seinen Hauslehrern war er als Junge ein guter Schüler und vor allem ein begabter Redner. Das kam ihm später in seiner politischen Karriere zugute.

Cäsar war ehrgeizig und stieg nach und nach in immer höhere Ämter auf, vom Tribun (ein politisches Amt) zum *Pontifex maximus* (Oberpriester) und schließlich zum Konsul. Unter seiner Führung wurden zahlreiche andere Völker – darunter die Gallier – der römischen Herrschaft unterworfen.

Im Jahr 49 v. Chr. wurde er vom Senat zum Diktator ernannt. Diese Rolle hätte er eigentlich nur zehn Jahre ausüben dürfen, doch dann wurde er im Jahr 44 v. Chr. zum Diktator auf Lebenszeit ausgerufen. Viele Senatoren waren mit diesem Beschluss allerdings nicht einverstanden. Er erinnerte sie an die alten Könige von früher. Und so verschworen sie sich heimlich, um Cäsar zu ermorden.

Eines Tages wurde Cäsar zu einer Senatssitzung geladen. Seine Frau, sein Arzt und einige Freunde warnten ihn davor, der Einladung zu folgen. Sie hatten Gerüchte gehört und trauten der Sache nicht. Brutus überredete ihn schließlich doch, in

drei-und-zwanzig!

VIELEN DANK AUCH, BRUTUS!

Cäsar hatte gerade noch Zeit, die Dolchstiche zu zählen.

den Senat zu kommen. »Willst du im Ernst auf die Albträume einer Frau und das Getratsche von ein paar dummen Männern hören?«, fragte er. »Willst du wirklich den ganzen Senat vor den Kopf stoßen und einfach nicht kommen?« Julius hatte volles Vertrauen in Brutus, denn der war nicht nur ein entfernter Verwandter, sondern auch einer seiner besten Freunde. Und so kam Cäsar am 15. März 44 v. Chr. doch in den Senat. Kaum hatte er sich hingesetzt, zückten die Senatoren ihre Dolche. Cäsar wurde mit dreiundzwanzig Stichen getötet. Sein Freund hatte ihn verraten …

123 DAS SCHALTJAHR VERDANKEN WIR CÄSAR

Die alten Römer benutzten einen Kalender, der auf dem Umlauf des Mondes basierte. Laut diesem Kalender hatte das Jahr 355 Tage. Allerdings braucht die Erde 365 Tage, um die Sonne einmal zu umrunden. Darum sollten die römischen Beamten jedes Jahr zehn Tage hinzufügen. Aber leider vergaßen sie das immer wieder, wodurch der Kalender der Römer nie ganz stimmte.

Cäsar holte sich Rat bei einem Astronomen namens Sosigenes. Der empfahl ihm, lieber einen Kalender zu verwenden, der sich nach dem Lauf der Erde um die Sonne richtete. So bekam das Jahr 365 Tage. Aber weil das Sonnenjahr nicht genau 365 Tage, sondern 365 Tage und einen Vierteltag lang ist, beschloss Cäsar, alle vier Jahre einen Extratag in den Kalender zu schmuggeln. Das Schaltjahr war geboren.

Cäsar verdanken wir übrigens auch den Namen für den Monat Juli. Zuerst hieß der Sommermonat Quintilis. Weil das aber Cäsars Geburtsmonat war, wurde er nach dessen Tod in Juli umbenannt – von Julius. Schön, wenn ein Sommermonat den eigenen Namen trägt, oder?

und immer schön im Kreis

124 AUGUSTUS: DER ERSTE KAISER VON ROM

Den ersten römischen Kaiser kennen wir heute als Augustus, aber eigentlich war sein Name Gaius Octavius. Das Wort »augustus« bedeutet »der Erhabene«. Diesen Beinamen bekam er erst nach seiner Krönung zum Kaiser.

Octavius (auch: Octavian) war ein Großneffe von Cäsar. Der Großonkel hielt große Stücke auf den Jungen und nahm ihn auf seine Feldzüge mit.

Nach der Ermordung Cäsars erfuhr Octavius, dass sein Großonkel ihn vorher offiziell adoptiert hatte. Damit hatte er gute Aussichten auf seine Nachfolge. Aber er hatte auch viele Gegner. Erst nach mehreren Feldzügen gelang ihm die Machtübernahme. In kurzer Zeit sorgte er dafür, dass in Rom wieder der Senat das Sagen hatte. Am 16. Januar 27 v. Chr. wurde ihm vom Senat der Titel »Kaiser« verliehen. Von diesem Tag an nannte er sich Augustus. Unter seiner Herrschaft erlebte Rom eine Blütezeit. Auch danach ging es noch eine ganze Weile gut mit dem Römischen Reich. Diese Periode wird *Pax Romana* oder auch der Römische Frieden genannt. Sie dauerte gut zweihundert Jahre an. In dieser Zeit gab es nur wenige Kriege, und der Handel und die Kunst im Römischen Reich erblühten wie nie zuvor.

Der kleine Octavius wird mal ein großer Kaiser.

125 IN ROM GAB ES EINE PINKELSTEUER

Urin war in der Römerzeit eine wichtige Handelsware. Er war nämlich sehr vielseitig einsetzbar. Den größten Bedarf hatten die Gerber: Sie brauchten Urin, um Tierhäute darin einzuweichen, damit sich die Haare und das Fett davon ablösten. Mit Urin konnte man aber auch eine stark verschmutzte Toga wieder schön weiß kriegen. Darum standen vor römischen Wäschereien neben der Tür spezielle Gefäße zum Reinpinkeln. Urin gemischt mit Bimsstein war außerdem ein hervorragendes Mittel, um Zähne strahlend weiß zu putzen.

Kaiser Vespasian sah sich das alles an und erkannte, dass Urin bares Geld wert war. Wer ihn wollte, sollte auch dafür bezahlen. Also führte er eine spezielle Urinsteuer ein. Das Volk lachte ihn zwar dafür aus, trotzdem halfen alle brav mit, die Staatskassen aufzufüllen.

der listige Harndieb:

WAS DA SO RIECHT, FRAGEN SIE?

1. tun, als wüsste man von nichts

SSST

WUUUUSCH

2. vorsichtig umdrehen

3. schnell wegrennen

126 DIE MENSCHEN VON POMPEJI HATTEN KEIN GLÜCK

Pompeji war eine schöne Stadt im Süden von Italien, am Fuße des Vulkans Vesuv. Im Jahr 59 n. Chr. wurden in der Stadt große Gladiatorenspiele abgehalten, zu denen Besucher von überall her anreisten. Leider gab es auf beiden Seiten auch Hooligans, die es auf Krawall abgesehen hatten. Die zwei Gruppen prügelten sich so heftig, dass es sogar Tote gab. Kaiser Nero nahm extra die Reise auf sich, um sich ein Bild von der Lage zu machen. Zur Strafe für die Ausschreitungen ließ er das Amphitheater für zehn Jahre schließen. Die Anstifter wurden aus der Stadt verbannt.

Ohne Gladiatorenspiele wurde das Leben in Pompeji ein bisschen langweiliger. Aber das Schlimmste stand erst noch bevor. Im Jahr 62 gab es rund um den Berg Vesuv ein schweres Erdbeben, das Teile der Stadt zerstörte. Und es folgten weitere Beben. So viele, dass sich die Menschen langsam daran gewöhnten.

Eines Morgens im Jahr 79 n. Chr. hing über dem Vesuv eine große, dunkle Wolke. Um ein Uhr am Mittag spuckte der Vulkan Asche und Schutt aus. In der Nacht folgte dann der richtige Ausbruch, der zwei ganze Tage dauerte. Pompeji wurde komplett unter einer meterdicken Schicht aus Asche, Schutt und Geröll begraben. Zwar gelang vielen Einwohnern noch rechtzeitig die Flucht, aber viele andere überlebten den Vulkanausbruch nicht. Heute kann man die Ruinen von Pompeji besichtigen.

Der Vesuv lässt die Erde beben.

127 ROMS DURCHGEKNALLTE KAISER 1: TIBERIUS

SPITZENIDEE
SEEBARBEN-PEELING

durchgeknallter Kaiser 1:
Tiberius der Knochenbrecher

Nach Augustus herrschten mehrere ziemlich verrückte Kaiser über das Römische Reich – einer grausamer als der andere.

Tiberius regierte von 14 bis 37 n. Chr. Er war ein Tyrann durch und durch. Wer seinen Willen nicht befolgte, dem wurden die Beine gebrochen. Tiberius zeigte auch sonst ein seltsames Verhalten. Eines Tages kam ein Fischer mit einer riesigen Seebarbe in den Palast. Er war stolz: Es war der größte Fisch, den er je gefangen hatte, und er wollte ihn dem Kaiser schenken. Tiberius aber stand gerade nicht der Sinn nach Besuch. Er ließ den Fischer zwar eintreten, aber befahl seinen Dienern, dem Mann mit dem Fisch über Gesicht und Brust zu reiben. Leider hat so eine Seebarbe sehr scharfe Schuppen, sodass dem Mann die Haut ganz wund gerieben wurde. Als Tiberius hörte, dass der Mann auch einen Riesenkrebs gefangen hatte, schickte er einen seiner Männer los, um den Krebs zu holen. Dann ließ er dem Mann mit dem Krebs das Gesicht zerfleischen, sodass der Arme am Ende mehr tot als lebendig war. Und das ist nur eine von vielen Schauergeschichten, die über Tiberius die Runde machen.

128 ROMS DURCHGEKNALLTE KAISER 2: CALIGULA

Auch Caligula hatte ziemlich einen an der Waffel, wenn man den alten Überlieferungen Glauben schenkt. Er war der Sohn eines römischen Feldherrn, dessen Legion am Rhein stationiert war. Der kleine Junge trug immer eine Armee-Uniform, die extra für ihn maßgeschneidert worden war. Daher stammt auch der Name Caligula, was »Soldatenstiefelchen« bedeutet.

Von 37 bis 41 n. Chr. herrschte Caligula als römischer Kaiser. Als er den Thron bestieg, war er vierundzwanzig. Er gab sofort Reformen bekannt. Personen, die vom letzten Kaiser verbannt worden waren, durften zurückkehren.

Doch dann wurde Caligula krank. Nach seiner Genesung schien er auf einmal verwirrt. Er gab immer mehr Staatsgelder für immer größere Bauprojekte aus. Manche davon waren nützlich, wie Aquädukte, Häfen, Theater und Tempel. Aber er ließ auch eine gigantische Schwimmbrücke über einer Bucht anlegen, nur damit er mit seinem Pferd drübergaloppieren konnte. Wichtige Senatoren mussten manchmal kilometerweit vor seinem Streitwagen herlaufen. »Merket euch: Ich habe das Recht, zu tun, was ich will und mit wem ich will«, pflegte er zu sagen. Wer schlecht über ihn sprach, den ließ er hinrichten. Die Köpfe von Götterstatuen ließ er entfernen und durch seine eigene Büste ersetzen – er hielt sich nämlich für einen fleischgewordenen Gott.

Caligula lebte in Saus und Braus, löste zum Spaß wertvolle Perlen in Säure auf und trank die Flüssigkeit anschließend; er veranstaltete verrückte Kostümbälle und noch vieles mehr. Bei alldem verprasste er Staatsgelder, bis irgendwann die Kassen leer waren. Im Jahr 41 wurde er durch die Prätorianergarde ermordet.

NETTE RUNDE

Caligula Mars   Caligula Venus   Caligula Jupiter

durchgeknallter Kaiser 2: Caligula, fleischgewordener Gott

Bonus-Info

Caligula wollte sein Lieblingspferd Incitatus zum Konsul ernennen. Er ließ für das Pferd sogar einen eigenen Marmorpalast bauen, in dem es höhere Beamte standesgemäß empfangen konnte.

ALLES BRENNT!

durchgeknallter Kaiser 3:
Nero, Feuer und Flamme
für sich selbst

129 ROMS DURCHGEKNALLTE KAISER 3: NERO

Nach Claudius, dem Nachfolger von Caligula, herrschte in Rom wieder ein tyrannischer Kaiser. Sein Name war Nero.

Als Nero zwei Jahre alt war, starb sein Vater. Seine Mutter Agrippina verheiratete sich neu mit Kaiser Claudius und brachte ihn dazu, ihren Sohn zum Thronfolger zu ernennen. Doch als Claudius Zweifel kamen, ob nicht doch lieber sein leiblicher Sohn Kaiser werden sollte, vergiftete Agrippina ihn. So brachte sie Nero auf den Thron. Die ersten Herrschaftsjahre zwischen 55 und 60 verliefen eher ruhig. Agrippina hielt im Hintergrund die Fäden in der Hand. Sie war zwar nicht gerade froh, als ihr Sohn eine Beziehung mit einer Sklavin einging, aber sie ließ es geschehen. Trotzdem ließ Nero seine Mutter später ermorden – niemand weiß, warum.

Im Jahr 64 brach in Rom ein großes Feuer aus, das fünf Tage andauerte. Weite Teile der Stadt lagen in Schutt und Asche. Nero war zum Zeitpunkt des Brandes nicht in der Stadt und eilte zurück, um Hilfsmaßnahmen einzuleiten. Doch böse Zungen behaupteten, dass er das Feuer selbst gelegt hatte, um im Zentrum von Rom einen riesigen Palast bauen zu können. Nero selbst gab den Christen die Schuld an dem Brand. Zur Bestrafung ließ er sie von Hunden jagen und zerfleischen, ans Kreuz nageln oder mit Pech übergießen und anzünden.

Um den Wiederaufbau Roms zu bezahlen, führte Nero höhere Steuern ein. Aber das Volk war damit nicht einverstanden. Überall brachen Aufstände los. Der Kaiser ergriff schließlich die Flucht. Als er erfuhr, dass der Senat ihn zum Tode verurteilt hatte, wollte er sich das Leben nehmen, doch er brachte es nicht über sich. Am 9. Juli 68 ließ er sich von einem seiner letzten Getreuen töten.

MUAHAHA

MUAHAHA

durchgeknallter Kaiser 4:
Elagabal der Scherzbold

130 ROMS DURCHGEKNALLTE KAISER 4: ELAGABAL

Von 218 bis 222 herrschte über das Römische Reich ein Kaiser mit einer Schwäche für schlechte Scherze: Elagabal. Niemand folgte gern seinen Einladungen zum Essen. Manchmal ließ er Steine so bemalen, dass sie aussahen wie Essen. Wenn ein Gast hineinbiss, war er also gleich ein paar Zähne los. Offenbar ließ der Kaiser auch gerne mal lebendige Papageien auftischen, und wer sich weigerte, sie zu essen, wurde getötet. In seinem Palast lagen manchmal auf dem Fußboden verstreut die Eingeweide von kürzlich hingerichteten Gefangenen herum. Laut Elagabal dienten sie dazu, die Zukunft vorauszusagen, aber eigentlich wollte er nur seine Gäste gruseln.

Ab und zu ließ er auch Tiger, Löwen, Bären oder andere gefährliche Tiere auf seine Gäste los. Die stoben mit entsetzten Schreien auseinander und glaubten, dass ihr letztes Stündlein geschlagen hätte. Sie wussten natürlich nicht, dass die Tiere gezähmt und eigentlich harmlos waren.

Wer zu einem Gladiatorenkampf ging, musste gut aufpassen. Denn wenn Elagabal selbst da war, ließ er manchmal zum Spaß Giftschlangen im Publikum los und sah zu, wie die Leute panisch die Flucht ergriffen, wenn jemand gebissen wurde. Und wenn ihm so richtig langweilig war, warf er Goldmünzen von seinem Turm und amüsierte sich köstlich, wenn sich die Leute unten fast totprügelten, um sie aufzusammeln.

Und, was hältst du von Elagabals Scherzen? Nicht so witzig, oder?

KELTEN UND ANDERE BARBAREN

131 EIN BARBAR WAR NICHT UNBEDINGT BARBARISCH

Hat dich schon mal jemand einen Barbaren oder eine Barbarin genannt? Wenn ja, war das sicher nicht als Kompliment gemeint. Unter einem Barbaren verstehen wir heute schließlich jemanden, der sich asozial oder grausam verhält und keine Manieren kennt.

Ursprünglich kommt das Wort von dem altgriechischen Wort *barbaros*. Die Griechen bezeichneten damit Fremde, die eine andere Sprache als Griechisch sprachen und andere Bräuche pflegten als sie selbst. Für griechische Ohren klang die fremde Sprache wie *bar-bar-bar*, und sie ahmten den Klang mit dem Wort *barbaros* nach. Die alten Römer übernahmen das Wort später und nannten alle Völker, die kein Griechisch oder Latein sprachen, Barbaren.

Damals bedeutete »barbarisch« also noch nicht, dass jemand ungehobelt oder unzivilisiert war. Die Perser waren eben *barbaroi*, weil sie eine andere Sprache sprachen, aber ansonsten galten sie vor allem als verweichlicht – also überhaupt nicht roh und grausam. Die Menschen auf Malta hielten sie sogar für besonders gastfreundliche Barbaren.

Und doch haftete dem Wort auch immer etwas leicht Abwertendes an. Griechen und Römer waren schließlich überzeugt, dass sie die jeweils beste Kultur von allen hatten, und sahen auf andere Völker herab. Eine Sache hatten sie den »Barbaren« allerdings voraus: eine Schriftkultur. In ihren Texten stellten Griechen und Römer sich oft besser dar als die anderen, sodass wir lange dachten, dass die Kelten, Germanen und anderen Völker, die gleichzeitig mit ihnen Europa bevölkerten, allesamt ungehobelte Wilde waren. Aber da lagen wir gewaltig daneben – wie die folgenden Abschnitte zeigen.

BAR-
BAR-
BAR

Begegnung mit den barbaroi

132 DIE »KELTEN« ODER »GALLIER« WAREN KEIN EINHEITLICHES VOLK

Die Bezeichnungen »Kelten« und »Gallier« stammen von den Griechen und den Römern. Die Griechen nannten die Stämme, die einen Teil von Europa bevölkerten, *keltoi*. Die Römer sprachen von den *celtai* oder den Galliern (nach der Region Gallien, in der sie lebten).

Dabei handelte es sich aber nicht um eine zusammengehörige Volksgruppe, sondern um verschiedene Völker, die im Norden Europas lebten. Sie sprachen zwar manchmal die gleiche Sprache, hatten aber ansonsten wenig miteinander gemeinsam. Die verschiedenen Stämme führten sogar regelmäßig Krieg gegeneinander.

Ab 400 v. Chr. zogen einige dieser Stämme in den Süden. Dort trafen sie natürlich auf Griechen und Römer. 390 v. Chr. gelang ihnen nach einer Schlacht sogar die Eroberung Roms. Im Jahr 279 v. Chr. zogen sie nach Griechenland und stießen bis nach Delphi vor, um dort das Heiligtum zu plündern, allerdings ohne Erfolg. Die Römer und Griechen konnten sie zwar vertreiben, aber sie blieben hartnäckig wie eine Laus im Pelz. Am Ende besiegte Cäsar die Gallier in Frankreich und Belgien. Aus dieser Zeit stammt der berühmte Satz: »Die Belgier sind die Tapfersten unter den Galliern.«

ICH WILL NACH ROM

ICH WILL NACH DELPHI

keltoi?

Die Kelten hatten zwar keine eigene Schrift, aber sie haben uns trotzdem viel hinterlassen. Unser Weihnachten zum Beispiel hat so manches mit dem keltischen Julfest gemeinsam. Wörter mit keltischem Ursprung wie »Düne«, »Bock«, »Erbe« und »Glocke« gebrauchen wir noch heute. Unter anderem in Wales und in der Bretagne wird heute noch eine keltische Sprache gesprochen. In Irland ist das »Irische« sogar eine Amtssprache, die in der Schule unterrichtet wird. Paris, Reims, Genf und Prag waren einmal keltische Siedlungen. Nicht schlecht also für einen Haufen Barbaren!

133 DIE KELTEN WAREN REICH

Die Griechen und Römer führten nicht nur Krieg gegen die Kelten. Sie trieben mit den verschiedenen Völkern auch Handel. Die Kelten waren nämlich äußerst geschickte Metallschmiede. Sie waren berühmt für ihre prachtvollen Schmuckstücke und Kunstgegenstände. Und natürlich schmiedeten sie auch hervorragende Waffen und Rüstungen. Die kamen gut an bei den griechischen und römischen Soldaten.

Die Kelten trugen auch selbst prächtige Rüstungen. Im Grab eines keltischen Stammesführers wurde ein ganz besonderer Helm entdeckt. Oben auf dem Helm befindet sich ein Falke aus Metall, der sich bewegt, wenn der Helmträger läuft. In einer Schlacht war der Helm wahrscheinlich nicht besonders praktisch, aber bei Verhandlungen oder Feierlichkeiten konnte man damit bestimmt Eindruck machen.

total praktischer Metallhelm

Wusstest du, dass die Kelten ein riesiges Wegenetz anlegten, um leichter zu ihren Handelspartnern zu kommen? Die Wege führten durch sumpfiges Moorland, in dem Steine schnell versunken wären. Holzbretter aber blieben einfach liegen. Die keltischen Wege gab es schon, lange bevor die Römer ihre Heerstraßen bauten. Leider ist Holz sehr vergänglich, weshalb nur wenige keltische Wege bis heute erhalten sind.

134 SALZ UND GOLD

Die Kelten verkauften nicht nur ihre Eisenwaren. Im österreichischen Hallstatt befand sich einst eine große keltische Siedlung in der Nähe eines enormen Salzbergwerks, das auch den Kelten gehörte. Salz war ein sehr kostbares Gut – es wurde sogar »das weiße Gold« genannt. Es wurde zum Haltbarmachen von Lebensmitteln, zum Würzen und als Desinfektionsmittel benutzt. Die Menschen waren auf Salz angewiesen. Das wussten die Kelten nur allzu gut und verlangten hohe Preise für ihr Salz.

Die Kelten besaßen auch zahlreiche Goldminen. Auch für Gold wurde viel Geld bezahlt, und so wurden die Kelten mit Salz und Gold unglaublich reich.

EINE PRISE GOLD?

weißes Gold oder goldenes Salz?

Würdest du dir gern mal so ein keltisches Dorf aus der Nähe ansehen? Bei Hallein in Österreich gibt es das historische Keltendorf Salina. Dort kannst du auch das größte keltische Museum Europas besichtigen und sogar eine Tour durch die Salzmine mitmachen.

135 VOR DEM ESSEN HÄNDE WASCHEN UND JEDEN TAG BADEN

Keltische Männer werden oft als wilde Kerle mit dickem Schnurrbart und langen Zottelhaaren dargestellt. Dieses Bild trifft aber nicht auf alle Kelten zu.

Es stimmt wohl, dass die meisten keltischen Stämme ihre Haare wachsen ließen. Sie hatten offenbar eine Vorliebe für blonde Haare, denn wir wissen, dass sie sich die Haare mit Kalkwasser bleichten. Wenn sie in eine Schlacht zogen, rieben sie sich extra Kalk ins Haar, sodass es stachlig vom Kopf abstand. Angeblich waren die Stacheln so scharf, dass man einen Apfel daraufspießen konnte. In anderen Stämmen rasierten sich die Männer die Seiten kahl, sodass bloß in der Mitte ein senkrechter Haarstreifen stehen blieb, ein bisschen wie bei einem Irokesenschnitt. Wieder andere flochten ihre Haare zu Zöpfen oder steckten sie ordentlich hoch. Die meisten Männer ließen sich einen Schnurrbart stehen, was die Römer sehr unappetitlich fanden. Für sie war der Bart wie ein Sieb, in dem Essen und Getränke ständig hängen blieben.

MEIN HAAR IST MEIN GANZER STOLZ

Styling mit Kalkwasser

hippe Keltenfrise

Dabei waren die Kelten sehr gepflegt. Sie haben sogar die Seife erfunden! Dafür mischten sie tierisches Fett mit einer Lauge aus Holzasche. Und natürlich benutzten sie die Seife auch regelmäßig. Eine Keltenfrau ließ ihren Mann nicht an den Tisch, bevor er ein ausgiebiges Bad genommen hatte. Und zwar in einem Holzfass – das ist nämlich auch eine keltische Erfindung!

136 DAS ELEFANTENGEDÄCHTNIS DER DRUIDEN

Druide, Mann für alles

Bei den Kelten war der Druide die ehrwürdigste Person im ganzen Dorf. Anders als Miraculix aus den Asterix-Comics verbrachte er aber nicht seine ganze Zeit mit dem Schneiden von Mistelzweigen. Keltische Druiden waren Priester, Arzt, Wissenschaftler, Richter und Berater des Königs zugleich.

Die Kelten verließen sich auf das gute Gedächtnis des Druiden. Der musste ja nicht nur alle Gottheiten auswendig kennen, sondern auch alle Gesetze und Bräuche. Wahrscheinlich konnten einige Druiden nach der Eroberung ihrer Gebiete durch die Römer zwar Latein oder Griechisch lesen und schreiben, trotzdem schrieben sie lieber so wenig wie möglich auf. Geschriebenes konnte schließlich leicht in die falschen Hände geraten.

Die keltischen Druiden befassten sich auch mit Fragen der Wissenschaft und der Astronomie. Das geht unter anderem aus dem berühmten Kalender von Coligny hervor, der 1897 in der französischen Stadt Coligny bei Ausgrabungen entdeckt wurde. Er entstand vermutlich Ende des zweiten Jahrhunderts nach Christus.

Es dauerte fast hundert Jahre, bis es ein paar schlauen Köpfen gelang, den Kalender zu entziffern. Heute wissen wir, dass er das Jahr nach dem Stand des Mondes und der Sonne berechnete. Er enthält viel mehr Einzelheiten als die Kalender der Römer aus derselben Zeit.

Da sieht man mal, wie schlau die Kelten waren!

137 KRIEG GEWONNEN? VERGISS DIE KÖPFE NICHT!

Die Kelten waren ziemlich kampflustig. Meistens kämpften sie nicht, um Land zu erobern, sondern vor allem, um an Gold, Wein und Sklaven zu kommen. Hin und wieder wollten sie wohl auch einfach den Nachbarvölkern einen Schreck einjagen oder ihre Feinde ein bisschen ärgern. Auf ihren kleinen Pferden legten sie oft Hunderte Kilometer zurück, um irgendwo plündern zu gehen. Krieg war für sie eher ein Sport. Manchmal kämpften auch die Frauen mit. Die keltischen Soldaten waren zwar stark und gut ausgebildet, aber nicht besonders diszipliniert. Wollten sie einen Gegner herausfordern, stellten sie sich vor ihn und streckten ihm die Zunge raus. Oder zogen sich die Hose runter und zeigten ihm den nackten Hintern. Zwischendurch schlugen sie gegen ihre Schilde und grölten Schlachtlieder. Oft waren sie dabei ziemlich betrunken.

Wenn sie eine Schlacht gewonnen hatten, behielten sie die Köpfe ihrer Opfer als Trophäen. Die Kelten waren also Kopfjäger (und ja, das ist barbarisch). Je mehr Köpfe ein Krieger in seinem Leben zusammenbekam, desto größer war seine Ehre. Die Schädel der Toten hängten sie sich an die Haustür, oder sie verzierten ihre Sättel damit. Manchmal verarbeiteten sie sie auch zu Trinkgefäßen. Tja ... So ruiniert man sich natürlich den Ruf.

> ## Bonus-Info
> Vielleicht hast du mal gelesen, dass keltische Krieger immer nackt kämpften. Manche hatten tatsächlich nichts an, wenn sie in den Kampf zogen. Aber die meisten trugen sehr wohl Schutzkleidung aus Leder und Eisen. Wahrscheinlich waren die Römer sogar neidisch auf die hervorragende Ausstattung der Kelten.

schädelschleppendes Pferd

KÖPPE DABEI?

Und schnipp

WILLKOMMEN IN MEINEM TEAM

SONST OHR AB

Vercingetorix sucht sich Verbündete.

138 CÄSAR GEGEN VERCINGETORIX – FOLGE 1

Der keltische Fürst Vercingetorix aus Gallien wollte, dass Julius Cäsar die gallischen Stämme in Ruhe ließ. Doch der römische Diktator hatte einen anderen Plan: Er wollte die aufständischen Gallier in sein Reich eingliedern.

Vercingetorix rief die Führer aller gallischen Stämme zusammen. Er wollte sie davon überzeugen, sich mit vereinten Kräften gegen die Römer zu wehren. Und wer ihm nicht folgen wollte, bekam die Ohren abgeschnitten und die Augen ausgestochen. Die Strafe war vielleicht übertrieben, doch sie zeigte Wirkung: Vercingetorix hatte bald eine Armee zusammen.

Cäsars Armee rückte derweil immer näher. Die römischen Soldaten waren hungrig und wollten die keltischen Dörfer plündern. Aber Vercingetorix ließ schon vorher alle Dörfer niederbrennen. Deren Bewohnerschaft schickte er nach Avaricum, einer gut befestigten Stadt, die vor einer Eroberung sicher schien.

In den verbrannten Dörfern fanden die Römer nichts zu essen, aber das hielt sie nicht auf. Cäsar zog mit seiner Armee weiter nach Avaricum. Die Stadt war von einer hohen Mauer und einem tiefen Graben umgeben, daher ließ Cäsar seine Truppen Bäume fällen, um den Graben zuzuschütten. Außerdem bauten sie Belagerungstürme auf Rädern, mit denen sie bis an die Mauer heranfahren konnten. Als Reaktion ließ Vercingetorix seine Soldaten Tunnel unter der Mauer durchgraben und die Baumstämme und Belagerungstürme in Brand setzen. Aus der Stadt heraus ließ der Keltenfürst brennendes Fett und Teer über die Mauer schießen, sodass alles lichterloh brannte. Willst du wissen, wie es weiterging? Dann lies auf der nächsten Seite weiter.

139 CÄSAR GEGEN VERCINGETORIX – FOLGE 2

Die römischen Soldaten entwickelten einen neuen Plan. Sie warfen Haken über die Mauer und zogen sich an Seilen hoch. Vercingetorix holte die Haken ein und nahm den Römern die Waffen ab.

Aber die Schlacht war noch nicht entschieden. Eines Tages gab es ein furchtbares Unwetter. Es regnete und stürmte so stark, dass die gallischen Wachsoldaten in einen Unterschlupf flüchteten. Die römischen Soldaten nutzten die Chance. Sie rollten ihre Angriffstürme immer näher an die Mauer heran und gelangten so schließlich in die Stadt. Dort töteten sie jeden, der sich ihnen in den Weg stellte. Vercingetorix rief seine Soldaten zusammen, um eine nächtliche Flucht zu planen. Aber er hatte die Rechnung ohne die Frauen gemacht. Die wollten mit den Kindern nicht allein bei den mordenden Römern bleiben und schrien vor Verzweiflung. Cäsar und seine Soldaten hörten die Schreie und schnitten den Galliern den Fluchtweg ab.

Trotzdem gelang 800 gallischen Soldaten die Flucht in eine nahe gelegene Stadt. Vercingetorix schickte Kundschafter in die umliegenden Dörfer, um Hilfe zu holen.

Die Unterstützungstruppen eilten Vercingetorix zu Hilfe, aber inzwischen hatten die Römer die Stadt Avaricum schon umzingelt. Der Gallierfürst saß in der Falle. Die gallischen Soldaten mussten umkehren, und Vercingetorix ergab sich den Römern, die ihn mit nach Rom nahmen. Dort wurde er von Cäsar auf seinem Triumphzug durch die Stadt geführt und anschließend hingerichtet. Nach diesem Sieg über die Gallier führte Cäsar seinen Eroberungszug fort.

Cäsar im Angriffsmodus

140 DIE GERMANEN LIEBTEN GUTE GESCHICHTEN

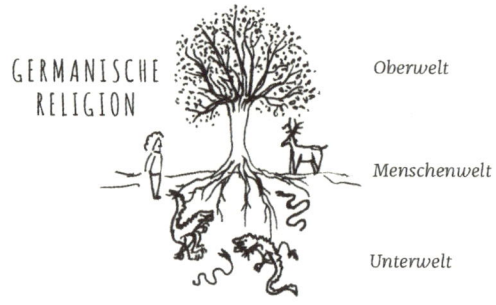

GERMANISCHE RELIGION

Oberwelt

Menschenwelt

Unterwelt

Baum des Lebens

- Im Norden von Europa und Skandinavien lebten die Germanen. Wie die Kelten waren auch die Germanen kein einheitliches Volk. Germanen waren verschiedene Stämme, die die gleiche Sprache sprachen: Germanisch.

- Bewunderung ernteten die Germanen für ihre farbenprächtigen wollenen Gewänder, die von den Frauen gewebt wurden. Außerdem waren sie wahre Meister der Schmiedekunst und stellten prächtigen Schmuck her. Vor allem die Halsketten und Armreife machten Eindruck auf die Römer.

- Anders als die Kelten verwendeten die Germanen auch eine Form von Schrift: die Runen. Aber viele Schriftzeugnisse sind nicht erhalten geblieben. Die Germanen erzählten sich ihre Geschichten lieber, als sie aufzuschreiben. In den Erzählungen ging es um Götter, Helden und andere interessante Figuren.

- Die Germanen hatten keine Priester, aber eine Religion gab es schon. Der Hauptgott war Odin. Die Unterwelt war mit Schlangen und Drachen bevölkert. Zwischen Göttern und Unterwelt lag die Menschenwelt. Alle drei waren durch den Baum des Lebens miteinander verbunden.

- Für die Römer erwies sich die Eroberung der germanischen Gebiete als schwieriger als erwartet. Das lag auch daran, dass es dort so viel Wald und Moorland gab. Mit ihrer schweren Rüstung und den großen Streitwagen kamen die römischen Truppen kaum voran.

Germanische Runen

F	B	D	E	F	G
A	B	D	E	F	G
H	I	J	K	L	M
H	I	J	K	L	M
N	O	P	R	S	T
N	O	P	R	S	T
U	V/W	Z	TH	EI	NG

AAH!

versumpfender Römer

- Als das Römische Reich im dritten Jahrhundert zu bröckeln begann, erkannten die Germanen ihre Chance und starteten ihre Plünderungszüge. Ab dem fünften Jahrhundert eroberten die Franken, Sachsen, Angeln, Goten, Vandalen und Burgunder – alles germanische Stämme – nach und nach das Weströmische Reich.

DER THRON
GEHÖRT MEINEN
TÖCHTERN!

Königin Boudicca kämpft für ihre Kinder.

141 BOUDICCA, DIE TAPFERE KÖNIGIN

Königin Boudicca war die Frau von Prasutagus, dem König der Icener. Die Icener waren ein keltischer Stamm und lebten in einem Gebiet in Britannien, das die Römer ihrem Reich einverleiben wollten. König Prasutagus hatte keine Lust zu kämpfen und schloss einen Deal mit den Römern: In seinem Testament vermachte er sein Herrschaftsgebiet zu gleichen Teilen an die Römer und an seine beiden Töchter.

Doch nach Prasutagus' Tod wurde schnell klar, dass sich die Römer nicht an die Abmachung halten würden. Nach römischem Recht hatten die beiden Mädchen keinen Anspruch auf den Thron. Königin Boudicca aber hatte nicht vor, das Reich kampflos aufzugeben. Sie verlangte den Thron für ihre Töchter. Daraufhin wurde sie öffentlich ausgepeitscht, und ihre beiden Töchter wurden von den Römern vergewaltigt. Boudicca war außer sich vor Wut und suchte sich Mitstreiter für einen Aufstand gegen die Römer. Sie bekam fast hunderttausend Mann zusammen. Ihre Armee eroberte ein paar Städte von den Römern zurück, aber am Ende zog sie doch den Kürzeren. Gegen das disziplinierte römische Heer mit seinen Zigtausenden Soldaten hatten ihre zusammengewürfelten Truppen keine Chance. Nach der Niederlage nahm sich Boudicca durch Gift das Leben.

DAS ALTERTUM IN ANDEREN TEILEN DER WELT

142 IN CHINA GAB ES EINE SPEZIALMÜNZE ZUM ZURÜCKKAUFEN VON KINDERN

Natürlich stand die Zeit auch in China nicht still. Um 1600 v. Chr. kam die Shang-Dynastie mit Kaiser Tang an die Macht. Vor Tang herrschte ein tyrannischer Kaiser, der für das einfache Volk nichts übrighatte. Aber Tang war anders. Er wurde zum Vorbild für alle späteren chinesischen Kaiser.

Er tat sogar etwas für die Ärmsten der Armen: Viele von ihnen hatten während Hungersnöten aus Verzweiflung ihre Kinder in die Sklaverei verkaufen müssen. Tang ließ Goldmünzen mit einer besonderen Markierung prägen. Mit so einer Spezialmünze konnten Eltern, die ihre Kinder verkauft hatten, sie wieder zurückkaufen.

Kaiser Tang führte auch neue landwirtschaftliche Techniken ein, durch die Hungersnöte seltener wurden. Die Ernten fielen besser aus, und mehr Menschen konnten mit weniger Aufwand ernährt werden. So blieb mehr Zeit für andere Dinge wie den Bau großer Städte und die Herstellung von Waffen und Kunstgegenständen. In der Shang-Dynastie entstanden feinste Seidenstoffe und kostbare Kunstwerke aus Knochen und Edelsteinen. Mithilfe einer Wasser- und einer Sonnenuhr wurde auch ein besonderer Sonnenkalender entwickelt. 1046 v. Chr. wurde die Shang-Dynastie von der Zhou-Dynastie abgelöst.

HIER, EINE MÜNZE

Kaiser Tang und die Sondermünze

143 WESPEN »ERFANDEN« DAS PAPIER (UND VERRIETEN IHR GEHEIMNIS DEN CHINESEN)

Schau dir dieses Buch an. Es besteht aus Papier. Papier ist eine chinesische Erfindung, und die Chinesen behielten das Geheimnis seiner Herstellung lange für sich. Im alten Ägypten schrieb man auf Papyrus, der aus den Stängeln der Papyruspflanze hergestellt wurde. Später wurde in Europa Pergament aus Tierhäuten gemacht. Aber Papyrus war nicht besonders haltbar und Pergament war sehr teuer.

Die Legende geht so: Ein Chinese namens Cai Lun beobachtete Wespen beim Nestbau. Die Insekten vermischten Pflanzenfasern mit ihrem Speichel zu einem dicken Brei und bauten daraus ihr Nest. Das Material war wie eine Art Karton. Im Jahr 105 n. Chr. beschrieb Cai Lun die Papierherstellung genau: Er erklärte, dass dazu die Rinde des Maulbeerbaums sowie Fasern von Lumpen, Fischernetzen und Hanf nötig waren. Die Mischung verrührte man mit Wasser zu einem Brei, der in einer dünnen Schicht auf ein feines Sieb aufgetragen wurde. Jetzt musste man das Ganze nur noch trocknen lassen, dann war das Papier fertig. Wahrscheinlich verwendeten die Chinesen schon viel früher, im zweiten Jahrhundert v. Chr., eine Art von Papier.

Im Jahr 751 führten die Chinesen Krieg mit den Arabern. Die Araber nahmen die chinesischen Papiermacher gefangen und zwangen sie, ihnen alles zu zeigen. Jetzt konnten die Araber es nachmachen. Über sie gelangte das Papier im Mittelalter nach Europa. Danke – auch an die Wespen!

Cai Lun entdeckt den
Schatz der Wespen: Papier.

144 DER BAU DER CHINESISCHEN MAUER BEGANN SCHON 722 VOR CHRISTUS

Die Chinesische Mauer ist eine sechstausend Kilometer lange Mauer im Norden von China. Sie wurde errichtet, um das Kaiserreich gegen umherziehende Völker zu verteidigen, die chinesische Städte plünderten.

Im siebten Jahrhundert v. Chr. bestand China noch aus vielen Kleinstaaten, die häufig Krieg miteinander führten. Jedes Königreich errichtete Mauern an seinen Grenzen, um sich vor feindlichen Angriffen zu schützen. Diese Mauern bestanden aus Lehm, der so lange festgeklopft wurde, bis er steinhart war.

Kaiser Qin gelang im Jahr 221 v. Chr. die Vereinigung der einzelnen Staaten zu einem Kaiserreich. Er war also der erste Kaiser und vielleicht sogar der Namensstifter von China.

Qin ließ die alten Verteidigungsmauern verstärken und miteinander verbinden, sodass sie zu einer einzigen Mauer wurden. Sie diente zur Verteidigung gegen die Feinde aus dem Norden. Aber in der Mauer befanden sich auch Tore, damit die Chinesen mit den Nomadenvölkern Handel treiben konnten.

Es sollte noch lange dauern, bis die Chinesische Mauer so lang wurde, wie sie heute ist. So richtig fertiggestellt wurde sie erst während der Ming-Dynastie (1368–1644). Damals wurden noch

Wachtürme hinzugefügt, auf denen Soldaten nach Gefahr Ausschau hielten. Sie verständigten sich durch Rauchsignale miteinander.

die Chinesische Mauer:
6000 Kilometer Steine und festgeklopfter Lehm

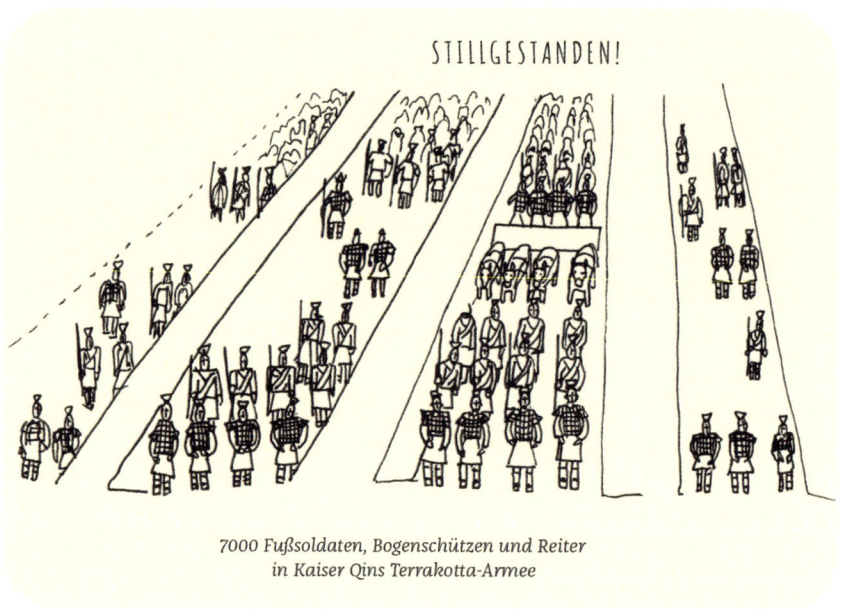

STILLGESTANDEN!

*7000 Fußsoldaten, Bogenschützen und Reiter
in Kaiser Qins Terrakotta-Armee*

145 DER KAISER NAHM SEINE ARMEE MIT INS GRAB

Kaum war Qin zum Kaiser gekrönt, gab er den Auftrag, ein besonderes Grabmal für ihn zu errichten: ein Mausoleum. Gigantisch sollte es sein: ein unterirdischer Palast mit zahlreichen Kammern und einem 115 Meter hohen Grabhügel darauf. Rund um den Grabhügel wurden Tempel und andere Gebäude errichtet. Um das Mausoleum wurde eine zehn Meter hohe und zwölf Meter breite Mauer gebaut. Die Grabstätte bekam den Namen »Palast für die Ewigkeit«. Qin sollte ewig darin leben.

Über 700 000 Arbeiter waren am Bau des Mausoleums beteiligt. Als alles fertig war, sollen viele von ihnen lebendig begraben worden sein, damit sie die Geheimnisse des Mausoleums nicht weitererzählen konnten. In der Nähe des Kaisergrabs wurden etliche Massengräber entdeckt.

Der Kaiser selbst nahm eine ganze Armee mit ins Grab – Tausende Soldaten aus Terrakotta (einer Art Ton), die ihm im Jenseits Gesellschaft leisten und

ihn beschützen sollten. Die Tonkrieger trugen sogar echte Waffen. Bis heute wurden rund siebentausend Figuren ausgegraben, darunter Fußsoldaten, Bogenschützen, Reitersoldaten und sogar Streitwagen mit Pferden: allesamt kampfbereit. Kein Krieger gleicht dem anderen; jeder hat einen anderen Gesichtsausdruck.

Die Terrakotta-Armee wurde im Jahr 1974 zufällig von Bauern bei Grabungen für einen Brunnen entdeckt. Der Fund gilt als eine der größten archäologischen Entdeckungen des 20. Jahrhunderts. Von den hundert Kammern des Mausoleums sind viele bis heute nicht geöffnet worden – unter anderem das Grab von Kaiser Qin selbst. Teils aus Sorge, es könnte bei den Grabungsarbeiten beschädigt werden, aber vielleicht auch aus Furcht vor den automatischen Schießvorrichtungen, die zum Schutz vor Grabräubern eingebaut wurden. Es bleibt spannend!

146 DIE STABKARTEN DER POLYNESISCHEN SEELEUTE

Polynesien ist eine Gruppe von Inseln im Pazifischen Ozean. Als Inselvolk waren die Polynesier natürlich gute Seefahrer. Schon um 200 v. Chr. zogen sie in speziellen Segelkanus los, um den Ozean zu erkunden. Die Boote bestanden aus zwei hölzernen Rümpfen, die mit Seilen aneinandergebunden waren. An den Seiten war eine schlittenförmige Konstruktion befestigt, um das Boot im Gleichgewicht zu halten. Die Seile wurden aus Blättern geflochten.

Natürlich waren die Meeresrouten nicht ausgeschildert. Einen Kompass hatten die polynesischen Seefahrer auch nicht. Und trotzdem fanden sie sich zurecht. Sie hatten nämlich Spezialkarten aus dünnen Stäben (meist Kokosblattrippen oder Bambus), die sie mit Schnüren aneinanderknoteten. Durch die Art, wie die Stäbe gebogen und

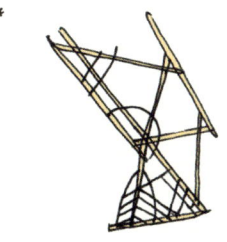

anschauliche polynesische Seekarte

verknotet waren, konnte man die Bewegungen des Meeres, seine Strömungen und Ströme »lesen«. Einzelne Inseln wurden auf den Stäben mit Muscheln oder mit Knoten dargestellt. Die *meddo* genannten Stabkarten waren ein Hilfsmittel, um nach einer weiten Reise zu seiner Heimatinsel zurückzufinden. Nur erfahrene Seeleute konnten die Stabkarten richtig lesen. Das Wissen darüber wurde von Generation zu Generation weitergegeben.

Die alten Polynesier unternahmen weite Erkundungsreisen: Auf den polynesischen Inseln wurden Gegenstände entdeckt, die eigentlich nur an Orten vorkamen, die über zweitausend Kilometer entfernt lagen. Die polynesischen Seefahrer mussten also viel über die Sterne und die Strömungen wissen. Sie beobachteten auch das Flugverhalten der Meeresvögel sehr genau. Die Insulaner verstreuten sich bis zur Osterinsel und sogar bis nach Haiti. Und das war nicht gerade ein Katzensprung.

AH JA, DA LANG!

147 ALLE WOLLTEN, WAS DIE CHINESEN HATTEN

... nämlich Seide. Schon seit dem vierten Jahrtausend v. Chr. wurde in China der kostbare Stoff aus den Fäden der Seidenraupe hergestellt. Der Legende nach saß eines Tages eine Prinzessin unter einem Maulbeerbaum und trank Tee. Auf einmal fiel der Kokon einer Seidenraupe in ihre Tasse, die Prinzessin fischte ihn heraus und bemerkte, wie sich im heißen Tee feine Fäden davon ablösten. Sie ließ sofort Seide daraus spinnen.

Die Chinesen hielten die Kunst der Seidengewinnung jahrhundertelang geheim. Aber im Rest der Welt waren die Menschen verrückt nach dem edlen Stoff und auch bereit, hohe Preise dafür zu bezahlen. Schon um 115 v. Chr. gab es eine Handelsroute zwischen China und dem Römischen Reich, weil Seide dort so begehrt war. Daraus wurde später die Seidenstraße. Eigentlich war sie ein ganzes Netz aus vielen Land- und Seewegen über eine Entfernung von rund siebentausend Kilometern. Die meisten Handelskarawanen legten aber nur Abschnitte der Strecke zurück. So entstanden entlang der Route reiche Dörfer und Städte. Aus China und den benachbarten Ländern brachten die Handelskarawanen

GENEHMIGT!

Seidencheck

aber nicht nur Seide mit, sondern auch Gewürze, Juwelen und Tee. Auch Papier wurde auf der Seidenstraße in den Westen befördert, und aus Indien kamen exotische Tiere. Umgekehrt wurden aus dem Westen Produkte wie Glas, Wolle, Leinen und Wein nach China verkauft. Die Seidenstraße war gefährlich. In der Wüste gab es Sandstürme, und im Gebirge war es eiskalt. Und überall lauerten Räuberbanden, die es auf die kostbaren Waren abgesehen hatten.

Die Seidenstraße wurde jahrhundertelang genutzt. Aber als 1368 die Ming-Dynastie an die Macht kam, schottete sich das Kaiserreich immer mehr vom Westen ab und schloss seine Tore.

Naturseide

PLUMPS

148 DIE LIST DER CHINESISCHEN PRINZESSIN

Über Jahrhunderte hinweg stellten die Chinesen sicher, dass niemand außer ihnen wusste, wie man Seide herstellte. Kaufleute durften zwar Seide mit in den Westen nehmen, aber dass sie von einer Raupe stammte, durften sie nicht erfahren. An den Landesgrenzen wurden alle Reisenden von Kopf bis Fuß durchsucht, damit bloß niemand Seidenraupen oder Kokons hinausschmuggeln konnte.

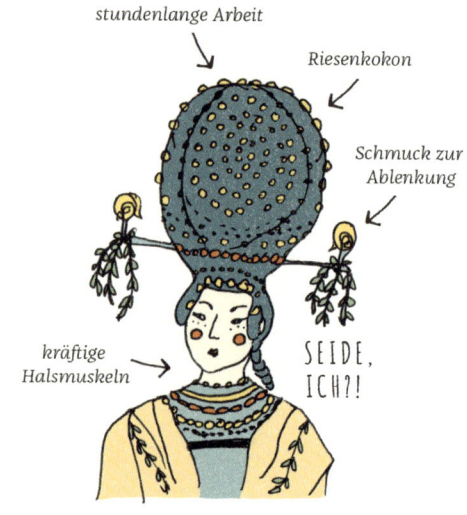

stundenlange Arbeit

Riesenkokon

Schmuck zur Ablenkung

kräftige Halsmuskeln

SEIDE, ICH?!

chinesische Prinzessin mit Schmuggelfrisur

Bis eine chinesische Prinzessin schließlich den König von Hotan heiratete: In seinem Königreich trug man keine Seide. Die Kleider der Menschen waren aus Schafwolle und Kamelhaar. Beides war aber lang nicht so weich wie Seide, und die chinesische Prinzessin weigerte sich, die rauen Stoffe an ihre Haut zu lassen. Also versteckte sie Seidenraupen, Kokons, Maulbeerblätter und die Samen des Maulbeerbaums in ihrer kunstvollen Hochsteckfrisur. Und weil die Grenzwärter sich nicht trauten, eine Prinzessin so genau zu kontrollieren wie die anderen Leute, konnte sie alles nach Hotan einschmuggeln.

Von da an wurde auch in Hotan Seide hergestellt. Es sollte aber noch fünfhundert Jahre dauern, bis das Geheimnis auch den Westen erreichte. Bis heute gilt chinesische Seide als die schönste der Welt.

149 ALLE ZITTERTEN VOR ATTILA DEM HUNNEN

Im Süden von Russland und in Kasachstan waren verschiedene nomadische, also umherziehende Völker zu Hause: die Hunnen. Im fünften Jahrhundert zogen sie von Zentralasien Richtung Europa. Sie hatten kleine, schnelle Pferde und führten sehr gerne Krieg.

434 n. Chr. bekamen sie einen König, vor dem alle Welt Angst hatte. Sein Name war Attila der Hunne. Wir haben keine Bilder von ihm, aber laut einer Beschreibung seiner Gegner war er ein kleiner Mann mit einem großen Kopf, kleinen Augen und einer flachen Nase. Er galt als besonders schlau.

Im Oströmischen Reich konnten die Menschen Attila nicht ausstehen, weil er hohe Abgaben zum Erhalt des Friedens von ihnen forderte. Das fanden sie ungerecht. Bei seinen Untertanen war er dagegen wohl ziemlich beliebt, und viele Stämme schlossen sich seinem Heer an. 451 versuchte Attila, auch das Weströmische Reich in die Knie zu zwingen, doch eine Armee aus Römern, Franken und Westgoten stellte sich ihm entgegen. Am Ende trat Attila den Rückzug an. Wahrscheinlich war in seinem Lager die Pest ausgebrochen, wodurch seine Soldaten in Scharen ums Leben kamen und er nicht mehr angreifen konnte.

Im Jahr 453 heiratete Attila eine junge Frau. Er starb in der Hochzeitsnacht. Der Legende nach hatte er so viel getrunken, dass er Nasenbluten bekam, das nicht mehr zu stoppen war. Er soll an seinem eigenen Blut erstickt sein. Ob die Geschichte so stimmt, wissen wir nicht. Es kann auch sein, dass Attila ermordet wurde.

Das Hunnenreich brach auseinander. Die Stämme, die sich Attila angeschlossen hatten, kehrten nach Asien zurück oder wurden in Europa sesshaft. Sechzehn Jahre nach Attilas Tod war von seinem Reich nichts mehr übrig.

Attila tief zu Ross

150 DIE ZEICHNUNGEN DER NAZCA-KULTUR SIND NUR AUS DER LUFT ZU SEHEN

Hier hast du einen langen Stock und eine Fläche, die größer ist als zwei Fußballfelder. Und jetzt machst du bitte eine schöne Zeichnung, die die gesamte Fläche ausfüllt. Schwierig? Sehr schwierig!

Dabei haben Angehörige der Nazca-Kultur aus Peru zwischen 500 vor und 500 nach Christus genau das getan: Sie ritzten gigantische Formen und Bilder in den Wüstenboden. Die meisten davon sind Linien und geometrische Figuren, aber dazwischen finden sich auch Bäume, Blumen und Tiere. Weil es in der Wüste fast nie regnet und so gut wie kein Wind weht, konnten die Zeichnungen über zweitausend Jahre lang erhalten bleiben. Aber erst wenn man mit einem Flugzeug darüberfliegt,

kann man die Zeichnungen überhaupt erkennen: Kolibris, Kondore, Pelikane, Möwen, Papageien, Lamas, ein Affe, eine Spinne, eine Eidechse, eine Schnecke, ein Leguan, ein Hund und sogar ein Wal! Niemand weiß genau, wozu die Nazca-Linien, sogenannte *Geoglyphen*, genau dienten und wie sie gemacht wurden. Vermutlich hatten sie etwas mit der Religion der Nazca-Kultur zu tun. Vielleicht gehörten sie zu einem Ritual, mit dem die Menschen um Wasser baten. Manche behaupten auch, dass die Linien als Landebahnen für Raumschiffe dienten. Auch wenn das sehr unwahrscheinlich ist, geben uns die Linien bis heute Rätsel auf.

DAS STEINCHEN DA NOCH EIN STÜCK NACH LINKS

die Geoglyphen von Nazca aus der Vogelperspektive

- 4 -

DAS MITTELALTER

Von ± 500 bis ± 1500

DAS MITTELALTER IN EUROPA

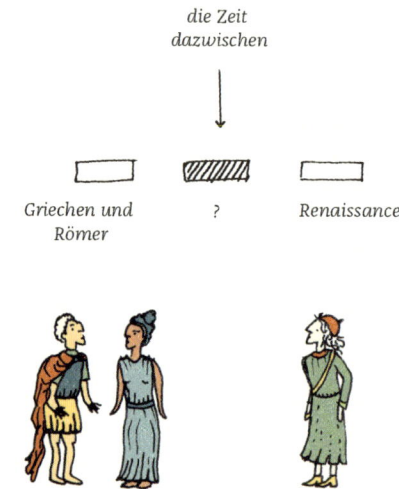

die Zeit
dazwischen

Griechen und
Römer

?

Renaissance

151 WARUM WIRD DAS MITTELALTER AUCH »DAS DUNKLE ZEITALTER« GENANNT?

Der Begriff »Mittelalter« stammt aus dem Lateinischen. *Medium aevum* bedeutet wörtlich »mittleres Zeitalter«. Damit ist die Zeit zwischen der griechischen und römischen Antike und der Renaissance gemeint. Das Mittelalter dauerte ungefähr tausend Jahre.

Als Beginn des Mittelalters wird oft das Jahr 476 n. Chr. angegeben: das Ende des Weströmischen Reichs. Das Reich wurde vollständig von germanischen Stämmen eingenommen. Das Oströmische Reich, auch das Byzantinische Reich oder auch kurz Byzanz genannt, blieb noch länger bestehen. Seine Hauptstadt war Konstantinopel, eine der größten und schönsten Städte der mittelalterlichen Welt.

In Europa bildeten sich im Mittelalter langsam, aber sicher große Reiche heraus. Der Handel blühte und die Bevölkerung wuchs stetig. Die katholische

Kirche wurde sehr reich und gewann immer mehr Macht. Das zeigen auch die vielen Kathedralen, die im Mittelalter gebaut wurden. In Klöstern wurde viel studiert und nachgedacht.

Aber warum nennen manche das Mittelalter das »dunkle Zeitalter«? Der Begriff stammt aus der Zeit nach dem Mittelalter – der Renaissance. Damals nahmen sich die Menschen in Europa die Kultur der Antike zum Vorbild. Die Zeit zwischen der Antike und der Renaissance war für sie einfach ein großes Fragezeichen. Gerade über die erste Hälfte des Mittelalters war nur wenig bekannt – sie lag also im Dunkeln. In den nächsten Abschnitten erfährst du, dass das Mittelalter ganz und gar nicht dunkel war, sondern eine Zeit voller spannender Ereignisse und interessanter Entdeckungen.

152 ARBEITE FÜR MICH, DANN BEKOMMST DU EIN STÜCK LAND

○ Im Mittelalter gehörten alle Ländereien dem König. Der konnte sich aber natürlich nicht selbst um seinen ganzen Besitz kümmern und verlieh darum sein Land stückweise an Adlige. Die wurden seine Lehnsleute. Natürlich verlangte der König auch eine Gegenleistung. Die Lehnsleute mussten sich verpflichten, im Krieg für ihn zu kämpfen und Soldaten für seine Armee zu liefern.

○ Die adligen Lehnsleute wurden Diener des Königs, sogenannte Vasallen. Wenn der König jemanden zum Vasallen nahm, gab es ein großes Fest. Der Adlige musste dann vor dem König knien und sagen: »Herr, ich werde Euer Mann.«

○ Die wichtigsten Adligen bekamen als Kronvasallen vom König direkt große Ländereien zugeteilt und mussten das Land unter ihren Rittern und Untergebenen weiter aufteilen. Diese wurden dann wiederum ihre Vasallen. Und so ging es weiter. Von oben nach unten wurde Land verteilt und verliehen. Das war das sogenannte Feudalsystem.

○ Ab etwa 1100 konnten sich die Lehnsleute mit einer Art Steuer, dem sogenannten Schildgeld, vom Kriegsdienst freikaufen. Von den Einnahmen bezahlte der König eine Berufsarmee. Lehnsherren und ihre Vasallen hatten ein gutes Leben. Manche bekamen so viel Macht, dass sie selbst zum Herrscher über ihren Staat wurden. Manchmal verfügten sie sogar über eine eigene Armee.

König

Landadliger

einfacher Ritter

Diener

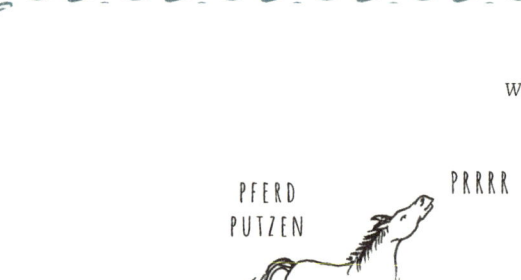

PFERD PUTZEN

PRRRR

6/7 Jahre: Page

PAUKEN

14 Jahre: Knappe

PATSCH!

20 Jahre: Ritterschlag

153 AB SECHS KONNTE MAN AUF DIE RITTERSCHULE

Ritter wurde man nicht von heute auf morgen. Nur wer aus einer adligen Familie stammte, durfte die Ausbildung absolvieren. Im Alter von sechs oder sieben Jahren trat ein Junge als Page (Edelknabe) in den Dienst eines Ritters. Bis zum dreizehnten Lebensjahr besuchte er die Schule und wurde zusätzlich im Reiten und in Kampftechniken ausgebildet. Wenn alles gut ging, wurde er mit vierzehn zum Knappen befördert. Als Knappe musste er auf das Pferd, die Waffen, die Rüstung und alle Habseligkeiten des Ritters gut aufpassen und dem Ritter in seine Rüstung helfen. Manchmal musste er auch mit in den Kampf ziehen und auf dem Schlachtfeld seinen Mut und sein Können unter Beweis stellen.

Ab dem einundzwanzigsten Lebensjahr konnte ein Knappe zum Ritter geschlagen werden. Das passierte in einer großen Zeremonie, in der er der Armee die Treue schwören musste. Rüstung, Pferd und Waffen musste er sich selbst kaufen. Eine vollständige Ausrüstung kostete zehnmal so viel, wie ein Bogenschütze in einem ganzen Jahr verdiente. Ritter kamen also meistens aus den höheren Klassen. Wer es nicht selbst zahlen konnte, musste versuchen, möglichst viele Turniere zu gewinnen, um an Geld zu kommen.

154 ALS RITTER FIEL MAN BESSER NICHT VOM PFERD

Im Mittelalter wurde viel gekämpft. Immer herrschte irgendwo Krieg, also wurden auch immer Soldaten gebraucht. Am Boden kämpften oft ungeübte Bauern, die zum Kriegsdienst gezwungen wurden. Die Ritter dagegen kämpften hoch zu Ross. Sie waren gut ausgebildete und erfahrene Krieger, die eine schützende Rüstung trugen.

Die Rüstung bestand aus einem Helm, einem Nackenschutz, einem Brustpanzer, einem Kettenhemd, Beinschienen und gepanzerten Schuhen. Sie konnte bis zu dreißig Kilo wiegen. Eine Rüstung schützte zwar vor Pfeilen und Speeren, aber sie hatte auch einen großen Nachteil: Wenn ein Ritter von seinem Pferd stürzte, kam er oft nicht wieder hoch. Es war einfach zu anstrengend, vor allem, wenn der Boden auch noch sumpfig war …

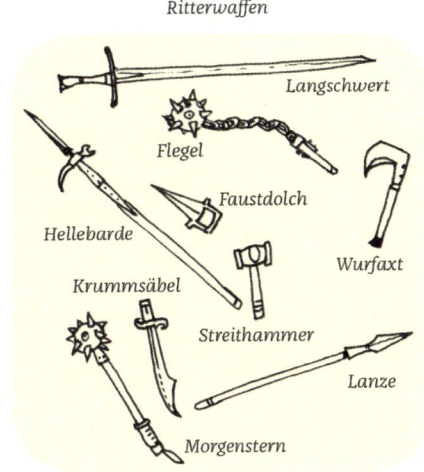

Ritterwaffen

Langschwert
Flegel
Faustdolch
Hellebarde
Wurfaxt
Krummsäbel
Streithammer
Lanze
Morgenstern

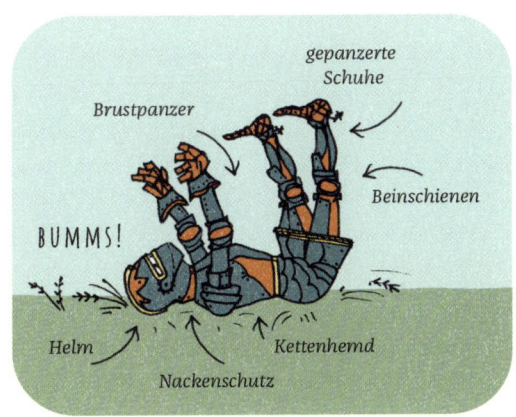

Brustpanzer
gepanzerte Schuhe
Beinschienen
BUMMS!
Helm
Nackenschutz
Kettenhemd

gestürzter Ritter

davor → danach →

70 m

der Teppich von Bayeux:
Schlacht bei Hastings

155 DER COMIC AUF DEM TEPPICH

1066 zog Wilhelm der Eroberer mit seiner Armee aus Normannen, Bretonen, Flamen und Franken gegen England in die Schlacht. In der Schlacht bei Hastings in England besiegte er König Harold II. und wurde so der erste normannische König von England. Die ganze Geschichte der Schlacht wurde auf einem Wandteppich festgehalten. Der Teppich von Bayeux ist ein siebzig Meter langes und einen halben Meter hohes Leinentuch, auf dem in Wolle und Golddraht eine Bildergeschichte eingestickt ist. Zwischen den Bildern stehen kurze Texte auf Latein – wie Sprechblasen im Comic. Die Erzählung beginnt mit der Vorgeschichte der Schlacht. Danach »lesen« wir vom Aufbruch der Schiffe in der Normandie und der Ankunft in England. Auch die Schlacht selbst ist in prächtigen Farben dargestellt. Ganz am Ende fehlt ein Stück Stoff, auf dem Wilhelm der Eroberer zum König von England gekrönt wird.

Die Geschichtsforschung kann aus dem Teppich von Bayeux viel lernen. Er zeigt nicht nur den Ablauf der Schlacht sowie die Rüstungen und Waffen der Ritter, sondern auch viele interessante Einzelheiten über die Lebensweise der Menschen der damaligen Zeit. Außer Rittern sind auch Holzfäller, Schiffbauer, Liedersänger, Köche und viele andere Berufe abgebildet. Manche Leute glauben, dass in dem Wandteppich sogar geheime Botschaften versteckt sind. An einer Stelle zeigen Menschen auf einen Kometen am Himmel. Das war wahrscheinlich der Komet Halley, der 1066 von der Erde aus mit bloßem Auge gut zu sehen war.

Wenn du dir den Teppich einmal genauer ansehen möchtest, musst du entweder ins französische Bayeux fahren oder einfach ins Internet gehen: Dort findest du mit dem Suchbegriff »The Animated Bayeux Tapistry« ein Video mit einer animierten Version des Teppichs.

156 SOGAR DER KÖRPER EINES BAUERN GEHÖRTE SEINEM GRUNDHERRN

- Über neunzig Prozent der Menschen im Mittelalter waren Bauersleute. Das Land, das sie bewirtschafteten, gehörte ihrem Grundherrn. Diese Menschen besaßen buchstäblich nichts. Ihr Land, ihr Vieh, ihre Kleider, ihr Essen und sogar ihre Körper waren Eigentum des Grundherrn. Darum wurden sie Leibeigene genannt.

- Bauernfamilien hatten ein schweres Leben. Mann, Frau und Kinder beackerten gemeinsam das Land ihres Herrn. Alles, was darauf wuchs, gehörte ihm. Im Austausch für die harte Arbeit gewährte der Herr ihnen Schutz und ein kleines Fleckchen Land. Darauf konnten sie Gemüse anbauen, damit die Familie etwas zu essen hatte. Vielleicht gab es noch ein paar Hühner, ein Schwein oder eine Ziege dazu. Wer Schafe hatte, konnte sie im Frühjahr scheren und mit der Wolle ein bisschen Geld verdienen.

- Wer Getreide mahlen oder Weintrauben pressen wollte, musste zum Herrn gehen, weil nur der eine Getreidemühle und eine Weinpresse besaß. Dafür musste man einen Teil des Mehls oder Weins an ihn abgeben. Sogar Brotbacken ging nur im Ofen des Grundherrn.

- Bäuerinnen und Bauern waren auch verpflichtet, ein Zehntel ihrer Einnahmen an die Kirche abzutreten: ein Zehntel der Ernte, ein Zehntel der Eier, des Getreides und des Feuerholzes – alles wurde in den sogenannten Zehntscheunen aufbewahrt. Ein großer Teil wurde zur Versorgung der Armen verwendet, aber die Zehntsteuer machte auch die Kirche sehr reich.

- Konnten Leibeigene jemals frei werden? Ja, durch Heirat mit einer freien Person. Oder man kaufte sich frei. Aber dafür musste man viel Geld sparen – was die meisten nicht konnten.

*Leibeigener,
ein Zehntel für die Kirche*

KIKERIKI

mittelalterlicher Jungbauer sucht Frau

157 ALLES IN EINEM TOPF

Potage war das beliebteste Essen im Mittelalter. Das Wort stammt aus dem Französischen und bedeutet »Suppe«. Im Mittelalter war die Potage ein dicker, nahrhafter Eintopf. Hier ist das Rezept:

⊙ Wenn du ein Stück Fleisch hast, koche es in einem Topf mit Wasser über einem Feuer, bis es ganz durch ist. Nimm es raus und leg es zur Seite.

⊙ Jetzt gibst du ganz viel Gemüse ins Wasser: Zwiebeln, Rüben, Kohl, Erbsen, Bohnen … was immer der Gemüsegarten hergibt. Etwas Getreide kann auch nicht schaden. Lass es kochen, bis alles gar ist. Dann schneidest du das Fleisch klein und gibst die Stücke in den Eintopf. Wenn du noch ein bisschen Brot, Eidotter oder Mandelmus hast, gib es dazu und mische alles zu einem dicken Brei.

⊙ Bei einfachen Leuten gab es zum Eintopf noch eine Scheibe deftiges, dunkles Brot aus Weizen-, Roggen- oder Hafermehl.

EIN TOPF EINTOPF

SPUCK

Potage mit persönlicher Note

⊙ Gegessen wurde mit einem Löffel. Den fertigte der Bauer selbst aus einem Rinderhorn. Das war besser als Holz. Wenn man den Hornlöffel richtig gut ableckte, sparte man sich auch den Abwasch.

158 ZU BESUCH BEI HERRSCHAFTEN

Es kam durchaus vor, dass der Grundherr seinen »niederen« Gästen auch Eintopf servierte, aber meist kam bei ihm Besseres auf den Tisch. Wer beim Grundherrn zu Besuch war, den erwarteten drei Fisch- oder Fleischgerichte. Darauf folgten noch verschiedene herzhafte und süße Leckereien.

Die Gäste am Haupttisch bekamen die leckersten Mahlzeiten. Das waren der Herr selbst, wichtige Kirchenvertreter und hohe Adlige. Ihr Tisch befand sich auf einem Podest, während die weniger wichtigen Gäste unten im Hauptraum an einfacheren Tischen Platz nahmen.

Jeder Gast brachte sein eigenes Messer mit, das er an einem Riemen oder einer Schnur um den Hals

trug. Löffel stellte der Herr zur Verfügung, aber eigentlich aß man so gut wie alles mit den Händen oder mit einem Stück Brot. Wer bei seinem Herrn zum Essen geladen war, musste auf gute Tischmanieren achten.

Zwischen den Gästen wuselten Diener herum, die das Essen brachten. Der Herr bekam sein Essen zuerst. Manche Herren aßen aber erst, nachdem ein Vorkoster die Speise probiert hatte. So konnte er sicher sein, dass niemand versuchte, ihn zu vergiften. An der Haupttafel bekam jeder seinen eigenen Teller. Die niederen Tafeln mussten mit großen Schüsseln vorliebnehmen, aus denen sich mehrere Personen bedienten.

Solltest du je an einem mittelalterlichen Festmahl teilnehmen, musst
du auf jeden Fall Hunger mitbrin-
gen! Der Erzbischof von York gab
1465 einmal ein Bankett mit über
sechzig Gängen. Es dauerte eine
ganze Woche. Mach am besten
schon mal den obersten Knopf
an deiner Hose auf.

159 LEINEN ODER RINDERHORN STATT TEUREM GLAS

Im Mittelalter wohnten wohlhabende Leute in
Häusern aus Stein mit Gärten rundherum. Meist
gab es auch einen Pferdestall. Haus und Garten
waren von einer hohen Mauer umringt.

Im Winter wurde das Haus mit einem offenen
Kamin beheizt. In der Küche gab es ein Feuer zum
Kochen. In den schönsten Zimmern hingen
Webteppiche an den Wänden. Der Boden war mit
hübschen Kacheln ausgelegt. Es gab zwar Fenster,
aber Glasscheiben waren noch selten. Glas war
nämlich noch sehr teuer und kam fast nur in
Kirchen und Palästen zum Einsatz. Für die vorneh-
men Herrenhäuser verwendete man einen
Glasersatz: Vor die Fenster hängte man Leinentü-
cher, die in Harz oder geschmolzenes Tierfett
getaucht worden waren. Sie ließen genug Licht
durch, hielten aber die schlimmste Kälte draußen.
Bei schönem Wetter wurden sie abgehängt.

In den letzten zwei- bis dreihundert Jahren des
Mittelalters wurde außerdem ein Glasersatz aus
Rinderhorn hergestellt. Dazu musste das Horn
erst drei Monate in Wasser eingeweicht werden.
Danach wurde es ausgehöhlt, gespalten und ganz

glatt geschliffen. So bekam man große, dünne
Blätter, die an einem Holzfensterrahmen befestigt
wurden. Ob die auch kaputtgingen, wenn ein
Fußball dagegen knallte?

Glas aus Rinderhörnern

160 GABELN WAREN TEUFELSZEUG

Im Mittelalter brachten Gäste ihr eigenes Besteck mit, das sie oft in einem Beutel an einem Riemen bei sich trugen.

Das Messer diente dazu, Fleisch in Stücke zu schneiden. Mit der scharfen Spitze konnte man auch die Stücke aufspießen. Mit dem Löffel schöpfte man Suppe oder Soße aus einer Schale. Wer keinen Löffel hatte, tunkte ein Stück Brot hinein. Den flüssigen Rest trank man am Ende meistens auf.

Gabeln aber waren verpönt. Für die Kirche waren sie sogar »Instrumente des Teufels«. Gott hatte den Menschen schließlich zehn Finger zum Essen mitgegeben. Wofür brauchte man dann so ein Instrument? Nur in der Küche selbst wurden zweizackige Gabeln verwendet, um das Fleisch beim Schneiden festzuhalten.

Wer doch eine Gabel benutzte, machte sich verdächtig. So auch die byzantinische Prinzessin Theodora Anna Doukaina. Sie war mit dem venezianischen Staatsoberhaupt verheiratet und beim Volk nicht gerade beliebt. Die Menschen fanden sie unhöflich und eingebildet. Außerdem hatte sie seltsame Angewohnheiten – sie benutzte zum Essen kleine goldene Gabeln. So etwas hatten die Leute noch nie gesehen. Dann erkrankte Theodora und starb. Damit stand für die Venezianer fest, dass Gabeln nur Unglück brachten.

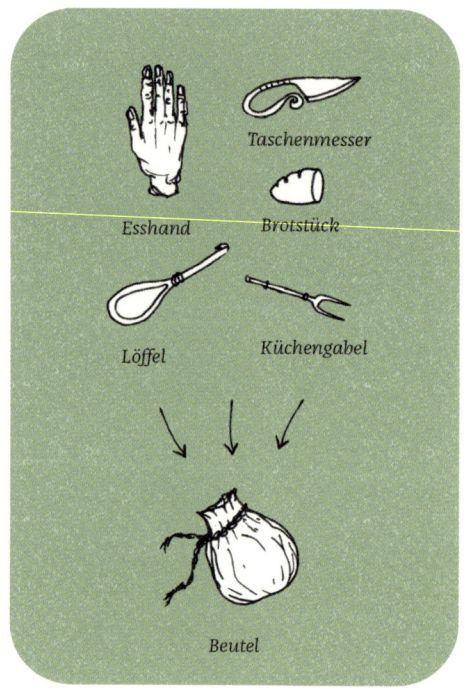

Esshand   Taschenmesser

Brotstück

Löffel   Küchengabel

Beutel

Und doch waren es die Italiener, die später den Gebrauch der Gabel verbreiteten. Vielleicht weißt du auch schon, warum? Genau: für Spaghetti! Zuerst wurden Nudeln mit langen Essstäbchen gegessen, aber die waren eher unpraktisch. Also machte man irgendwann Zinken dran – schon sahen sie aus wie Gabeln.

Theodora Anna Doukaina,
Trendsetterin mit seltsamen Manieren

161 IN MITTELALTERLICHEN BAUERNHÄUSERN ROCH ES NACH HOLZFEUER

Bauernhäuser im Mittelalter waren meist aus Holz gebaut. Oft gab es nur einen Raum, in dem die ganze Familie zusammenlebte. Er diente sowohl zum Essen als auch zum Schlafen. Dazu wurden abends einfach Strohsäcke auf den Boden gelegt. Die Tiere lebten oft mit im Haus.

In den Hauswänden befanden sich kleine Luken, die Luft und Licht hineinließen und nachts mit Holzläden geschlossen wurden. Gekocht wurde auf einem offenen Feuer, und so roch die ganze Familie nach Holzrauch.

162 WAS! FÜR! EIN! GESTANK!

In Info 125 hast du gelesen, dass die alten Römer Urin benutzten, um Tierhäute zu Leder zu gerben. Das wurde auch im Mittelalter noch so gemacht. Natürlich hatten die Gerber in der Zwischenzeit einiges dazugelernt. Zum Beispiel, wie sie Tierhäute bearbeiten mussten, damit sie besonders weich und geschmeidig wurden. Dazu wurden die Häute erst einmal wochenlang in eine Lauge aus Urin, Kalk und Wasser gelegt. Dabei lösten sich alle Härchen und Reste von Fleisch und Fett. Das alles wurde am Ende mit einem Spezialmesser abgeschabt. Und jetzt halt am besten die Luft an: Um die Häute weich zu machen, tauchte der Gerber sie in einen Aufguss aus Hundekot. Im nächsten Schritt wurden sie für ein Jahr mit einer Schicht fein gemahlener Baumrinde in einer Grube gelagert, damit sie schön fest und haltbar wurden. Zum Strecken wurde das Leder anschließend auf einen Rahmen gespannt. Alle Unebenheiten wurden weggeschnitten. Zum Schluss rieb der Gerber es mit einem Brei aus Tierhirnen und Wasser ein, um es glatt und geschmeidig zu machen.

Leder wurde für alles Mögliche gebraucht – für Schuhe, für Taschen, für Riemen und vieles mehr. So gut wie alle Bücher wurden in Leder eingebunden. Trotzdem wollte niemand gerne eine Gerberei in der Nachbarschaft haben. Der Gestank war einfach zu schlimm. Darum wohnten viele Gerber außerhalb der Stadt, wo sich niemand an dem Geruch störte. Oft heirateten die Töchter und Söhne verschiedener Gerberfamilien untereinander. Das blieb noch bis 1858 so, als ein Wissenschaftler einen neuen chemischen Prozess zum Gerben entwickelte, der den Einsatz von Urin und Kot überflüssig machte.

was tut man nicht alles für geschmeidiges Leder

163 CHRISTINE DE PIZAN, EINE MITTELALTERLICHE FEMINISTIN

ICH BESTIMME SELBST, WAS ICH LESE
(UND WAS ICH MIR AUF DEN KOPF SETZE)

Christine de Pizan, starke Madame

Im Mittelalter waren Frauen den Männern unterstellt. Sie hatten ihrem Vater oder Ehemann zu gehorchen und brav zu Hause zu bleiben. Aber nicht alle Frauen taten das – und manche konnten gar nicht. In Bauernfamilien mussten sie bei der Feldarbeit helfen, um den Lebensunterhalt zu sichern. Auch bei den Handwerksleuten arbeiteten Ehefrauen und Töchter oft mit. In den Städten arbeiteten Frauen auch als Kauffrauen, Garnspinnerinnen, Weberinnen, Bäckerinnen oder Brauerinnen. Oft verdienten sie dabei weniger als Männer und mussten gleich zwei Berufe ausüben. Frauen, die nicht heirateten, gingen meist ins Kloster. Als Nonnen durften sie Dinge tun, die Frauen außerhalb des Klosters verboten waren.

Verheiratete adlige Frauen hatten so gut wie keine Freiheiten. Sie mussten ihrem Mann gehorchen und hatten kaum Beschäftigung.

Zum Glück gab es schon im Mittelalter wahre Feministinnen, die für die Rechte von Frauen stritten. Christine de Pizan wurde 1364 in Italien geboren. Ihr Vater war Astrologe und Leibarzt des französischen Königs. Er ließ Christine alles lesen und lernen, was sie wollte. Als ihr Vater und ihr Mann kurz nacheinander starben, war Christine erst fünfundzwanzig Jahre alt. Jetzt musste sie sich allein um alles kümmern: ihre drei Kinder, ihre Mutter, ihre Brüder und eine kleine Nichte. Christine wurde eine bekannte Schriftstellerin und wurde für ihre Werke gut bezahlt. Ein paar davon handelten sogar von der Unterdrückung der Frau. Das war sehr mutig in einer Zeit, in der Frauen kaum etwas zu melden hatten.

164 SCHLAUE REICHE MÄNNER GINGEN STUDIEREN

Im Mittelalter entstanden in Europa die ersten Universitäten. Die allererste wurde 1088 in der italienischen Stadt Bologna gegründet. Dort wurde auch erstmals das Wort »Universitas« gebraucht. Damit war die Gesamtheit der Studenten und Professoren gemeint.

Am Anfang war es noch keine Universität, wie wir sie heute kennen. Dort wurde zwar unterrichtet und geforscht, aber das Ganze war noch nicht besonders organisiert. In Bologna wurde vor allem römisches Recht erforscht und gelehrt.

Bald wurden auch in anderen Städten eigene Universitäten gegründet. Die ältesten von ihnen sind die von Paris, Oxford und Modena. Aber dort durfte lange nicht jeder studieren. Die Unis standen nur Männern offen, die sich das Studium auch leisten konnten.

SOSO! ? AHA!

chaotische Zustände an den frühen Unis

165 IM MITTELALTER LIESS MAN KRUMME DINGER BESSER BLEIBEN

Wenn Leibeigene im Mittelalter etwas ausgefressen hatten, musste der Grundherr eine Strafe festsetzen. Manche Herren dachten sich besonders grausame Strafen aus. Mit ein bisschen Glück kam man noch mit Peitschenhieben davon. Es konnte aber auch passieren, dass man an einem Holzstück – dem Block – festgeschnallt wurde, an dem man tagelang stehen bleiben musste. Für schwere Vergehen wurde man an einem Pferd festgebunden und durch die Gegend geschleift. Diese Strafe konnte leicht tödlich enden.

Manchmal wurde bei der Befragung ein Gottesurteil (auch Ordal) durchgeführt. Dabei handelte es sich um eine Probe, um zu bestimmen, ob die angeklagte Person schuldig oder unschuldig war. Oft wurde bei diesen Proben viel Gewalt angewendet, und die Befragung war schlimmer als die eigentliche Strafe. Wurde eine Feuerprobe verhängt, mussten Beschuldigte über glühende Kohlen laufen oder ein heißes Eisen in den Händen halten. Wenn die Wunden danach nicht gut heilten, galt man als schuldig. Statt Feuer konnte auch kochend heißes Wasser zum Einsatz kommen. Etwas weniger grausam war die Kreuzprobe, bei der die beiden streitenden Parteien so lange wie möglich mit seitlich ausgestreckten Armen stehen bleiben mussten. Wer die Arme als Erster sinken ließ, war schuldig. Der Gewinner aber stand auf Gottes Seite und galt als unschuldig.

Mit der Wasserprobe sollte bestimmt werden, ob jemand (meistens eine Frau) eine Hexe war – Hexen trieben angeblich oben, unschuldige Menschen gingen unter. Wenn die Person dabei ertrank, bekam sie eine katholische Bestattung, damit sie ganz sicher in den Himmel kam.

Viele Menschen wurden auf eine Strafwallfahrt geschickt, bei der sie Reue für ihre Sünden zeigen sollten. Auf besonders große Sünden stand die Todesstrafe: Die Verurteilten landeten auf dem Scheiterhaufen oder wurden gehängt.

Folter im Mittelalter

HAR HAR
Peitschenhiebe

NICHT LUSTIG!
der Block

HEISSSS
Feuerprobe

GRRRR
Kreuzprobe

AUTSCH
Gottesurteil

166 FÜR DIE EINFACHEN LEUTE WAR EINE KIRCHE WIE EIN COMIC

Im Mittelalter wurden viele Kirchen und Kathedralen gebaut. Anfangs waren das eher einfache Gebäude mit dicken Mauern. Die Kirchen wurden schnell zu klein, weil immer mehr Menschen kamen. Um 1140 entwickelten Architekten eine Bauweise, mit der sie viel höher und schöner bauen konnten. Überall in Europa entstanden jetzt prächtige, hohe Kathedralen, die wir heute noch bewundern können. Sie hatten hohe, spitze Türme, damit sie dem Himmel möglichst nah kamen. Durch die neue Bauweise wurden auch die Fenster viel größer, sodass mehr Licht hineinfiel.

Das Innere der Kathedrale wurde kunstvoll gestaltet. In den großen Fenstern wurde buntes Glas in Blei eingefasst. Darauf waren Geschichten aus der Bibel abgebildet. An den Wänden hingen prachtvolle Gemälde, und überall standen

FAST DA!

hoher Turm

Bleiglasfenstercomic

GUTE STORY!

Denken Sie sich Ihren Teil.

Heiligenstatuen. Altar und Beichtstuhl waren aus Holz und reich mit Schnitzereien verziert. Einfachen Leuten, die die Kirche betraten, kam es wahrscheinlich vor, als würden sie mitten in einen Comic hineinspazieren. Die gewöhnlichen Menschen konnten ja damals nicht lesen oder schreiben, also wurde alles in prachtvollen Bildern dargestellt. Die sollten das einfache Volk in Ehrfurcht versetzen.

ICH GEB ALLES AB

HÄNDE WEG

ICH TU, WAS GOTT SAGT!

TANZEN!

ICH... PSSST!

167 IM KLOSTER HERRSCHTE SPRECHVERBOT

Die ersten Klöster wurden von den Benediktinern gegründet. In mittelalterlichen Klöstern galten drei strenge Regeln, die später auch für andere Klöster übernommen wurden und zum Teil bis heute gelten. Die erste war das Armutsgelübde. Das bedeutete, dass Mönche und Nonnen im Kloster nichts besitzen durften und ihren ganzen Besitz an das Kloster abgeben mussten. Klar, dass reiche Jungen und Mädchen besonders willkommen waren, denn sie brachten viele Besitztümer mit. Dadurch wurden die Klöster sehr wohlhabend. Die zweite Regel war das Keuschheitsgelübde. Das bedeutete, dass man keinen Sex haben und nicht heiraten durfte. An dritter Stelle kam das Gehorsamsgelübde: Man musste Gott – und natürlich den Kloster-Oberen – gehorchen.

Eigentlich war ein Kloster wie ein kleines Dorf. Die Gemeinschaft versorgte sich selbst. Die Nonnen oder Mönche züchteten ihr eigenes Obst und Gemüse, hatten Vieh auf ihren Weiden und stellten ihre Kleidung selbst her. Alle Arbeiten wurden selbst erledigt.

Gespräche untereinander waren nicht einfach so erlaubt. Während der »stillen Stunden« war es sogar streng verboten. Auch während der Arbeit durfte man nur das Allernötigste sagen. Nur in der Freizeit war es gestattet, sich mit den anderen frei zu unterhalten.

Ganze acht Mal am Tag ging man in die Kirche, um zu beten. Der allererste Gottesdienst war um zwei Uhr morgens. Das war die Mette. Bei manchen Ordensgemeinschaften durfte man beim Gottesdienst sitzen, bei anderen musste man stehen bleiben. Dabei mussten bis zu zwölf Psalmen auswendig aufgesagt oder gesungen werden. Das war bestimmt ganz schön ermüdend, vor allem mitten in der Nacht ...

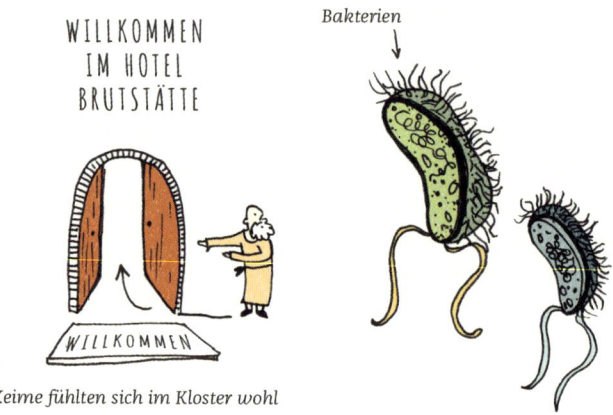

WILLKOMMEN
IM HOTEL
BRUTSTÄTTE

WILLKOMMEN

Bakterien

Keime fühlten sich im Kloster wohl

168 DAS KLOSTER WAR AUCH ... EIN KRANKENHAUS

Die meisten Klöster ließen kranke und arme Menschen herein. Gastfreundschaft war nämlich laut der Bibel und den Klosterregeln eine wichtige Tugend. Im Kloster gab es einen großen Saal, wo die Armen und Kranken aufgenommen wurden. Dort bekamen sie ein sauberes Bett und etwas zu essen. Die Nonnen oder Mönche kümmerten sich um sie.

Unter dieser Krankenversorgung darf man sich aber nicht zu viel vorstellen. Richtige Ärztinnen oder Ärzte gab es im Kloster normalerweise nicht. Manchmal gab es einen Barbier, der die Kranken pflegte, aber der hatte auch nicht so viel Ahnung. Im Mittelalter wurden viele Krankheiten mit Kräutern behandelt: Lungenkraut für die Atemwege, Mutterkraut bei Kopfschmerzen oder einer schweren Geburt, Majoran bei Blutergüssen, Zitronenmelisse gegen Fieber. Diese Kräuter mussten an ganz bestimmten Tagen im Jahr gepflückt werden. Einige der Kräuter halfen wahrscheinlich wirklich, aber oft steckte bloß Aberglaube dahinter.

Die Barbiere führten auch Operationen durch. Meistens beschränkten die sich auf den *Aderlass*. Dabei wurde ein Schnitt in den Arm des oder der

Kranken gesetzt, sodass Blut floss. Angeblich strömte dabei nicht nur das Blut, sondern mit ihm alle schlechten Stoffe aus dem Körper.

Wen wundert's da, dass die Menschen im Mittelalter nicht so alt wurden: im Durchschnitt nur etwa dreißig Jahre. Manchmal brachen auch schwere ansteckende Krankheiten aus, wie die Pest. Dann starben Millionen Menschen auf einmal.

Bonus-Info
Wer Zahnweh hatte, ging auf den Markt. Dort saßen professionelle Zahnzieher, die den schmerzenden Zahn mit einer Zange rauszogen. Natürlich ohne Betäubung! Aua ...

169 DAS KLOSTER WAR AUCH ... EINE BIBLIOTHEK

Du findest es wahrscheinlich normal, dass du dieses Buch in den Händen hältst. Aber im Mittelalter waren Bücher noch lange etwas Seltenes und Kostbares. Jedes Buch musste von Mönchen komplett mit der Hand abgeschrieben werden. Bei einem Buch wie der Bibel dauerte es bis zu einem Jahr, um es komplett zu übertragen. Die Schreibstube im Kloster, in der Mönche die Bücher abschrieben, nennt man Skriptorium.

Das Schreiben dauerte auch deshalb so lang, weil die Bücher so prachtvoll ausgeschmückt wurden. Manche Buchstaben wurden sogar mit Gold verziert. Erst wurde der Buchstabe auf dem Papier oder Pergament vorgezeichnet, dann mit einer Art Leim bestrichen. Darauf kam eine hauchdünne Folie Blattgold, die über Nacht trocknen musste. Am nächsten Tag wurden die Reste mit einem Pinsel vorsichtig weggebürstet und der Buchstabe danach poliert. Rund um den Buchstaben wurden Blumenranken und andere Motive gezeichnet. Klar, dass das viel Zeit in Anspruch nahm!

Vom ständigen Starren auf die Buchstaben wurden die Augen der Mönche schlechter. Da kam ihnen eine neue Erfindung sehr gelegen: die Brille. Seit dem 13. Jahrhundert tragen Menschen Brillen.

Die meisten Bücher wurden in Klöstern aufbewahrt. Dadurch wurden die Klöster auch zu großen Bibliotheken, wo Nonnen und Mönche studieren konnten.

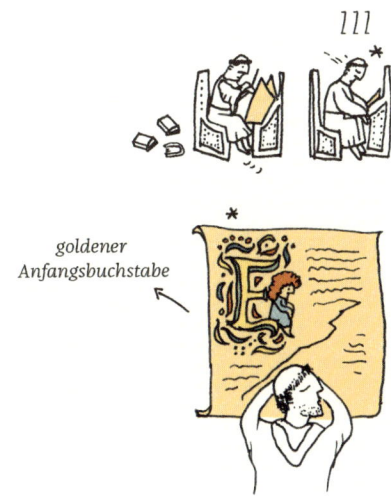

goldener Anfangsbuchstabe

Fleißarbeit im Skriptorium

hier
vielleicht
Strauchdiebe

Pilgerreise Richtung Klosterhotel

170 DAS KLOSTER WAR AUCH ... EIN HOTEL

Viele Menschen im Mittelalter träumten davon, einmal im Leben eine heilige Stätte zu besuchen. Das hieß dann Pilgerreise oder Wallfahrt. Die Pilgerinnen und Pilger suchten das Heiligtum auf, um ihren Glauben zu stärken, ihre Krankheiten zu heilen oder um Vergebung für ihre Sünden zu bitten. Manchmal war die Wallfahrt auch eine Strafe, die von der Obrigkeit verhängt wurde. Beliebte Pilgerorte waren Jerusalem, Rom, Santiago de Compostela ebenso wie Kathedralen, in denen wichtige Heilige bestattet waren.

Sowohl arme als auch reiche Menschen gingen auf Pilgerreise. Manchmal ging es dabei ziemlich fröhlich zu. Die Reisenden sangen zusammen Lieder oder erzählten sich Geschichten und wanderten jeden Tag zwischen fünfundzwanzig und dreißig Kilometer. Abends mussten sie sich einen Schlafplatz suchen. Im Sommer konnten sie natürlich draußen schlafen, aber das war oft nicht ungefährlich. Es waren nämlich viele Räuberbanden unterwegs, die es auf die Habseligkeiten der

Pilger abgesehen hatten. Am sichersten war es in einem Kloster. Die Wallfahrer wussten, dass sie dort Essen und einen Schlafplatz kriegen würden. Und die Klöster waren verpflichtet, Pilgerreisende aufzunehmen, denn die waren ja *Reisende in Gottes Namen*.

Brachten die Pilger von ihren Reisen auch Andenken mit? Na klar! An fast allen Pilgerstätten wurden Pilgerzeichen verkauft, mit denen man zeigen konnte, dass man auch wirklich da gewesen war. Das Pilgerzeichen steckte man sich an den Hut. Es sollte auch eine kraftspendende Wirkung haben. Außerdem wurden Pilger mit diesem Zeichen von Räubern in Ruhe gelassen, sodass sie sicher nach Hause reisen konnten. Und vielleicht wollten sie auch einfach allen zeigen, dass sie die lange Reise mitgemacht hatten. Ein bisschen wie junge Leute heute mit ihren Festivalbändchen, oder?

171 DRACULA HAT ES WIRKLICH GEGEBEN ...

... nur dass er wehrlosen Frauen Blut aus dem Hals saugte, ist eine Erfindung. Aber was er in Wirklichkeit tat, war auch alles andere als nett.

⊙ Vlad II. Dracul war Herrscher über das Fürstentum Walachei (heute ein Teil von Rumänien). Er war Mitglied des Drachenordens – daher auch der Beiname Dracul (»der Drache«). Der Drachenorden hatte nur ein Ziel: die Osmanen zu besiegen. Eines Tages wurden Vlad II. und seine beiden Söhne Vlad und Radu von den Osmanen gefangen genommen. Der Vater wurde wieder freigelassen, aber die Söhne mussten als Geiseln bleiben. So konnten die Osmanen sicher sein, dass Vlad II. sich ruhig verhielt.

⊙ Die Söhne hatten es bei den Osmanen nicht nur schlecht. Sie durften in die Schule gehen, wo sie auch kämpfen lernten. Als ihr Vater offiziell den Osmanen die Ehre erwies, wurden die beiden freigelassen. Vlad der Jüngere kehrte in die Walachei zurück. Er forderte den Thron zurück und wurde als Vlad III. ein grausamer Herrscher, der viele schreckliche Taten beging. Damit wurde er zum Vorbild für die Schreckensfigur Dracula.

⊙ Einmal zum Beispiel lud er ein paar Adlige zu einem großen Fest in seinen Palast. Aber anstatt die Gäste anständig zu behandeln und zu umsorgen, ließ er sie auf Holzstöcke aufspießen. So zeigte er seinen Untertanen, wer das Sagen hatte. Kein Wunder, dass man ihn auch Vlad den Pfähler nannte.

⊙ Als Vlad III. eines Tages von einer Gruppe osmanischer Botschafter besucht wurde, forderte er sie auf, ihre Turbane abzunehmen. Doch die Besucher weigerten sich, und Vlad wurde so wütend, dass er ihnen die Turbane am Kopf festnagelte.

⊙ Man würde denken, dass so ein grausamer Herrscher beim Volk nicht besonders beliebt war. Von wegen! Seine Untertanen brachten Vlad III. viel Respekt entgegen. Sie verehrten ihn als starken Herrscher, der den Handel erblühen und schöne Klöster erbauen ließ.

Graf Vlad III. Dracula lädt zum Pfählfest.

- **Karl der Große** war der Sohn des Franken-
königs Pippins des Kurzen mit Bertrada der
Jüngeren (auch: Bertha mit dem großen Fuß).
Nach dem Tod seines Vaters im Jahr 768 erbte
Karl die Hälfte des Reichs. Als drei Jahre später
auch sein Bruder starb, bekam Karl die zweite
Hälfte noch dazu. Von da an regierte Karl über
den größten Teil von Westeuropa.

- Karl der Große tat vieles, wofür ihm die Kirche
sehr dankbar war. Erstens vertrieb er die
Langobarden (einen germanischen Stamm),
die auf Rom zumarschierten. Zweitens schlug
er einen Aufstand gegen den Papst nieder.
Darum wurde er am 25. Dezember 800 zum
Kaiser des Römischen Reichs gekrönt. Das war
das höchste Amt, das man erreichen konnte.

- Karl war sehr an der Wissenschaft interessiert.
So lud er zahlreiche Gelehrte in seinen Palast
ein und ließ sich von ihnen in verschiedenen
Fachgebieten unterrichten. Von Mönchen ließ
er verbesserte Buchstaben entwickeln, die
leichter zu lesen und zu schreiben waren als
die alten. Sie bildeten die Grundlage für die
lateinische Schrift, wie wir sie heute noch
benutzen.

Pippin der Kurze

Bertha mit dem großen Fuß

KEIN WORT ÜBER MAMAS FUSS!

Karl der Große

Postmortemporträt Karls des Großen

Bonus-Info

Zu Lebzeiten Karls des Großen
wurde kein einziges Porträt von
ihm angefertigt. Alle Bilder, die
wir haben, sind nach seinem Tod
entstanden. Wer weiß, vielleicht
sah der Mann also ganz anders
aus als auf seinen Porträts.

173 ABUL ABBAS, DER ELEFANT VON KARL DEM GROSSEN

Im Jahr 797 entsandte Karl der Große eine Gruppe Botschafter nach Bagdad. Er wünschte sich gute Beziehungen mit der islamischen Welt. Der Kalif von Bagdad gab den Gesandten ein paar besondere Geschenke für den späteren Kaiser mit: eine Wasseruhr, ein Schachspiel, Seidenstoffe und … einen Elefanten. Der hieß Abul Abbas. Auf der Reise nach Europa sorgte das riesige Tier für viel Aufsehen. Im Jahr 802 kam Abul Abbas in Aachen an, wo der Kaiser ihn in einen Stall stellte. Er nahm sogar als Kriegselefant an mehreren Schlachten teil. Leider starb er schon im Jahr 810. Einer Legende nach hatte er sich beim Schwimmen im Rhein eine Lungenentzündung zugezogen.

KLEINE AUFMERKSAMKEIT

Abul Abbas,
Geschenk des Kalifen von Bagdad

174 KÖNIG ARTUS GAB ES (WAHRSCHEINLICH) NICHT

Bestimmt hast du schon mal vom legendären König Artus gehört, der im Mittelalter über England herrschte. Als Kind wird er von dem Zauberer Merlin bei einem Edelmann in Obhut gegeben, wo er auch aufwächst. Später, als Artus älter ist, schafft er es, ein magisches Schwert aus einem riesigen Stein zu ziehen. Den Stein hat Merlin im Kirchhof von London aufgestellt. Auf dem Griff des Schwertes ist zu lesen, nur der rechtmäßige König von England könne das Schwert aus dem Stein ziehen.

So wird Artus König und lässt das Schloss Camelot erbauen. Das Schwert zerbricht bald darauf in einer Schlacht, aber von Nimue, der Herrin vom See, bekommt der König einen Ersatz: das magische Schwert Excalibur, das seinen Träger unverwundbar macht. Zu seiner Hochzeit mit der schönen Guinevere bekommt Artus einen runden Tisch geschenkt, an dem zwölf Ritter Platz haben. Der wichtigste Auftrag der Ritter der Tafelrunde ist die Suche nach dem Heiligen Gral: eine Schale oder ein Becher mit dem Blut von Jesus.

So aufregend die Geschichten auch sind, sie sind alle erfunden. Wir wissen noch nicht einmal, ob es jemals einen König Artus gegeben hat. Fachleute vermuten, dass »König Artus« symbolisch für verschiedene historische Könige und tapfere Kriegshelden stand. Manche Ereignisse aus der Artus-Legende sind wirklich so passiert, andere sind von vorne bis hinten erfunden. Wer glaubt schon an einen Zauberer namens Merlin, der ein Zauberschwert in einen Stein steckt?

PIFF
PAFF
PUFF

Merlin   Artus   Excalibur

der Ablassdeal von Papst Urban II.

175 »ZIEHT AUS UND EROBERT DAS HEILIGE LAND!«

Im Jahr 1095 hielt Papst Urban II. eine flammende Rede, in der er alle Christen aufrief, zu den Waffen zu greifen. Sie sollten ins Heilige Land reisen und dort Jerusalem und andere Städte von der Herrschaft der Muslime befreien.

Der byzantinische König hatte den Papst um Hilfe gebeten: Sein Reich wurde von osmanischen Muslimen bedroht. Papst Urban II. versprach allen, die sich an diesen Kreuzzügen beteiligten, einen vollen *Ablass*. Das war ein Brief, der bescheinigte, dass dem Empfänger oder der Empfängerin alle Sünden vergeben waren und ihm oder ihr nach dem Tod ein Platz im Himmel sicher war.

Zahlreiche Ritter und Adlige sattelten ihre Pferde und machten sich auf ins Heilige Land. Es gab auch einen riesigen Volkskreuzzug, an dem über 35 000 Männer, Frauen und Kinder teilnahmen. Die viertausend Kilometer lange Wanderung dauerte vier Jahre. Unterwegs starben viele Menschen an Krankheiten oder wurden von Räuberbanden umgebracht. Da kehrten manche lieber wieder um oder ließen sich irgendwo unterwegs nieder.

Am Ende erreichten nur zehntausend von ihnen das Heilige Land.

Die Kreuzfahrer richteten unter den Juden und Muslimen in Jerusalem ein schreckliches Blutbad an. Am 15. Juli 1099 gelang ihnen die Eroberung der Stadt. Aber einige Zeit später eroberten die Muslime die Stadt zurück. So ging es immer weiter: Zwischen 1095 und 1272 fanden über acht Kreuzzüge statt. Am Ende fielen alle eroberten Orte wieder in muslimische Hände.

Die Kreuzzüge bedeuteten zweihundert Jahre grausamer Kriege, aber sie hatten für Europa auch positive Folgen. Die Kreuzfahrer brachten aus dem Orient zum Beispiel neues Wissen über Mathematik und Astronomie mit, aber auch neue Spezialitäten, Elfenbein, Zucker und Parfüm.

176 HAT ES DEN KINDERKREUZZUG JE GEGEBEN?

1212 gab es einen Kreuzzug, der anders war als die »professionellen« Kreuzzüge: den sogenannten Kinderkreuzzug. Der Name passt aber eigentlich nicht ganz. In den Ursprungstexten über diesen Kreuzzug ist die Rede von *pueri*. Das Wort bezeichnete aber nicht nur Kinder, sondern auch »junge Menschen«, »Arme« oder »Knechte« und »Mägde«. Wir wissen, dass an diesem Kreuzzug sehr arme junge Leute aus Deutschland und Frankreich teilnahmen. Sie wurden aufgehetzt von jungen Männern, die *göttliche Visionen* hatten und behaupteten, dass Gott ihnen im Traum den Auftrag zum Kreuzzug gegeben hatte. Viele junge Leute zu der Zeit waren so arm, dass ein Kreuzzug für sie verlockend klang, und so folgten sie den Predigern ins Heilige Land. Viele waren kaum bewaffnet und wollten auch eigentlich gar nicht kämpfen. Sie stellten sich eine friedliche Eroberung der Stadt Jerusalem vor.

Es wurde ein Schreckensmarsch. Die Kreuzfahrer aus Deutschland begriffen bald, dass ihre Anführer ihnen was vorgeschwindelt hatten. Manche von ihnen kehrten um. Eine Gruppe wollte mit dem Schiff weiter nach Palästina, wurde aber von Piraten gefangen und auf Sklavenmärkten verkauft. Der französischen Gruppe erging es nicht besser. Zwei ihrer Schiffe sanken, die zwei anderen wurden gekapert. Die Menschen an Bord wurden auch versklavt.

Der Kinderkreuzzug war also nichts anderes als ein Zug armer Menschen, die durch falsche Versprechen in eine noch schlimmere Lage gerieten.

die Kreuzzüge der pueri

177 NUR NARREN DURFTEN DEN KÖNIG BELEIDIGEN

An jedem mittelalterlichen Königshof gab es einen Hofnarren. Es war einer der Berufe, die auch Frauen ausüben konnten – wenn auch selten. Narren erkannte man an ihrem auffälligen Kostüm, in Rot-Weiß oder Kunterbunt. Auf dem Kopf trugen sie eine Narrenkappe mit Zipfeln und Glöckchen, und in der Hand hielten sie eine Art Stab. Narren waren oft Menschen mit einer körperlichen Einschränkung, oder sie waren sehr klein.

Ein Hofnarr hatte die Aufgabe, den König und seine Gäste zum Lachen zu bringen, und war die einzige Person im ganzen Königreich, die auch mal einen Witz über den König machen durfte. Wenn dieser mit einem Adligen noch ein Hühnchen zu rupfen hatte, ließ er ihn durch den Narren beleidigen. Oft war der Narr auch ein enger Vertrauter des Königs. Die anderen Mitglieder des Hofstaats konnten ihn meist nicht ausstehen.

Manchmal waren Hofnarren auch ziemlich frech. Der schottische König Jakob VI. war dafür bekannt, dass er sich die Dokumente, die er unterzeichnen sollte, nie durchlas. Eines Tages schob ihm sein Hofnarr ein Stück Papier unter die Nase,

und wie immer setzte der König seine Unterschrift drauf. Was er nicht ahnte: Da stand, dass der Hofnarr fünfzehn Tage lang den Thron übernehmen würde. Der König konnte nicht anders, als den Thron an ihn abzutreten, aber nach den fünfzehn Tagen las sich der König jedes Dokument erst mal gründlich durch.

HIHI GUTER WITZ

Hofnarr mit listigem Plan

178 GIB DIE STRAFE LIEBER MEINEM FREUND

Stell dir mal vor: Du bist Prinz, dein Vater ist König, du wächst in einem Palast auf. Wenn dein Vater nicht mehr ist, kommst du auf den Thron. Es gibt Menschen, die nur für dich arbeiten, zum Beispiel deine Gouvernanten und Hauslehrer. Ab und zu schlägst du auch über die Stränge. Aber für den Hofstaat ist es nicht einfach, dich zu bestrafen, denn bald bist du ja König. Und einen König kann man schlecht bestrafen.

Im Mittelalter gab es dafür eine prima Lösung, und die geht so: Man holt einen Jungen in den Palast, der genauso alt ist wie du. Er kommt aus dem

niederen Adelsstand und sieht dir sogar ein bisschen ähnlich. Ihr werdet gute Freunde. Aber etwas an dieser Freundschaft ist ungewöhnlich: Wenn du, der Prinz, dich danebenbenimmst, bekommt dein Freund eine Ohrfeige oder Strafe. Er ist nämlich als Prügelknabe an den Hof geholt worden. Alle im Hofstaat hoffen, dass sich dein Verhalten jetzt bessert, denn bestimmt findest du es nicht gut, wenn dein Freund bestraft wird.

Für die Familien war es eine große Ehre, wenn ihr eigener Sohn als Prügelknabe des Prinzen ausgewählt wurde. Schließlich bekam er so die gleiche gute Erziehung wie der Thronfolger. Oft hatte ein Prinz keine anderen Freunde als diesen einen Jungen. Sobald der Prinz dann König wurde, konnte dem Prügelknaben die alte Freundschaft auch nützlich werden. Dafür nahm er die Ohrfeigen und Strafen, die er als Kind bekam, doch gerne hin.

Prügelknabe

179 DIE SCHNULZEN DES MITTELALTERS

- Im Mittelalter war an vielen Orten Musik zu hören. In den Kirchen sangen Mönche, Nonnen und Priester ihre Gebete. Dieser einstimmige Gregorianische Gesang war im Mittelalter sehr beliebt. Er hallte auch besonders schön in den hohen Kathedralen.

- Bei Hofe gab es *Menestrels*, das waren Musiker und Sänger, die im Dienst des Königs standen und für ihn Musik machten. Die *Troubadoure* sangen Lieder über Könige und Helden und begleiteten sich selbst auf der Laute (einer Art Gitarre), der Fidel (einer Art Geige) oder der Harfe.

- Minnesänger waren fürs Schnulzige zuständig. Mit Liedern über Liebe, Schönheit und Herzensgüte versuchten sie, das Herz eines angebeteten Burgfräuleins zu erobern.

- Auf Festen sangen die Menschen fröhliche Lieder und tanzten zu Flöten- und Trommelmusik. Gegen Ende des Mittelalters hatten die meisten Städte sogar eine eigene Stadtkapelle, in der nur Berufsmusiker mitspielten.

- Wusstest du, dass manche Volkslieder aus dem Mittelalter heute noch gesungen werden?

Wer schafft es in die Stadtkapelle?
Kakophonie im Mittelalter

180 »BALDUIN! ABPUTZEN KOMMEN!«

Könige sind Menschen wie du und ich. Und ab und zu müssen sie auch auf die Toilette. Als mittelalterlicher König hatte man dafür einen schönen Toilettenstuhl mit gepolstertem Sitz. Darunter stand eine Schüssel, um die herrschaftlichen Hinterlassenschaften aufzufangen.

Der Stuhl wurde in einer Ecke aufgestellt, wo der König sein Geschäft in Ruhe verrichten konnte, meistens in einem seiner Privatzimmer. Wenn er fertig war, stand der königliche Hinternputzer schon bereit. Er wischte den Hintern des Königs mit einem feuchten Tuch sorgfältig sauber und wusch auch die Toilettenschüssel aus.

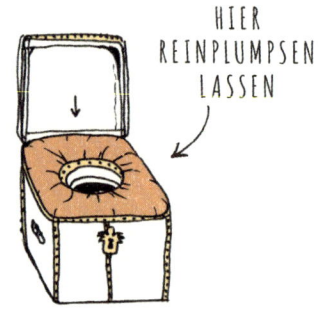

HIER REINPLUMPSEN LASSEN

weiches Plüschklo

FERTIG ZUM ABPUTZEN, MAJESTÄT?

stolzer Hinternwischer

derjenige, der dem König am nächsten stand. Dank der vielen persönlichen Gespräche wusste er auch über vieles Bescheid. Später machten sich das manche auch zunutze: John Stuart zum Beispiel begann seine Laufbahn als Hinternputzer von König George III., stieg danach aber bis zum ersten Minister auf.

Wie sieht's aus, könntest du dir den Job vorstellen?

Ein Schmuddeljob, findest du? Das sah man im mittelalterlichen England anders – das Amt des »Groom of the Stool« war eine große Ehre. Die Hinternputzer kamen fast immer aus dem hohen Adel, denn nur Adlige durften den König überhaupt berühren. Schließlich war der von Gott persönlich als Herrscher auserkoren worden. Im gesamten Hofstaat war wohl der Hinternputzer

ICH LIEBE DICH, NUR DICH, NUR DICH, ICH LÜGE NICHT

STRAMM!

Schleimer

DEN RITTER WILL ICH, PAPA!

SCHÖN!

verliebte Prinzessin

höfische Minne

181 »MEIN LIEB BIST DU! HÖR MIR DOCH ZU!«

Viele Ritter nahmen an den Kreuzzügen teil. Im Orient trafen sie auf Sänger und Dichter, die wunderschön über die Liebe sangen. Das brachte einige Ritter auf neue Ideen, und sie begannen, Liebesgedichte für edle Damen zu verfassen. Darin gelobten sie, ritterliche Taten zu vollbringen. Man nennt das die Hohe Minne. Dabei galten strenge Regeln: Die adlige Dame musste für den Ritter unerreichbar sein, zum Beispiel, weil sie verheiratet war oder der Ritter nicht gut genug. Die Liebe musste daher geheim bleiben, und der Ritter und seine Angebetete durften einander nie treffen.

Und so klang der Minnesang:

Venus, Frau und Meisterinne,
Hilf, daß mich die Holde minne.
Die mich bannt mit ihrem Mund.
Mut und Herz und alle Sinne
Nimmt sie mir, daß ich werd inne
Großer Glut in Herzensgrund.
O daß sie mir Freuden brächte,
Der ich gern zu dienen dächte,
Wie ichs oft ihr machte kund.

Und so ging es schmachtend weiter. Adlige Damen liebten diese Gedichte – es war Literatur fürs Herz.

182 DER KÖNIG DARF NICHT ALLES BESTIMMEN

Am 15. Juni 1215 unterzeichnete der englische König Johann Ohneland ein höchst wichtiges Dokument: die Magna Carta oder »große Urkunde«. Johann Ohneland gab seine Unterschrift nicht aus freien Stücken, sondern wurde von den englischen Adligen dazu gezwungen. Die hatten nämlich langsam genug davon, dass der König seine Macht ständig missbrauchte.

In der Magna Carta standen Vereinbarungen, durch die der König nicht mehr einfach machen konnte, was er wollte. Zum Beispiel durfte Johann Ohneland nicht mehr nach Lust und Laune Steuern erheben. Die Geldbußen für verschiedene Vergehen wurden in Gesetzen festgelegt, sodass jeder Mensch wusste, was auf ihn zukam, wenn er sich nicht an die Regeln hielt. Der König durfte sich von nun an weniger in die Angelegenheiten der Kirche einmischen, und die Lehnsherren bekamen mehr Rechte und Freiheiten.

In den darauffolgenden Jahren wurde das Dokument ergänzt und überarbeitet. Erst 1225 wurde die endgültige Version unterzeichnet.

OKAY LEUTE, ICH UNTERSCHREIB JA SCHON!

König Johann Ohneland sind durch die Magna Carta die Hände gebunden.

Später gab es zwar immer wieder Königinnen und Könige, die mehr Macht einforderten, trotzdem blieb die Magna Carta über die Jahrhunderte hinweg eine wichtige Rechtsgrundlage in Großbritannien.

Bonus-Info

Von dem Dokument gibt es heute nur noch wenige Exemplare aus der Entstehungszeit. 2007 wurde eine Abschrift aus dem 13. Jahrhundert für über 20 Millionen Euro versteigert.

Marco Polo auf Reisen

183 ZU FUSS UM DIE WELT

Im Jahr 1254 wurde in Venedig Marco Polo geboren. Der Junge wollte unbedingt etwas von der Welt sehen. Mit sechzehn machte er sich mit seinem Vater und seinem Onkel, die Kaufmänner waren, auf in den Osten. Die drei reisten per Schiff, zu Pferd und mit Kamelen, sie zogen über Berge und durchquerten Wüsten. Sie besuchten unter anderem Persien, Indien und China. Angeblich lebte Marco sogar siebzehn Jahre lang in China. Er bereiste auch die Insel Sumatra, wo er »Affen mit Menschengesicht« sah. Dabei handelte es sich um Orang-Utans, von denen die Menschen im Westen noch nie zuvor gehört hatten.

Zum Teil reiste Marco Polo entlang der Seidenstraße. Unterwegs machte er viele spannende Entdeckungen und brachte jede Menge Edelsteine, unbekannte Speisen und Gewürze von seinen Reisen mit.

Marco war ein begnadeter Geschichtenerzähler, aber die Menschen glaubten seinen Reiseberichten nicht. Sie hielten ihn für einen Spinner, weil er ganz andere Dinge erzählte als andere Handelsleute, wenn die von ihren weiten Reisen zurückkamen.

Trotzdem sollten seine Geschichten später viele Entdeckungsreisende anspornen, selbst in die Welt hinauszuziehen.

PARDON?

POCK

der »englische«
König Richard Löwenherz

184 DIE MACKEN MITTELALTERLICHER KÖNIGE: RICHARD LÖWENHERZ

Über Richard I. von England – besser bekannt als Richard Löwenherz – gibt es viel zu erzählen. Er herrschte von 1189 bis 1199 über England. Den Namen Löwenherz bekam er, weil er so ein Streithahn war, der mit Vergnügen in jede Schlacht zog. Schon als Kind und junger Mann hatte er ständig Zoff mit seinem Vater und seinen Brüdern. Er galt als hart, aber auch als mutig, und hatte angeblich einen guten Sinn für Humor.

Bekannt wurde Richard Löwenherz vor allem durch seine Teilnahme am Dritten Kreuzzug, bei dem ihm einige Eroberungen gelangen. Jerusalem blieb zwar in der Hand von Sultan Saladin, aber die beiden einigten sich darauf, dass christliche Pilgerreisende wieder in die Stadt kommen durften.

Und was wissen wir noch über Richard? Er war zwar König von England, verbrachte aber während seiner Herrschaft insgesamt nur sechs Monate in dem Land. Er sprach auch kaum Englisch. Seine Muttersprache war Französisch. In dieser Sprache schrieb er sogar Lieder.

1199 wurde der König während einer Schlacht von einem Armbrustpfeil in die Schulter getroffen und starb. Sein Leichnam wurde auf drei verschiedene Orte in Frankreich aufgeteilt und dort begraben: Sein Herz in der Kathedrale von Rouen, sein Gehirn in Poitou und der Rest des Körpers im Anjou. England bekam gar nichts ab …

185 DIE MACKEN MITTELALTERLICHER KÖNIGE: KARL DER WAHNSINNIGE

Karl war gerade mal elf Jahre alt, als sein Vater starb und er den Thron bestieg. Offiziell war er jetzt König, aber in Wirklichkeit übten seine vier Onkel die Herrschaft für ihn aus. Erst 1388 übernahm er selbst die Regierungsgeschäfte. Als Karl VI. von Frankreich schloss er Frieden mit England, senkte die Steuern und erwies sich als gutwilliger Herrscher. Leider waren die guten Zeiten nicht von Dauer. 1392 war Karl mit einigen Rittern unterwegs, als er plötzlich den Verstand verlor. Auf einmal griff er seine eigenen Leute an und brachte vier von ihnen um. Von da an bekam er immer öfter unkontrollierbare Wutanfälle. Außerdem war er manchmal davon überzeugt, dass er aus Glas war. In diesen Momenten litt er Todesangst, weil er glaubte, jederzeit zerbrechen zu können. An anderen Tagen rannte er durch die Palastflure und heulte dabei wie ein Wolf. Kein Wunder, dass ihm seine Untertanen bald den Namen Karl der Wahnsinnige verpassten.

Eines Tages wurde im Palast ein großes Fest gegeben. Dazu verkleideten sich Karl und ein paar seiner Ritter als »wilde Männer«: Sie banden sich in Harz getränkte Leintücher um, schmierten sich Harz ins Gesicht und bedeckten ihren ganzen Körper mit Flachsfasern und Federn. Auf dem Fest sollten dann alle, die eine Kerze oder Fackel in der Hand hatten, zur Sicherheit an der Wand stehen bleiben. Aber einer hatte anscheinend nicht gut zugehört und kam den Verkleideten zu nahe. Die Ritter entbrannten lichterloh und starben. Karl hatte Glück und überlebte. Das Fest wurde bekannt als der »Ball der Brennenden«.

Weil Karl nicht mehr zurechnungsfähig war, übernahm seine Frau Isabeau die Regierungsgeschäfte. Offiziell aber blieb Karl VI. bis zu seinem Tod 1422 König von Frankreich.

ICH BIN AUS GLAS

WUSCH!

AAAH!

Feuer frei fürs große Fest

186 MÄDCHEN SOLLTE MAN NIE UNTERSCHÄTZEN

Man schrieb das Jahr 1337. England und Frankreich stritten mal wieder um Ländereien. Ein Krieg brach aus, der als Hundertjähriger Krieg in die Geschichte eingehen sollte, auch wenn der Name nicht ganz stimmt. Erstens dauerte der Krieg bis 1453, also 116 Jahre. Zweitens handelte es sich nicht um einen einzigen langen Krieg, sondern um eine Folge von mehreren Kriegen, insgesamt 81 (was natürlich kaum besser ist).

Ein siebzehnjähriges Mädchen verhalf den Franzosen schließlich zum Sieg. Dieses Mädchen war Jeanne d'Arc, auch Johanna von Orleans genannt. Sie war eine Bauerntochter, die ihren Eltern bei der Feldarbeit half. Mit zehn Jahren hörte sie auf einmal Stimmen von Heiligen. Von ihnen bekam sie den Auftrag, Frankreich von den Engländern zu befreien.

Mit siebzehn suchte Jeanne Karl VII., den späteren König von Frankreich, auf. Karl glaubte Jeanne und gab ihr ein Heer mit. Unter Jeannes Führung konnten die Franzosen den Sieg erringen.

Leider waren nicht alle Menschen Jeanne wohlgesinnt, und so wurde sie eines Tages festgenommen und an die Engländer ausgeliefert. Vor Gericht wurde ihr unter anderem das Weglaufen von zu Hause und das Tragen von Männerkleidung vorgeworfen. Sie wurde zu lebenslanger Haft verurteilt. Im Gefängnis trug sie aber weiter Männerkleidung. Sie wurde wieder vor Gericht gestellt und als Ketzerin angeklagt – also als jemand, der »das Falsche« glaubt. Im Mai 1431 wurde sie auf dem Scheiterhaufen verbrannt.

Zum Glück wurde das Ansehen des tapferen Mädchens später wiederhergestellt. Ihre Mutter wandte sich dafür an den Papst, der das Urteil nach 25 Jahren für nichtig erklärte. Im Jahr 1920 wurde Jeanne sogar heiliggesprochen. Die Franzosen feiern sie heute noch jedes Jahr am 30. Mai.

Jeanne hört Stimmen

ANLEGEN,
FRAUEN KLAUEN,
ABHAUEN

Langschiff

187 WIKINGER ... ALLES ANDERE ALS ZIMPERLICH!

Die Wikinger gehörten zu verschiedenen Völkern, die im Norden Europas lebten – dort, wo heute Dänemark, Schweden und Norwegen liegen. Sie liebten weite Reisen und waren meisterhafte Schiffbauer. Mit ihren schnellen Langschiffen konnten sie sogar Ozeane überqueren. Da diese Schiffe nicht tief im Wasser lagen, konnten sie damit auch auf Flüssen fahren. Das ermöglichte es ihnen, tief ins Landesinnere vorzudringen, dort alles zu plündern und schnell wieder das Weite zu suchen.

Zwischen 800 und 1100 wurde Europa immer wieder von Einfällen der Wikinger erschüttert. Sie plünderten Dörfer und Städte und erbeuteten, was sie konnten. Wieder zu Hause, wurde das Raubgut ordentlich weggeschlossen, zum Beispiel in schweren Holzkisten. Den Schlüssel zur Kiste hängte sich eine Wikingerfrau um den Hals. Wenn sich feindliche Truppen näherten, wurde alles an einem geheimen Ort vergraben, damit es nicht gestohlen werden konnte. Noch heute werden manchmal vergrabene Wikingerschätze entdeckt.

WO IST
DIE KISTE?

*Wikingerin als
Schlüsselbewahrerin*

2016 wurde der bislang größte Wikingerschatz in Dänemark gefunden. Er bestand aus mehreren goldenen und silbernen Armreifen.

Manchmal entführten die Wikinger auch Menschen aus ihrer Umgebung und aus den geplünderten Dörfern. Sie ließen sie als Sklavinnen und Sklaven im Haus oder auf dem Land arbeiten und behandelten sie nicht besonders gut. Wenn ein Herr starb, wurden seine Sklaven enthauptet und mit ihm begraben. Nicht gerade zimperlich, die Wikinger.

– WIKINGERIN GESUCHT –
Anzeige auf Runenstein

188 WIKINGERFRAU GESUCHT

Die Wikinger hatten ein Problem: Es gab zu wenig Frauen. Das lag unter anderem daran, dass weibliche Babys eigentlich nicht willkommen waren. In einer Wikingerfamilie war es wichtig, dass das älteste Kind ein Junge war. Der erbte dann auch den ganzen Besitz der Eltern. Die anderen Kinder gingen leer aus. Da die Wikinger ihr Erbe am liebsten einem Sohn vermachen wollten, kam es vor, dass Mädchen manchmal kurz nach der Geburt getötet wurden.

Im letzten Abschnitt war zu lesen, dass die Wikinger auf ihren Raubzügen auch Menschen als Sklaven mitnahmen. Die versklavten Frauen wurden zum Kinderkriegen benutzt.

Doch bei aller Grausamkeit waren die Wikinger keine reinen Wüstlinge. Sie waren nicht nur ausgezeichnete Schiffbauer, sondern bauten auch sehr interessante Häuser, die mit ihren großen, leicht gewölbten Dächern an umgedrehte Schiffe erinnerten. In den Häusern lebten große Familien zusammen, und es ging gesellig zu. Im Allgemeinen galten die Wikinger als sehr gastfreundlich. Sie schmiedeten außerdem wunderschöne Schmuckstücke aus Metall. Und sie benutzten auch eine Schrift: die Runen. Die Schriftzeichen stammten zum Teil aus dem altitalischen Alphabet und zum Teil von den Wikingern selbst. Runen-Texte wurden in Steine geritzt und berichten von großen Heldentaten. Diese Geschichten erzählten sich die Wikinger auch an langen Winterabenden am Feuer.

189 DIE WIKINGER »ENTDECKTEN« AMERIKA

Hast du in der Schule gelernt, dass Christoph Kolumbus als erster Europäer den amerikanischen Kontinent entdeckte? Das stimmt eigentlich nicht. Die ersten Europäer, die in Amerika an Land gingen, waren die Wikinger. Genauer gesagt ein gewisser Leif Eriksson – und das 500 Jahre bevor Kolumbus geboren wurde.

Die Geschichte geht so: Leifs Vater war Erik der Rote. 985 wurde Erik aus Island verjagt, weil er seinen Nachbarn ermordet hatte. Er fuhr mit dem Segelschiff nach Grönland und gründete dort mit ein paar anderen eine neue Siedlung.

Von Grönland aus segelte Eriks Sohn Leif eines Tages über den Atlantik. Wir wissen nicht genau, ob es so geplant war oder ein Versehen, jedenfalls kam er irgendwann an dem Ort an, der heute Kanada ist. Leif stellte fest, dass es viel Nahrung gab und das Klima milder war als im kalten Grönland, und so überwinterte er dort mit seiner Mannschaft. Sie bauten sich eine Siedlung auf. Es gab reichlich Holz zum Häuserbauen und genügend zu essen. Aus den Trauben und Beeren, die dort wuchsen, ließ sich außerdem hervorragend Wein machen. Wahrscheinlich nannte Leif die Gegend darum Vinland, was »Weinland« bedeutet.

Leif Eriksson baut eine Siedlung in Vinland.

Am Ende des Winters fuhr Leif mit einem Schiff voll Holz und Beeren zurück nach Hause. Zwar kehrte er selbst nie nach Amerika zurück, aber andere waren neugierig geworden und machten sich auf die Reise. Sie blieben aber nie lange: Die Menschen, die schon vorher dort lebten, wollten die Wikinger nicht als Nachbarn und fielen immer wieder in ihre Siedlungen ein.

Erkundungszüge der Wikinger

SO, HIER MACHEN WIR VIN

→ Erik der Rote

- - -> Leif Eriksson

Bonus-Info
In den USA wird heute noch jedes Jahr am 9. Oktober der »Leif-Eriksson-Tag« gefeiert.

190 RATATÖSKR, DAS TRATSCHENDE EICHHÖRNCHEN

Die Wikinger erzählten gerne Geschichten. In ihren Sagen und Mythen schilderten sie ihre Vorstellungen vom Ursprung und Lauf der Welt. Das nennt man Mythologie. In der Wikinger-Mythologie spielen viele besondere Figuren eine Rolle.

Da wäre zunächst einmal Ratatöskr, ein Eichhörnchen, das im Weltenbaum zu Hause ist. Der Baum heißt Yggdrasil. Er trägt die ganze Welt in seinen Zweigen.

Ganz oben im Baum wohnt ein Adler. Der ist sehr weise und weiß viel über die Welt. Unten nagt der Drache Nidhöggr an den Baumwurzeln. Der Adler und der Drache können einander nicht ausstehen. Ratatöskr ist der Botschafter zwischen beiden und muss alle Schimpfwörter überbringen, die sie sich gegenseitig sagen wollen. Aber das Eichhorn ist

DU GLAUBST ES NICHT

Adler

Ratatöskr

Nidhöggr

auch ein ziemliches Klatschmaul: Es tratscht beim Drachen über den Adler und umgekehrt, wodurch sich die beiden noch weniger ausstehen können. Wir stellen es uns ganz gemütlich vor, abends beim Lagerfeuer den Geschichten über Ratatöskr zu lauschen.

191 DER PESTDOKTOR SAH AUS WIE EIN GRUSELIGER VOGEL

Im Jahr 1347 brach in Europa die Pest aus. Die Krankheit trat zuerst in Italien auf und verbreitete sich von dort rasend schnell über ganz Europa. Sogar die Engländer und die Wikinger im hohen Norden blieben nicht verschont. Die Pest begann mit hohem Fieber. Danach bildeten sich dicke Beulen in den Leisten, den Achselhöhlen und am Hals sowie dunkle Flecken am ganzen Körper. Oft husteten die Kranken Blut.

Viele Menschen glaubten, die Seuche sei eine Strafe Gottes für all ihre Sünden. Um Buße zu leisten, veranstalteten sie große Prozessionen. Dabei liefen sie betend durch die Straßen und trugen Kruzifixe vor sich her. So hofften sie, Gott milde zu stimmen. Was sie nicht wussten: Durch solche Massenveranstaltungen verbreitete sich die Pest erst recht.

Die Ärzte hatten keine Ahnung, wie sie die Krankheit heilen konnten. Sie setzten Blutegel auf die

Beulen der Kranken, die die bösen Stoffe aus dem Körper saugen sollten. Oder sie schnitten kleine Wunden in die Arme, damit das Blut abfließen konnte.

Um sich selbst vor der Krankheit zu schützen, trugen die Pestdoktoren einen dicken Mantel und eine gruselige Schnabelmaske. Den Schnabel füllten sie mit allerlei duftenden Kräutern, die verhindern sollten, dass sie die schlechte Luft rund um die Pestkranken einatmeten.

KRAKRA

Pestdoktor

Die Pest raffte bis zu zwei Drittel der europäischen Bevölkerung dahin. Zwischen 75 und 200 Millionen Menschen fielen ihr zum Opfer. Es war eine der größten Katastrophen der Menschheit.

DAS MITTELALTER IN ANDEREN TEILEN DER WELT

192 SCHIESSPULVER IST EINE CHINESISCHE ERFINDUNG

Wusstest du, dass es in China die schönsten Feuerwerke gibt? Das ist eigentlich kein Wunder: Die Chinesen beschäftigen sich schon sehr lange mit allem, was explodiert.

⊙ Im ersten Jahrhundert v. Chr. forschten chinesische Gelehrte an einem Mittel, das den Menschen ewiges Leben bescheren sollte. Dazu erhitzten sie zwei Stoffe: Salpeter und Schwefel. Das Gemisch explodierte. Statt ewigem Leben hatten die Forscher etwas entdeckt, was einen Menschen schnell töten konnte.

⊙ Von 618 bis 907 erlebte China sein »Goldenes Zeitalter«. Unter den Kaisern der Tang-Dynastie konnten die Gelehrten frei forschen. In dieser Zeit wurden unter anderem der Buchdruck und das Schießpulver erfunden. Das Schießpulver wurde für eine Art Feuerwerk benutzt.

⊙ Um 900 löste die Song-Dynastie die Tang-Dynastie ab. In dieser Zeit kamen die Menschen dahinter, dass man das Schießpulver noch für ganz andere Zwecke als Feuerwerke benutzen kann. 904 wurden Vorläufer der ersten Feuerwaffen entwickelt: ausgehöhlte Bambusstöcke, in die kleine, mit Schießpulver gefüllte Kugeln gesteckt wurden. Diese Waffen kamen vor allem im Kampf gegen die Mongolen zum Einsatz, die Erzfeinde der Chinesen. Etwas später gelang auch die Entwicklung von Granaten, Flammenwerfern und sogar Landminen. Den chinesischen Kaisern war klar, dass sie mit dem Schießpulver einen enormen Vorteil gegenüber anderen Völkern hatten, darum hielten sie die Erfindung so lange wie möglich geheim. Aber schließlich gelangte es doch über die Seidenroute auch nach Europa, wo das Schießpulver unter anderem während des Hundertjährigen Kriegs zum Einsatz kam (mehr dazu in Info 186). Das Schießpulver besiegelte auch das Ende der Ritterzeit, denn eine normale Rüstung bot kaum Schutz gegen Kugeln aus einer Feuerwaffe.

DAS WIRD
EIN FEUERWERK

PSSST

193 DIE ARABER HIELTEN DIE WIKINGER FÜR UNBEGABTE SÄNGER

Ab dem siebten Jahrhundert erlebte die arabische Welt eine Blüte. Überall entstanden große Städte, die mit dem Rest der Welt Handel trieben. Die arabische Mathematik und die Medizin machten große Fortschritte. Wir verwenden noch heute die Ziffern, die einst von arabischen Mathematikern entwickelt wurden. Sternkundige erfanden das Astrolabium, eine Art Kompass, mit dem man in der Wüste den Weg finden konnte. Die Europäer brachten es von ihren Reisen mit und nutzten es vor allem für die Seefahrt.

Astrolabium

Die Araber, die Europa besuchten, waren nicht besonders angetan von dem, was sie dort vorfanden. Die Wikinger, fanden sie, sahen zwar gut gebaut und gesund aus, hatten aber keine Manieren und waren nicht gerade reinlich. Außerdem klang ihr Gesang schrecklich, wenn man dem Bericht eines arabischen Reisenden aus der Zeit glaubt. »Bei ihnen kommt ein Brummen aus der Kehle wie Hundegekläff, nur viel tierischer«, schrieb er.

Als im Jahr 711 arabische Truppen in Spanien einfielen, trafen sie auf ein kampflustiges Volk: die Franken. Die waren mutig und stark, aber den Arabern machte das keine Angst, denn sie glaubten an Allah – anders als ihre Gegner, die dafür mit einem nassen und kalten Klima bestraft wurden. In den Ländern, aus denen die Araber kamen, schien nämlich immer die Sonne, und die gab ihnen Klugheit, Gesundheit und Kampfkraft.

Zum Leidwesen der Araber waren die Franken und andere Völker zäher und wackerer als gedacht. Als sich 1096 die Kreuzfahrer aufmachten, um Jerusalem zu erobern, folgten zweihundert Jahre Krieg.

SO SCHIEF!

Dschingis Khan sinnt auf Rache.

194 ALLE FÜRCHTETEN DSCHINGIS KHAN

Zwischen 1206 und 1294 war das mongolische Reich eines der größten der Weltgeschichte. Es war fünfmal größer als das Römische Reich auf seinem Höhepunkt. Das war Dschingis Khan zu verdanken. Der Mongolenfürst brachte unter anderem Russland, China, Korea und etliche andere Länder unter seine Herrschaft. Auf seinen brutalen und grausamen Eroberungszügen ließ er ganze Völker aushungern, brannte Städte nieder und mordete drauflos.

1218 sandte Dschingis Khan eine Karawane aus fünfhundert Beobachtern nach Otrar (im heutigen Kasachstan) – sie sollten nicht kämpfen, sondern einen Handel vorschlagen. Der Gouverneur von Otrar kannte aber den Ruf von Dschingis Khan nur zu gut und wollte kein Risiko eingehen: Er nahm alle Gesandten gefangen.

Als Dschingis Khan davon erfuhr, entsandte er sofort eine Gruppe hoher Vertreter zu Sultan Mohammed II. und forderte ihn auf, den Gouverneur von Otrar zu bestrafen. Doch stattdessen ließ der Sultan einen der Botschafter sowie dreihundert Gesandte enthaupten. Den Rest schickte er zurück nach Hause mit der Botschaft, dass Dschingis Khan sich lieber fernhalten sollte.

Der tobte vor Wut, als er davon hörte. Mit seiner Armee machte er sich auf nach Otrar, wo er den Gouverneur ermordete. Danach ließ er seinen Zorn an der Stadtbevölkerung und am ganzen Reich aus. Er hörte nicht auf, bis fast alle jungen Männer tot waren und das Reich von Sultan Mohammed II. in Trümmern lag. Es sollte Jahrzehnte dauern, bis es sich wieder erholte.

195 MAYA-PRIESTER PIKSTEN SICH IN DIE ZUNGE, UM MIT DEN GÖTTERN ZU REDEN

LLIEBE GÖTTELL: HÖLLT ILL MICH?

zungengepiercter Mayapriester
im Gespräch mit den Göttern

○ Auch die Maya in Mittelamerika hatten eine bedeutende Kultur. Sie errichteten große Städte, die alle einen eigenen König hatten und regelmäßig Krieg gegeneinander führten.

○ Die Maya waren sehr intelligent. Sie entwickelten eine eigene Schrift und konnten ausgezeichnet rechnen. Zum Rechnen benutzten sie zwei Systeme: eins mit Balken und Punkten und eins mit Köpfen. Also haben die Maya praktisch das »Kopfrechnen« erfunden.

○ Sternkundige untersuchten den Stand der Planeten und Sterne und erstellten einen sehr genauen Kalender. Alle Erkenntnisse wurden in dicken Büchern (»Maya-Codices«) niedergeschrieben.

○ Maya-Könige waren gleichzeitig auch Priester. Ab und zu mussten Könige und Priester Kontakt zu den Göttern aufnehmen. Dazu piksten sie sich in die Zunge, das Ohr und manchmal sogar in den Penis. Das Blut, das aus der Wunde trat, fingen sie mit einer Art Papier auf, das anschließend verbrannt wurde. Aus dem Rauch lasen sie dann die göttlichen Botschaften ab.

○ Um 900 ging es mit der Maya-Gesellschaft bergab. Städte wurden verlassen, die reiche Kultur verschwand nach und nach. Wie genau es dazu kam, wissen wir nicht. Wahrscheinlich gab es eine Hungersnot, weil das Ackerland abgewirtschaftet war. Vielleicht waren auch die vielen Kriege schuld. Zur Zeit der Kolonisierung Amerikas durch die Spanier war von der alten Mayakultur nicht mehr viel übrig.

196 DAS GRAUSAME SCHWERT DER AZTEKEN

Auf dem Gebiet des heutigen Mexiko lebten zwischen 1200 und 1521 die Azteken. Der Legende zufolge kamen sie ursprünglich aus Aztlán, einem Ort im Norden. Dort bekamen sie die Weissagung, dass sie sich auf die Suche nach einem Kaktus begeben sollten, auf dem ein Adler mit einer Schlange im Schnabel sitzt. Diesen Kaktus fanden sie im Tal von Mexiko. Auf den Inseln eines Sees errichteten sie eine prachtvolle Stadt namens Tenochtitlán. Bald lebten bis zu 200 000 Menschen in dieser Stadt. Sie bauten herrliche Tempel und Pyramiden. Auf dem Dach des größten Tempels wurden auch Menschenopfer gebracht.

Zwischen den Tempeln befanden sich schwimmende Gärten. Im Zentrum gab es einen Marktplatz, der jeden Tag an die 60 000 Händler und Besucher anzog.

Die Azteken galten als kriegerisch und waren überall gefürchtet. Das lag auch an einer besonderen Waffe, die sie im Kampf benutzten: dem Obsidianschwert. Das war eine keulenartige Holzwaffe, in der scharfe Klingen steckten. Die Klingen wurden aus Obsidian hergestellt, einem vulkanischen Gesteinsglas, das entsteht, wenn Lava schnell abkühlt.

Die spanischen Eroberer bekamen beim Anblick dieser Schwerter einen gewaltigen Schreck. Laut ihren Berichten konnte man damit mit nur einem Hieb einem Pferd den Kopf abhacken. Dennoch gelang es dem Spanier Hernán Cortés und seinen Truppen im Jahr 1521, die Stadt vollständig zu vernichten, was zum Untergang der aztekischen Kultur führte (mehr dazu in Info 232).

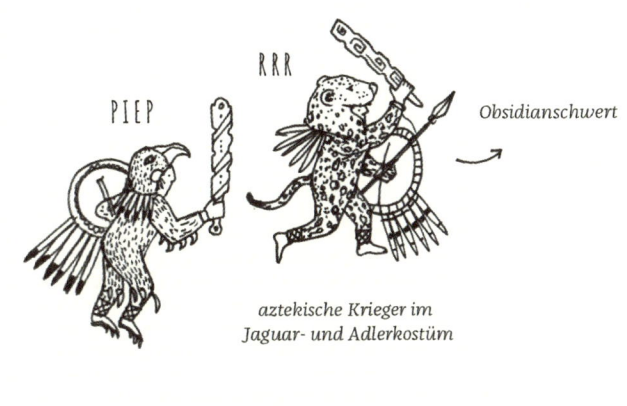

PIEP RRR Obsidianschwert

aztekische Krieger im Jaguar- und Adlerkostüm

Bonus-Info

Der Kaktus mit dem Adler und der Schlange ziert noch heute die mexikanische Flagge.

197 WIE WÄR'S MIT EINEM BALLSPIEL AUF LEBEN UND TOD?

Tlachtli, Pok-ta-Pok und Ulama sind die Namen eines Ballspiels, das unter anderem bei den Azteken und den Maya gespielt wurde. Die Spielregeln kennen wir heute nicht genau. Wahrscheinlich wurde es mit einem sehr schweren Ball aus hartem Gummi gespielt, der durch einen Ziel-Ring geworfen werden musste.

Das Spiel wurde aber nicht zum Spaß gespielt. Tlachtli war ein heiliges Spiel, bei dem es manchmal um Leben und Tod ging. Dabei spielten zwei Personen oder Teams gegeneinander. Spieleinsatz war manchmal das eigene Leben. Wer am Ende des Spiels sein Leben lassen musste, ist nicht ganz klar. Sich selbst zu opfern galt nämlich auch als große Ehre. Vielleicht war es der Verlierer, vielleicht aber auch der Gewinner oder der Anführer des Gewinnerteams, der den Göttern sein Leben opferte.

GAME OVER

Tlachtli-Partie auf Leben und Tod

Inka-Post

198 DIE INKA BAUTEN ERDBEBENSICHERE HÄUSER

Auf dem Gebiet des heutigen Peru lebten ab dem zwölften Jahrhundert die Inka. Ihre Städte errichteten sie im Andengebirge in zwei- bis viertausend Metern Höhe. Ab 1438 dehnte sich das Reich der Inka immer weiter aus und wurde flächenmäßig zu einem der größten Reiche der Welt.

Die Inka waren hervorragende Architekten. Sie bauten ohne Zement. Stattdessen nutzten sie Steine mit abgerundeten Kanten, die sich perfekt zusammenfügten. Wenn die Erde bebte, bewegten sich die Steine zwar mit, aber rutschten wieder ordentlich an ihren Platz, sobald die Erschütterungen aufhörten.

Die Inka legten ein riesiges Wegenetz durch die Berge an. Dazu gehörten auch Hängebrücken über Flüsse und Schluchten. Entlang dieser Wege hatten sie einen Nachrichtendienst, der unheimlich schnell arbeitete. Er funktionierte wie eine Art Staffellauf, bei dem ein Kurier schnell zum nächsten rennen musste. Die Strecke, die sie dabei zurücklegen mussten, betrug je nach Wegbeschaffenheit ein bis zwei Kilometer. Der Inka-Kurierdienst arbeitete Tag und Nacht, und so konnten Nachrichten in weniger als einem Tag über dreihundert Kilometer Entfernung übermittelt werden. So viel schneller ist unsere Post heute auch nicht!

– 5 –

DIE NEUZEIT

Von ± 1500 bis ± 1800

DIE ZEIT DER ERNEUERUNG

SCHATZ,
DU ÜBERTREIBST

Renaissance extrem –
Sehnsucht nach der Vergangenheit

199 HEIMWEH NACH DER »GUTEN ALTEN ZEIT«

Hast du schon mal Großeltern von den »guten alten Zeiten« schwärmen hören, als alles noch besser war? Zu Beginn des 16. Jahrhunderts hatten italienische Gelehrte das gleiche Gefühl. Sie hatten genug vom »dunklen« Mittelalter und sehnten sich zurück nach dem goldenen Zeitalter der Griechen und Römer.

Diese Zeit wird die Renaissance genannt, was wörtlich »Wiedergeburt« bedeutet. Es ging also um die Wiedergeburt der Antike.

Die Renaissance nahm ihren Anfang in Italien. Reiche Leute bezahlten Architekten, damit sie ihnen prachtvolle Häuser und Paläste im Stil des klassischen Altertums bauten. Künstler bekamen viel Geld für neue Gemälde und Statuen. Oft waren diese Künstler zugleich Wissenschaftler, Erfinder und Dichter.

Auch die Kirche gab in der Zeit viel Geld für prunkvolle Bauten aus. Trotzdem verlor sie immer mehr an Macht. Dafür sorgte das Aufkommen des Humanismus, einer Denkrichtung, bei der der Mensch, und nicht Gott, im Mittelpunkt steht. Das führte zu einem Bruch innerhalb der Kirche.

200 LUTHER: EIN MÖNCH WIRD WÜTEND

- Martin Luther war Student an der Universität in Erfurt. Eines Tages geriet er auf einer Reise in ein schlimmes Gewitter. Überall um ihn herum schlugen Blitze ein, und er hatte Todesangst. Er legte sich auf den Boden und begann zu beten. Er versprach Gott, dass er ins Kloster eintreten würde, wenn er ihn am Leben ließe.

HILFE!

Martin Luther

- Luther überlebte das Unwetter, und er hielt sein Versprechen: Zwei Wochen später wurde er Mönch. Aber das Klosterleben war nicht gerade sein Ding. Als Mönch stellte er sich jede Menge Fragen. Warum zum Beispiel durften Priester im Luxus schwelgen, aber die Armen wurden aus der Kirche verbannt, wenn sie ihre Kirchensteuer nicht bezahlen konnten?

- Auf einer Reise nach Rom sah Luther den Reichtum, in dem der Papst und andere Geistliche lebten. Das ging ihm gehörig gegen den Strich. Zu dieser Zeit verkauften Handelsreisende überall Ablassbriefe im Namen der Kirche (siehe auch Info 175). Das Geld aus dem Ablasshandel wurde unter anderem verwen-det, um den Bau des Petersdoms in Rom und den aufwendigen Lebensstil des Papstes zu finanzieren.

- Martin Luther war so wütend, dass er 1517 in 95 Thesen all das aufschrieb, womit er nicht einverstanden war. Das Papier soll er an die Tür der Schlosskirche in Wittenberg genagelt haben. Luther hatte das Volk auf seiner Seite, und auch der Kurfürst unterstützte ihn. Der Thesenanschlag war der Beginn einer Erneuerungsbewegung, die Reformation genannt wird. Sie führte dazu, dass sich viele Menschen von der katholischen Kirche abwendeten und protestantisch wurden.

SO, ZUGANG VERRAMMELT

Beginn der Reformation

201 ZERSTÖRT ALLE BILDER!

Immer mehr Menschen in Europa schlossen sich der Reformation an. An vielen Orten erzählten sie von ihrem neuen Glauben. In den Niederlanden wurden Gottesdienste unter freiem Himmel gehalten, sogenannte *Heckenpredigten*. Am 10. August 1566 hielt ein protestantischer Hutmacher im Dorf Steenvoorde eine besonders hitzige Predigt gegen Bilder in Kirchen. Die Zuhörenden waren von seinen Worten so beeindruckt, dass sie sich sofort zu einer katholischen Kirche aufmachten und dort alle Bilder kaputt schlugen. Der Protest erfasste weite Teile der Niederlande. Überall wurden katholische Bilder und Gebrauchsgegenstände zerstört. Der sogenannte Bildersturm verbreitete sich auch in anderen Ländern.

Natürlich ging es um viel mehr als nur um den Glauben. Die Menschen richteten sich auch gegen die Herrschaft von Philipp II. von Spanien, der die Niederlande regierte. Die Steuern waren viel zu

eifrige Bilderstürmer

hoch, und nach missglückten Ernten litt die Bevölkerung Hunger. Auch der Adel war es leid, dass die Spanier das Sagen hatten. Sie wollten den spanischen König loswerden. Der Bildersturm markierte den Beginn eines Kriegs, der achtzig Jahre andauern sollte.

*der eiserne Herzog von Alba,
brutaler Steuereintreiber*

202 DER EISERNE HERZOG

Philipp II. war nicht besonders glücklich über die Ereignisse in den südlichen Niederlanden. 1567 entsandte er den Herzog von Alba mit zehntausend Soldaten nach Brüssel. Dort sollten sie Jagd auf die Protestanten machen. Fast neuntausend Menschen wurden festgenommen und kamen vor den Rat der Unruhen, wo sie allesamt zum Tode verurteilt wurden. Im Volksmund wurde er auch *Blutrat* genannt, weil er niemanden verschonte. Der Herzog von Alba ließ sogar Adlige auf dem Marktplatz enthaupten. Außerdem trieb er immer höhere Steuern für König Philipp ein. Seine Gnadenlosigkeit brachte ihm den Beinamen »eiserner Herzog« ein.

Die Protestanten wollten sich die Unterdrückung nicht länger bieten lassen und schlugen zurück. 1568 gelang ihnen ein erster Erfolg. Aber der Kampf war noch lange nicht zu Ende. Der achtzigjährige Krieg hatte gerade erst begonnen.

TADAA!
(DAS WIRD EIN)
SCHÖNES GARTENHAUS!

*Familie de' Medici vor einem Modell
der florentinischen Kathedrale*

203 STOLZE STÄDTER

Bist du stolz auf deine Stadt? Das waren die Menschen in der Renaissance auch. Sie fühlten sich viel mehr mit einer Stadt als mit einem Land verbunden. Im 15. Jahrhundert wuchsen die Städte immer rasanter an, und manche wurden sehr reich. Um eine Stadt herum wurden hohe Mauern errichtet, um die Stadt und ihre Bevölkerung zu schützen. Im Zentrum wohnten die reichen Kaufleute und die »Bürger« – das waren Menschen, die im Gegensatz zu den einfachen Leuten über bestimmte Rechte und Besitz verfügten. Die prächtigen Kirchen waren voll mit schönen Gemälden und Statuen. Die kleinen mittelalterlichen Gassen verschwanden und machten Platz für breite Straßen und große Plätze. Im italienischen Florenz gab es eine besonders reiche Familie: die Medici. Sie ließ fantastische Paläste errichten und bezahlte Künstler, damit sie in aller Ruhe die schönsten Werke schaffen konnten.

Manche Städte verfügten sogar über eine eigene Armee und eigene Kriegsschiffe. Venezianische Handelsleute brachten Gewürze, Parfüm und Seide aus dem Fernen Osten und verkauften die Waren in ganz Europa. Deutsche Städte schlossen sich zu einem Handelsverbund zusammen: der *Hanse*. Die Hansestädte wurden sehr reich. Bei so viel spannender Geschichte ist es kein Wunder, dass viele Menschen stolz auf ihre Stadt sind.

FEUER!

Spanische Furie 1576

204 DIE GRÄUEL VON ANTWERPEN

Wir schreiben das Jahr 1576. In der Nähe der Stadt Antwerpen leben viele spanische Soldaten in Kasernen. Der spanische König hat ihnen schon lange keinen Sold mehr gezahlt, manche warten schon seit über zwei Monaten auf ihren Lohn. Jetzt sind sie es satt und planen einen Aufstand. Sie wollen Geld sehen, und zwar sofort! Wenn der König nicht zahlt, holen sie es sich eben selbst.

Am 4. November überfallen wütende spanische Soldaten die Stadt und plündern die Häuser der Bewohner. Viele Männer werden getötet und viele Frauen vergewaltigt. Die Soldaten raffen alles an sich, was sie in die Finger bekommen. Die wallonischen und deutschen Söldner, die auch in Antwerpen sind, machen mit.

»Santiago! España! A sangre, a carne, a fuego, a sacco!« (Heiliger Jakobus! Spanien! Blut, Fleisch, Feuer, Plünderung!), rufen die Spanier. Drei Tage dauert das fürchterliche Gemetzel, bei dem Tausende Menschen ums Leben kommen. Die drei Tage sind als die »Spanische Furie« in die Geschichte eingegangen. Eine Gruppe Antwerpener versteckt sich im neuen Stadthaus, um einen Gegenangriff zu planen. Sie schießen auf die Spanier, die sich auf dem Großen Marktplatz vor dem Stadthaus Kämpfe mit den Bürgern liefern. Daraufhin stecken die Spanier das Stadthaus in Brand. Als die Antwerpener aus dem brennenden Gebäude flüchten, werden sie von den Spaniern getötet. Das Feuer springt auf die umliegenden Häuser über und zerstört einen Großteil der Stadt. Antwerpen liegt in Schutt und Asche. Erst bei der Genter Pazifikation am 8. November 1576 wird in einem Vertrag beschlossen, alle spanischen Truppen aus den Niederlanden zu vertreiben.

205 WIE DRUCKT MAN SCHNELL HUNDERTE VON BÜCHERN?

Von diesem Buch werden ein paar tausend Exemplare gedruckt. Für uns ist das ganz normal. Aber bis zum 15. Jahrhundert war es das ganz und gar nicht. Jedes einzelne Buch musste mühsam abgeschrieben werden, und alle Zeichnungen wurden von Hand gefertigt.

In China wurden damals schon seit einer ganzen Weile Bücher gedruckt. Das älteste heute erhaltene Buch, auf dem ein Datum steht, stammt aus China aus dem Jahr 868. Es ist eine Rolle aus zusammengeklebten, auseinandergerollt fünf Meter langen Seiten. Um eine Seite zu bedrucken, wurde der gesamte Text seitenverkehrt aus einem Holzblock geschnitten. Der Block wurde eingefärbt und auf das Papier gedrückt. Wahrscheinlich brachten europäische Handelsleute die Idee im 14. Jahrhundert aus China mit.

Natürlich war es sehr aufwendig, jede Seite einzeln aus Holz zu schnitzen. Außerdem nutzten sich die Holzblöcke schnell ab, sodass die Schriftzeichen nicht mehr gut zu erkennen waren. Ein Goldschmied namens Johannes Gutenberg hatte eine Idee: Er fertigte kleine Metallstücke an. Auf jedem Stück stand ein Buchstabe. Vielleicht kannst du dir schon denken, wie es weiterging: Gutenberg schob die einzelnen Buchstaben zu Wörtern, Sätzen und ganzen Seiten zusammen, um sie anschließend zu drucken. Der Vorteil: Die Metallstücke konnten immer wieder neu zusammengesetzt werden und waren auch viel haltbarer als Holz. Um 1451 erschien die erste auf diese Weise gedruckte Bibel. Die Verzierungen auf den Seiten wurden weiterhin aus einem Holzblock geschnitten, auf die Seite gedruckt und von Hand eingefärbt.

Dank Gutenbergs Erfindung konnten Bücher nun viel schneller und günstiger hergestellt werden. Anfangs wurden vor allem Bibeln und weitere religiöse Texte gedruckt, später kamen auch andere Werke hinzu.

Mit der Kunst des Buchdrucks hatten auf einmal viel mehr Menschen Zugang zu viel mehr Büchern. So wurden die Ideen der Renaissance rasant verbreitet. Sie sollten die Welt verändern.

JETZT WIRD GEDRUCKT

Johannes Gutenberg

206 TO BE OR NOT TO BE ...

Romeo und Julia! Hamlet! Othello! Macbeth! Hast du diese Namen schon mal gehört? Dann weißt du vielleicht auch, dass es sich dabei um Figuren aus berühmten Theaterstücken von William Shakespeare handelt.

William Shakespeare wurde 1564 in Stratford-upon-Avon geboren. Er heiratete die acht Jahre ältere Anne Hathaway, und die beiden bekamen drei Kinder. Shakespeare wurde Autor, und die Familie zog nach London, weil William sich dort mehr Aufträge erhoffte. Aus seiner Feder flossen insgesamt 39 Theaterstücke und 154 Sonette (das sind Gedichte in einer besonderen Form). Viele seiner Stücke werden heute noch in Theatern auf der ganzen Welt aufgeführt. Shakespeare wurde mit seinen Werken schon zu Lebzeiten reich und berühmt.

OH, ROMEO

OH, JULIA

Romantik à la William Shakespeare

KLAMÜSER PAPÜSER

HMM

*William Shakespeare
bastelt neue Wörter.*

Shakespeare-Extra

Shakespeare bereicherte die englische Sprache mit über 1700 neuen Wörtern, die er selbst erfunden hatte oder als Erster aufschrieb.

Frauen und Mädchen durften zu Shakespeares Zeiten nicht schauspielen. Alle weiblichen Rollen wurden von Männern dargestellt. Das hatte auch Einfluss auf Shakespeares Theaterstücke.

Karl hat für jedes Gegenüber eine Sprache.

207 IN KAISER KARLS REICH GING DIE SONNE NIE UNTER

Karl V. wurde 1500 in Gent im heutigen Belgien geboren. Sein Vater Philipp der Schöne starb 1506, und Karl wurde sein Nachfolger. Er war Kaiser eines riesigen Reichs, »in dem die Sonne nie unterging«. Er herrschte über fast vierzig Prozent der damaligen europäischen Bevölkerung: 28 Millionen Menschen. Zu seinem Reich gehörten nicht nur Spanien, Süditalien, Deutschland und die siebzehn niederländischen Provinzen (heute die Niederlande, Belgien und der Norden von Frankreich), sondern auch noch ein Teil der »Neuen Welt« (Amerika).

Karl V. galt als kluger Herrscher, mit dem Ruhe und Frieden ins Reich einkehrten. Er sprach mehrere Sprachen und soll einmal gesagt haben: »Ich spreche Spanisch zu Gott, Italienisch zu den Frauen, Französisch zu den Männern und Deutsch zu meinem Pferd.«

Über Karl V. gibt es viele Geschichten. Eine lustige dreht sich um den Krug von Olen: Eines Tages soll Kaiser Karl nach der Jagd dem flämischen Dorf Olen einen Besuch abgestattet haben. Die Bauersleute in diesem Dorf tranken normalerweise aus Krügen ohne Henkel. Aber extra für den Kaiser hatten sie einen Krug mit Henkel angefertigt. Leider hielt der Wirt den Krug selbst am Henkel fest, sodass der Kaiser ihn ihm nicht am Henkel abnehmen konnte. Also machten sie für den nächsten Besuch des Kaisers einen Krug mit zwei Henkeln. Leider hatte der Wirt es immer noch nicht begriffen und hielt den Krug an beiden Henkeln fest, als er ihn dem Kaiser reichte. Wieder falsch! So bekam der Krug schließlich drei Henkel. Jetzt konnte der Wirt ihn an zwei Henkeln festhalten, und für den Kaiser blieb ein Henkel frei. Ob du's glaubst oder nicht, es ging schon wieder schief. Als der Wirt diesmal dem Kaiser den Krug reichte, zeigte der dritte Henkel auf seinen eigenen Bauch und damit weg von Karl. Er war leider nicht der Hellste.

208 MERKWÜRDIGE MONARCHINNEN: JOHANNA DIE WAHNSINNIGE

Johanna war gerade mal fünfzehn, als sie von Spanien nach Flandern reiste, wo sie König Philipp den Schönen heiraten sollte. Als sie in Lier ankam, war der König gerade nicht da. Er ließ Johanna warten.

Als Johanna ihn dann endlich traf, war es Liebe auf den ersten Blick. Johanna verliebte sich unsterblich in Philipp. Die beiden heirateten und bekamen zwischen 1498 und 1507 sechs Kinder. Doch Johanna war nicht glücklich. Sie liebte ihren Mann zwar aus tiefstem Herzen, aber der machte es ihr nicht leicht. Er hatte Beziehungen zu anderen Frauen, was Johanna krank vor Eifersucht machte.

Als Johanna den Thron von Kastilien erbte, reisten sie und Philipp nach Spanien. Dort erkrankte Philipp an einer Lungenentzündung und starb 1506 mit nur achtundzwanzig Jahren. Johanna wurde verrückt vor Trauer. Sie schloss sich mit dem Leichnam ihres Mannes in einem Zimmer ein und redete pausenlos mit ihm. Nach Regieren stand ihr nicht der Sinn. Stattdessen nahm sie den Sarg ihres Mannes mit auf eine Reise.

Von da an nannten die Menschen sie Johanna die Wahnsinnige. Als sie bei ihren Eltern ankam, schickten die sie ins Kloster. Der Sarg mit Philipps Leichnam wurde nach Granada gebracht, wo er schließlich begraben wurde.

Johanna verbrachte den Rest ihres Lebens im Kloster. Sie kleidete sich nur noch schwarz, litt unter Depressionen und bekam immer wieder schreckliche Wutanfälle. Sie starb im Jahr 1555 und wurde neben ihrem geliebten Philipp begraben.

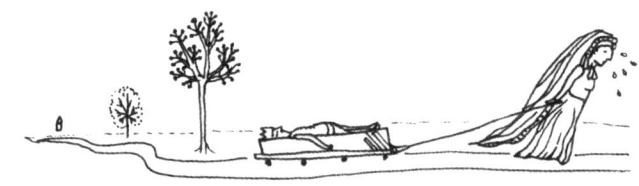

Johanna I. von Kastilien

209 MERKWÜRDIGE MONARCHEN: KAISER RUDOLF UND DER STEIN DER WEISEN

Rudolf kam 1552 als Sohn von Kaiser Maximilian II. und Maria von Spanien zur Welt. Als sein Vater 1576 starb, folgte Rudolf ihm auf den Thron. Da war er vierundzwanzig. Eigentlich sollte er Isabella von Spanien heiraten, aber die Ehe interessierte ihn nicht. Am Ende heiratete Isabella Rudolfs Bruder Albrecht, und Kaiser Rudolf II. sollte sein Leben lang unverheiratet bleiben. Allerdings hatte er mehrere uneheliche Kinder.

Rudolf II. war ein großer Kunstfreund. Er besaß eine beeindruckende Sammlung von Kunstwerken bekannter Maler, darunter Bruegel, Dürer und Tizian. Er förderte auch Künstler seiner Zeit, und einige durften sogar im Palast wohnen. Auch Gelehrte der Mathematik, Astronomie und Theologie lud er regelmäßig in den Palast ein. Er empfing sogar Alchimisten, die nach dem *Stein der Weisen* forschten.

Dieser sagenumwobene Stein sollte unedle Metalle in Gold verwandeln und allerlei Krankheiten heilen können. Außerdem sollte er dem Besitzer ein langes Leben bescheren.

Vielleicht interessierte sich Rudolf auch darum so sehr für den Stein der Weisen, weil es ihm überhaupt nicht gut ging. Ab 1600 litt er immer wieder an Panikattacken und bekam plötzliche Wutanfälle. Sein Verhalten wurde von Tag zu Tag unberechenbarer, bis die Familie beschloss, dass er zum Regieren nicht mehr fähig war. Sein Bruder Matthias übernahm einen Großteil seiner Aufgaben. Rudolf war nicht damit einverstanden und versuchte, die Macht zurückzugewinnen. Doch das gelang ihm nicht: Zwar behielt Rudolf weiter den Kaisertitel, aber er hatte keine Macht mehr. Er zog sich auf seine Prager Burg zurück, wo er 1612 einsam starb.

UND ER LEBTE NOCH LANGE ...

Kaiser Rudolf II. braucht unbedingt diesen Stein.

210 MERKWÜRDIGE MONARCHEN: IWAN DER SCHRECKLICHE

Mit sechzehn Jahren wurde Iwan IV. Zar (so etwas wie ein König) von Russland. Er war der erste Großfürst von Moskau, der sich zum Zar krönen ließ. Am Anfang lief alles bestens. Aber dann starb 1560 seine Frau Anastasia. Iwan war überzeugt, dass russische Adlige – die *Bojaren* – sie vergiftet hatten. Außer sich vor Wut und Trauer ließ er zahlreiche Bojaren hinrichten. Dazu stellte er sogar eigens eine Truppe auf, die nur ihm zu Diensten war. Die Kämpfer dieser Truppe waren ganz in Schwarz gekleidet und ritten auf schwarzen Pferden, um möglichst viel Angst und Schrecken zu verbreiten. Im Auftrag von Iwan quälten und ermordeten sie viele Menschen. Das Volk nannte sie »Iwans Hunde«.

Iwan wurde immer unberechenbarer. Für seine Wutausbrüche und Grausamkeit war er überall gefürchtet. Er bekam den Beinamen *Grozny*, was eigentlich »der Strenge« oder »der Furchteinflößende« bedeutet, aber im Deutschen oft als »Iwan der Schreckliche« wiedergegeben wird. Schreckliche Geschichten über ihn gibt es genug: Nach dem Bau einer Kathedrale soll er zum Beispiel befohlen haben, dem Architekten die Augen auszustechen, um zu verhindern, dass er noch einmal etwas so Schönes bauen würde. Diese

Geschichte ist aber frei erfunden. Iwan soll auch seinen eigenen Sohn im Streit erschlagen haben. Ob das stimmt, wissen wir nicht.

Iwan starb 1584 bei einer Partie Schach. Die einen sagen, er hätte einen Schlaganfall erlitten, die anderen sagen, er wurde von den Bojaren vergiftet.

AUF SIE MIT GEBRÜLL!

WUFF

GRRR

Zar Iwan IV. der Schreckliche und Iwans Hunde

Gustav II.
will so schnell wie möglich aufs Wasser.

211 MERKWÜRDIGE MONARCHEN: GUSTAV II. DER UNGEDULDIGE

1625 wollte der schwedische König Gustav II. Adolf sein Reich vergrößern. Polen gefiel ihm ganz gut. Er erteilte dem niederländischen Schiffbauer Henrik Hybertsson den Auftrag, ein großes und beeindruckendes Kriegsschiff für ihn zu bauen. 1628 war die Vasa dann fertig. Über zwei Jahre und viele fleißige Arbeiter hatte es dafür gebraucht. Die Vasa war wirklich ein prachtvolles Schiff: Sie hatte zwei Decks, war ausgestattet mit Dutzenden Kanonen und wog 1200 Tonnen. Insgesamt bot das Schiff Platz für 435 Besatzungsmitglieder.

Um die Stabilität des Schiffs zu testen, ließ Hybertsson eine große Gruppe von Männern von einem Ende des Decks zum anderen rennen. Der Schiffbauer sah sofort, dass etwas nicht stimmte: Das riesige Schiff war nicht stabil. Aber König Gustav war ungeduldig. Er hatte doch schon lange genug gewartet und wollte endlich in See stechen.

Am 10. August 1628 war es so weit: Die Vasa nahm von Stockholm aus Kurs aufs offene Meer. Noch bevor das mächtige Schiff den Hafen verlassen hatte, wurde es vom ersten Windstoß fast umgepustet. Bei der zweiten, noch stärkeren Böe passierte das Unvorstellbare: Die Vasa kenterte. Da hatte sie noch keine 3300 Meter zurückgelegt. Die meisten Besatzungsmitglieder konnten sich schwimmend ans Ufer retten, aber dreißig von ihnen ertranken.

Jahrhundertelang lag die Vasa unter Wasser und wurde erst 1961 geborgen. Heute kann man sie im Vasa-Museum bei Stockholm bewundern. Der Besuch lohnt sich, denn das Schiff sieht wirklich beeindruckend aus. Aber manchmal trügt der Schein eben …

212 MERKWÜRDIGE MONARCHEN:
HEINRICH VIII. UND SEINE SECHS FRAUEN

Unter der Herrschaft von Heinrich VIII. war England ein blühendes Reich. Trotzdem ist der König heute vor allem für seine sechs Frauen bekannt.

⊙ Seine erste Frau war Katharina von Aragon. Heinrich heiratete sie, um die guten Beziehungen mit dem spanischen Königshaus aufrechtzuerhalten. So war das nun mal bei Königen. Die beiden bekamen mehrere Kinder, die aber jung starben. Nur ein Mädchen überlebte, doch Heinrich wollte um jeden Preis einen männlichen Thronfolger.

Katharina von Aragons
Kopf blieb dran.

⊙ In der Zwischenzeit hatte er sich in Anne Boleyn verliebt, eine Hofdame seiner Ehefrau. Er wollte sich von Katharina scheiden lassen, aber damit war der Papst nicht einverstanden. Heinrich war darüber so wütend, dass er sich von der katholischen Kirche abwandte und die protestantische Kirche von England (Church of England) gründete. Er ließ sich von Katharina scheiden und heiratete seine neue Liebe. Leider brachte auch die keinen Sohn zur Welt. Aus Zorn darüber behauptete Heinrich, dass Anne ihm untreu geworden war, und ließ sie enthaupten.

⊙ Nur elf Tage später heiratete er Jane Seymour. Sie gebar ihm zwar einen Sohn, aber dann schlug das Schicksal zu: Jane erkrankte schwer und starb. Der König war untröstlich. Trotzdem machte er sich auf die Suche nach einer neuen Frau.

⊙ Als Nächstes heiratete er die deutsche Prinzessin Anna von Kleve. Die beiden passten aber überhaupt nicht zusammen. Schon zwei Jahre später wurde die Ehe wieder aufgelöst.

⊙ Frau Nummer fünf war Catherine Howard. Sie war erst zwanzig, als sie Heinrich heiratete, und der alte, dicke König gefiel ihr eigentlich gar nicht. Sie machte anderen Männern schöne Augen, und Heinrich ließ sie dafür enthaupten.

⊙ Heinrichs letzte Ehefrau war Catherine Parr. Sie war den Kindern eine liebevolle Mutter und kümmerte sich gut um den König. Nach seinem Tod wurde Heinrich jedoch neben Jane Seymour begraben. Von seinen sechs Frauen war sie seine einzige echte Liebe.

PROBLEM MIT
FRAUEN, ICH?
ACH WAS

Anne Boleyn

Catherine Howard

Heinrich VIII.
Ehefrauen-Enthaupter

213 EIN ARZT UND AUFSCHNEIDER

Der Flame Andreas Vesal (auch: Vesalius) war praktisch zum Arzt geboren. Schon sein Urgroßvater und sein Großvater waren Leibärzte am kaiserlichen Hof gewesen, und sein Vater war ein bedeutender Apotheker. Andreas begann sein Medizinstudium an der Universität, war aber nicht zufrieden mit dem, was dort gelehrt wurde. In den Vorlesungen wurden Texte eines griechischen Arztes aus dem zweiten Jahrhundert n. Chr. verwendet. Vesalius war überzeugt, dass viel von dem alten Lehrstoff nicht stimmte.

Also zog er zum Weiterstudieren nach Italien. Dort durfte er die Leichname von zum Tode verurteilten Gefangenen aufschneiden und konnte so untersuchen, wo genau sich die Muskeln und Organe im Körper befanden. Der Fachbegriff dafür heißt Sektion. Vesalius führte auch Versuche mit lebenden Tieren durch. So entdeckte er, dass ein Tier gelähmt wurde, wenn man ihm das Rückenmark durchtrennte. Vesalius schrieb ein bedeutendes siebenbändiges Werk über seine Forschungen. Damit wurde er zu einem der wichtigsten Gelehrten seiner Zeit.

Doch leider hatte Vesalius nicht nur Unterstützer. Manche nahmen ihm seine Kritik an den Universitäten übel und verbreiteten Gerüchte über ihn. Zum Beispiel soll er nachts auf den Friedhof geschlichen sein, um Leichen für seine Forschungen auszugraben. Auch soll er einmal einen Adligen versehentlich aufgeschnitten haben, als der noch am Leben war. Die Geschichten waren zwar frei erfunden, aber trotzdem musste Vesalius 1594 als Buße für seine Sünden eine Pilgerreise ins Heilige Land unternehmen. Auf der Rückfahrt gab es ein Schiffsunglück, das Vesalius nicht überlebte.

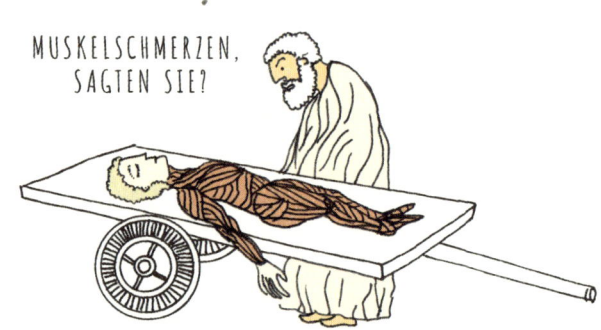

MUSKELSCHMERZEN, SAGTEN SIE?

Sektion mit Andreas Vesalius

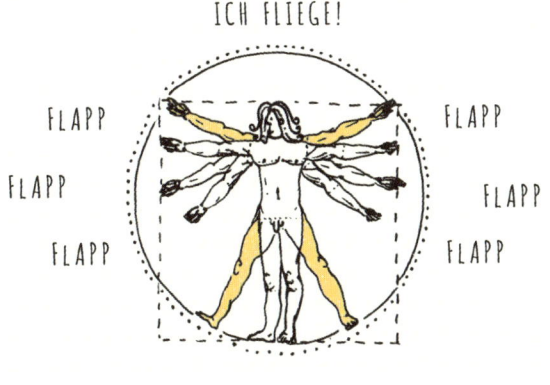

ICH FLIEGE!

FLAPP FLAPP

FLAPP FLAPP

FLAPP FLAPP

*Leonardo da Vincis
vitruvianischer Mensch*

214 DA VINCI SCHRIEB ALLES IN SPIEGELSCHRIFT

Kannst du dir jemanden vorstellen, der gleichzeitig Maler, Bildhauer, Ingenieur, Wissenschaftler und Erfinder ist? Das sind eigentlich zu viele Berufe für einen einzigen Menschen, aber es hat ihn gegeben. Die Rede ist von Leonardo da Vinci. Seine bekanntesten Werke sind die »Mona Lisa« – das Bild hängt im Louvre-Museum in Paris – und »Das letzte Abendmahl«, ein Wandgemälde im Kloster Santa Maria delle Grazie in Mailand.

Vielleicht hast du auch schon einmal die Zeichnung des *vitruvianischen Menschen* gesehen. Sie stellt einen nackten Mann mit ausgestreckten Armen dar. Die Zeichnung zeigt perfekt das Verhältnis der verschiedenen menschlichen Körperteile zueinander.

In seinen Zeichenbüchern fertigte Leonardo viele Skizzen von wundersamen Maschinen an: einen Hubschrauber, ein Flugzeug, einen Fallschirm, besondere Kriegswaffen, eine Rechenmaschine

und noch mehr. Er beschrieb dabei auch die Funktionsweise seiner Erfindungen und war seiner Zeit weit voraus: Es sollte mehrere hundert Jahre dauern, bis solche Geräte wirklich gebaut wurden.

Die Skizzenbücher sind nicht nur wegen ihrer Inhalte außergewöhnlich, sondern auch, weil Leonardo seine Texte in Spiegelschrift verfasste. Warum er das tat, ist bis heute ein Rätsel. Ob es eine Art Geheimschrift sein sollte, damit der Text nicht so leicht zu entziffern war? Oder war er Linkshänder und wollte die Schrift nicht verschmieren? Wir werden es wohl nie mit Sicherheit erfahren.

215 EIN STINKEFINGER FÜR DEN PAPST

Michelangelo di Lodovico Buonarroti Simoni – aber du darfst auch einfach *Michelangelo* sagen – war Maler, Bildhauer, Dichter und Architekt. Als Kind ging er nicht gerne zur Schule, sondern saß viel lieber zeichnend in der Ecke. Seinem Vater gefiel das überhaupt nicht. Laut ihm könnte er als Künstler nie genug verdienen, um eine Familie durchzubringen. Aber Michelangelo konnte sich durchsetzen, als einige reiche Männer auf sein Talent aufmerksam wurden. Lorenzo de' Medici förderte ihn und sorgte dafür, dass der Künstler genug Geld hatte, um in Ruhe seine Kunstwerke zu schaffen (siehe auch Info 203).

Michelangelos berühmteste Skulptur ist wohl die kolossale David-Statue in Florenz. Sie ist über fünf Meter hoch und aus einem einzigen Marmorblock gehauen. Michelangelo bemalte auch die Decke der Sixtinischen Kapelle in Rom. Dazu gibt es eine lustige Geschichte: Michelangelo stand mit dem Papst, Julius II., auf Kriegsfuß. Als er die Kapelle dekorieren durfte, ließ er den Papst für den Propheten Zacharias Modell stehen. Julius II. war stolz, dass er mit einer so bedeutenden Figur verglichen wurde. Aber der Papst hatte nicht genau hingesehen.

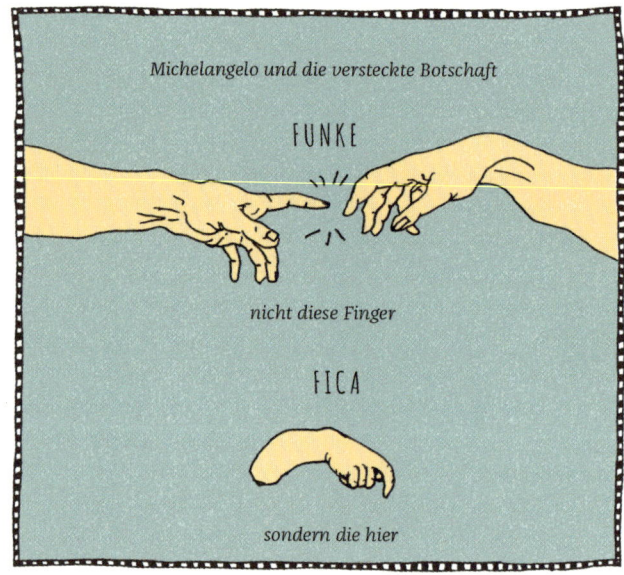

Michelangelo und die versteckte Botschaft

FUNKE

nicht diese Finger

FICA

sondern die hier

HIHI, DAS KITZELT

> 5 m

Michelangelo bearbeitet den Marmorblock namens David.

Im Hintergrund malte Michelangelo nämlich einen Engel, der den Daumen zwischen Mittel- und Zeigefinger steckt. Das ist die *fica*-Geste und bedeutet so viel wie der Stinkefinger heute. Wir können Michelangelo nicht mehr fragen, aber es ist gut möglich, dass er dem Papst auf diese Weise eins auswischen wollte.

Michelangelo wurde schon zu Lebzeiten sehr reich und berühmt. Man nannte ihn auch *il divino Michelangelo* – der göttliche Michelangelo. Wetten, dass sein Vater doch ziemlich stolz auf seinen Sohn war?

COOL!

DER MOND HAT LÖCHER!

Galileo Galilei studiert den Mond.

216 DIE SONNE (NICHT DIE ERDE) IST DAS ZENTRUM

Vielleicht weißt du schon lange, dass sich die Erde um die Sonne dreht, aber im 16. Jahrhundert war das noch eine völlig neue, unerhörte Idee. Bis dahin glaubten die Menschen, die Erde wäre der Mittelpunkt von allem. Galileo Galilei war ein Physiker, Mathematiker und Astronom, der an der Universität lehrte. Nebenbei führte er ständig Experimente durch und schrieb Bücher über seine Studien. Vor allem die Erkenntnisse zur Schwerkraft und Bewegung waren neu und aufsehenerregend.

1609 erfuhr er, dass ein Niederländer ein Instrument erfunden hatte, mit dem man Dinge in der Ferne so sehen konnte, als ob sie ganz nah wären: ein Fernrohr. Galilei fand heraus, wie das Instrument funktionierte, und baute es nach. Er verfeinerte es so weit, bis er die Sterne und Planeten damit beobachten konnte.

Was Galilei am Himmel sah, überraschte ihn eigentlich nicht: Nicht die Erde, sondern die Sonne war der Mittelpunkt des Universums. Das hatte Kopernikus, ein polnischer Astronom, schon fünfzig Jahre zuvor behauptet, nur hatte ihm keiner geglaubt. Mit seinem Teleskop konnte Galilei auch sehen, dass die Oberfläche des Mondes nicht glatt war, sondern rau und uneben.

Seine Entdeckungen hielt Galilei in einem Buch fest. In einem Abschnitt des Buches machte er sich über den Papst lustig. Darüber konnte der natürlich nicht lachen. Obwohl der Papst ihn einst unterstützt hatte, musste Galilei jetzt vor dem Kirchengericht erscheinen, wo er zu lebenslanger Gefangenschaft verurteilt wurde. Allerdings sperrte man den berühmten Professor nicht in einer kalten Zelle ein, sondern erlaubte ihm, bis zum Ende seines Lebens unter Arrest in einem komfortablen Haus zu wohnen.

Klatschblätter im 16. Jahrhundert

217 KÄSEBLÄTTCHEN IM 16. JAHRHUNDERT

Im 16. Jahrhundert gab es noch keine Zeitungen und natürlich auch noch kein Radio oder Fernsehen. Aber wie erfuhren die Menschen dann, was in der Welt so los war?

- Sie bekamen ihre Nachrichten von umherziehenden Schauspieltruppen. Die reisten durch die Gegend und brachten immer spannende Geschichten mit. Gerade Menschen auf dem Land freuten sich immer, wenn sie vorbeikamen, denn viele hatten ihr Dorf noch nie verlassen.

- Ein *Schellenmann* überbrachte Nachrichten von der Obrigkeit. Der Bote stellte sich auf den Dorfplatz und schellte mit einer Glocke, damit alle wussten, dass er da war. Er verkündete den Menschen die neuen Beschlüsse der Stadtverwaltung. Offizielle Neuigkeiten wurden auf Plakaten festgehalten und außen an die Kirche oder ein anderes wichtiges Gebäude gehängt. So ließ der König zum Beispiel die Einführung einer neuen Steuer mitteilen oder es wurden wichtige Hochzeiten und Geburten bekanntgegeben.

- Es gab auch gedruckte Flugblätter. Darauf waren Nachrichten zu lesen. Die stimmten zwar nicht immer, aber die Leute lasen sie trotzdem gern. Mal ging es um merkwürdige Fische, die irgendwo angespült worden waren, mal um eine Prinzengeburt, den Tod einer Königin in einem fernen Land oder um die Abenteuer von Reisenden. Manchmal waren die Flugblätter auch mit großen Zeichnungen versehen. Flugblätter waren also die Klatschblätter des Spätmittelalters.

218 SPIELEN IST DOCH ÜBERFLÜSSIG

Im 16. Jahrhundert waren nicht alle Menschen der Meinung, dass Spielen für irgendwas gut sei. Die Calvinisten – das waren strenge Protestanten – fanden sogar, dass Kinderspiele überhaupt keinen Nutzen hatten und verboten werden sollten. 1560 malte der niederländische Maler Pieter Bruegel der Ältere ein Bild namens »Die Kinderspiele«. Darauf sind 250 Menschen zu sehen, die insgesamt über siebzig verschiedene Spiele spielen. Was der Künstler mit seinem Werk sagen wollte, ist nicht ganz klar. Bruegel malte seine Figuren als kleine Erwachsene. Sollte das etwa heißen, dass Spielen nur etwas für Kindsköpfe war? Oder meinte er, dass es für Erwachsene genauso wichtig wie für Kinder ist?

Viele der Spiele auf Bruegels Bild kennen wir heute noch, wie zum Beispiel Hüpfspiele, Tauziehen, Blinde Kuh, Kreisel, Murmeln und Boule.

Meistens spielten Kinder mit Sachen, die die Eltern selbst gebastelt hatten. Ab dem 17. Jahrhundert wurde dann immer mehr Spielzeug für Kinder hergestellt, und in Deutschland entstand eine richtige Spielzeugindustrie. Besonders beliebt waren schöne Puppen und Spielsachen aus Holz. Die waren aber sehr teuer, sodass sich lange Zeit nur die Reichen Spielzeug für ihre Kinder leisten konnten.

Im Spätmittelalter wurde auch Ballsport getrieben. Es gab zum Beispiel einen Vorläufer des Fußballs, der mit Händen und Füßen und manchmal mit einem Stock gespielt wurde. Beim *Kaatsen* (Friesischer Handball) wurde ein Ball mit der flachen Hand ins Feld geschlagen. Dann gab es das *Pallone*, bei dem der Ball nicht auf den Boden kommen durfte. In den Niederlanden war *Colf* beliebt, ein Vorläufer des modernen Golf-Spiels. Sport und Spiel wurden zwar von manchen verurteilt, aber die Menschen ließen es sich trotzdem nicht verbieten.

Bonus-Info

Hüpfspiele wurden schon im Mittelalter an vielen Orten auf der Welt gespielt. Eine Variante ist »Himmel und Hölle«. Dabei wird ein Muster auf den Boden gezeichnet, das an den Grundriss einer Kirche erinnern soll. Dann wird ein Stein geworfen. Je nachdem, wo der Stein landet, muss man in den Himmel oder in die Hölle hüpfen.

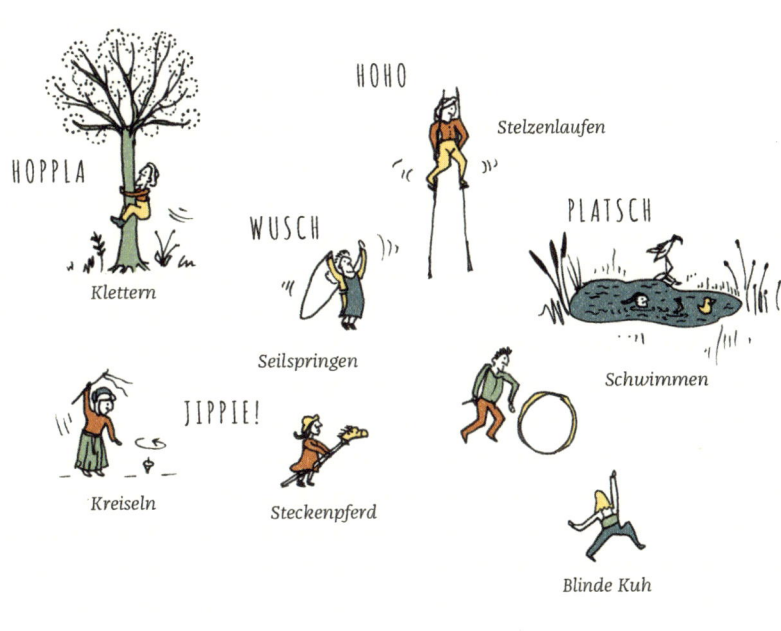

HOPPLA
Klettern

HOHO
Stelzenlaufen

WUSCH
Seilspringen

PLATSCH
Schwimmen

JIPPIE!
Kreiseln

Steckenpferd

Blinde Kuh

schöner spielen mit Bruegel

219 DIE HEXENVERFOLGUNG KOSTETE VIELE FRAUEN DAS LEBEN

In der Frühen Neuzeit, ungefähr zwischen 1450 und 1750, waren die Menschen sehr abergläubisch. Sie glaubten fest an Hexerei und Schwarze Magie. Meistens gaben sie dabei armen, unverheirateten Frauen die Schuld an allen möglichen schrecklichen Dingen. Sie beschuldigten sie, einen Pakt mit dem Teufel geschlossen zu haben: Mal waren sie schuld am Hagel, der die Ernte zerstörte, mal sollen sie unschuldige Menschen mit ihren dunklen Kräften getötet haben. Angeblich raubten sie auch kleine Kinder aus ihren Betten, um sie aufzuessen.

Kindersnack

Wer der Hexerei beschuldigt wurde, wurde vor Gericht gestellt und musste oft mit Folter rechnen. Die Foltermethoden waren so grausam, dass manche einfach zugaben, eine Hexe zu sein, weil sie den Schmerz nicht mehr aushielten. Manchmal verordnete das Gericht eine sogenannte Hexenprobe, bei der die Angeklagte beweisen sollte, dass sie keine Hexe war. Dabei wurde ihr zum Beispiel ein schwerer Stein an den Körper gebunden, bevor man sie ins Wasser warf. Wenn die Angeklagte unterging, galt sie als unschuldig. Wer auf dem Wasser schwamm, musste eine Hexe sein und endete auf dem Scheiterhaufen. In beiden Fällen war man hinterher tot.

Tausende kamen auf diese Weise zu Tode, weil andere sie der Hexerei verdächtigten. Die Opfer der Hexenverfolgung waren zu achtzig Prozent Frauen.

In den letzten Jahren wurde an vielen Orten an das Unrecht und die Grausamkeit der Hexenprozesse erinnert. In Deutschland und in anderen Ländern wurden die Opfer der Hexenverfolgung nachträglich für unschuldig erklärt und Gedenktafeln für sie aufgehängt.

220 MILCH VON FREMDEN MÜTTERN

Wurden du oder deine Geschwister als Babys gestillt? Wenn, dann wahrscheinlich von deiner Mutter. Bei reichen Familien im 16. Jahrhundert war das anders. Nach der Geburt suchte sich die Mutter eine Amme. Das war eine Frau, die selbst auch gerade ein Kind geboren hatte und genug Milch für zwei hatte. Ein Kind wurde so lange gestillt, bis es Zähne bekam.

Die meisten Babys wurden damals von oben bis unten in Tücher gewickelt, sodass sie sich kaum bewegen konnten. Nach allgemeiner Vorstellung diente das Wickeln dazu, das Baby ruhigzustellen. So blieb der Mutter mehr Zeit für den Haushalt.

Wer in den Niederlanden nach der Geburt eines Kindes Gäste empfing, schenkte dem Besuch

FÜR DIE
GEMEINSCHAFT

Amme für alle

traditionell einen Kandeel aus. Das war ein Punsch aus Branntwein und Eigelb. Den tranken nicht nur die Gäste, auch die frischgebackene Mutter nahm zur Stärkung ab und zu ein Gläschen.

Eins von vier Kindern überlebte damals das erste Lebensjahr nicht. Weitere fünfzehn Prozent verstarben zwischen dem ersten und dem fünften

Geburtstag. Wer Glück hatte und bis dahin überlebte, konnte durchaus alt werden. Na ja … »alt«. Die meisten Menschen wurden damals nicht älter als fünfzig – und das finden wir wiederum total jung!

221 DIE OSMANEN UND DIE KANONEN VON ORBAN

Orban (auch: Urban) war ein ungarischer Erfinder. Er entwickelte eine riesige Kanone. Seine Wunderwaffe bot er als Erstes den Byzantinern an, aber die konnten sie sich nicht leisten. Also ging Orban mit seiner Kanone zum Gegner. Der osmanische Sultan Mehmed II. war bereit, für die neue Waffe tief in die Tasche zu greifen. Und es zahlte sich aus! 1453 gelang es ihm, mit den Kanonen eine Bresche in die Stadtmauer von Konstantinopel zu sprengen. So konnte das osmanische Heer die Stadt erobern. Sobald die Soldaten eingedrungen waren, machten sie aus der Kathedrale Hagia Sophia eine Moschee.

Zum Glück war Mehmed II. ein toleranter Sultan, der andere Religionen erlaubte. Allerdings mussten ihre Anhänger höhere Steuern zahlen. Unter osmanischer Herrschaft erlebte Konstantinopel eine neue Blüte. Das Osmanische Reich erstreckte sich über drei Kontinente: Europa, Asien und Afrika. 1683 kamen die Osmanen bis an die Grenzen von Wien, wo sie durch eine große Armee aus verschiedenen europäischen Ländern geschlagen wurden. Das bedeutete das Ende der osmanischen Blütezeit.

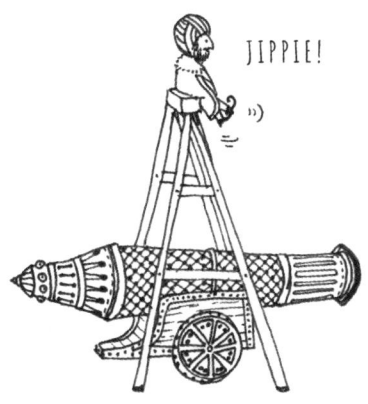

Sultan Mehmed II. und sein neues Spielzeug

Betreten auf eigene Gefahr

222 BADEN? DAS IST DOCH LEBENSGEFÄHRLICH!

Ärzte im 16. Jahrhundert waren davon überzeugt, dass Baden lebensgefährlich war. Denn im warmen Wasser öffneten sich die Poren, wodurch alle möglichen Krankheiten in den Körper eindringen konnten. Zum Beispiel die Pest. Darum hielt man es für schlauer, nie zu baden. Ärzte rieten den Menschen, ihren Körper nur mit einem trockenen Tuch abzuwischen. So bildete sich eine Schmutzschicht – oder eher eine Schmutzkruste – auf dem Körper, die ihn gegen schädliche Eindringlinge schützte. Abends streute man sich Puder auf die Haare, das man dann morgens wieder ausschüttelte. Nur wenn es gar nicht mehr anders ging, durfte man ein bisschen Wasser gebrauchen. Einmal pro Jahr war ein Besuch im Badehaus erlaubt.

Die Kleidung durfte allerdings schon gewaschen werden. In der Oberschicht geschah das mehrmals pro Woche. Die einfachen Leute wechselten ihre Unterwäsche etwa einmal im Monat. Es wird dich nicht überraschen, dass die meisten Menschen mit Läusen und Flöhen zu kämpfen hatten und fürchterlich stanken. In den oberen Klassen überdeckte man den Gestank mit einer großzügigen Parfümwolke.

Adlige trugen weißes Make-up, um sich von den niederen Klassen abzugrenzen. Bauern und Bäuerinnen waren meist braun gebrannt, weil sie so viel auf dem Feld in der Sonne waren. Braune Haut war also der Beweis, dass jemand arbeiten musste. Das Bleichpuder der Wohlhabenden bestand aus Blei, Quecksilber, Eiweiß und Essig. Leider war das Gemisch ziemlich giftig und verursachte furchtbare Narben. Aber auch dafür gab es eine elegante Lösung: Man klebte ein stern-, mond- oder diamantförmiges Pflaster drauf. Solche Pflaster waren eine Zeitlang richtig hip.

Erst um 1750 erkannten europäische Ärzte, dass Baden und Schrubben nicht gefährlich, sondern nützlich ist. Auf jeden Fall riecht man viel besser!

AROMA

Essence »Humain«

223 GUTE NEUIGKEITEN! DIE ERSTE ZEITUNG IST DA!

Die allererste Zeitung gab es in China: ein Nachrichtenblatt mit dem Namen *Kaiyuan Za Bao*, die 713 zum ersten Mal erschien. Wahrscheinlich gab es aber nur wenige Exemplare, denn die Zeitung wurde vollständig mit der Hand geschrieben – auf Seide.

»Nieuwe Tidinghen«
Erfolge aus dem Königshaus

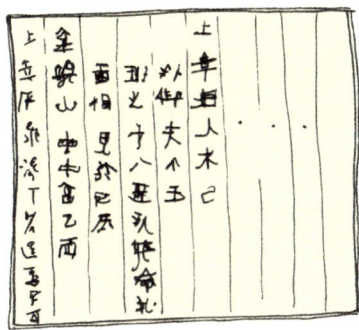

Ausschnitt aus Kaiyuan Za Bao

In Europa erschien 1492 in Italien zum ersten Mal die *Venedig-Gazette*. Am Anfang bestand sie nur aus einem Blatt, also war es eigentlich noch keine richtige Zeitung. Erst ab 1605 erschienen in Europa regelmäßig Nachrichtenblätter, die in großer Anzahl gedruckt wurden. Die ersten richtigen Zeitungen waren die *Relation* und die *Avisa* aus Deutschland. Sie wurden in Straßburg und Wolfenbüttel gedruckt und brachten vor allem Nachrichten aus dem Ausland. Die bekamen sie von ihren Korrespondenten, die überall in Europa lebten.

In den südlichen Niederlanden bekam der Drucker Abraham Verhoeven 1620 von König Albrecht und Königin Isabella die Erlaubnis, eine Zeitung herauszugeben. Allerdings mit einer Bedingung: Er sollte vor allem über die Erfolge des Königshauses berichten. Anfangs druckte Verhoeven ein paar kleine Hefte, aber schließlich wurde es eine richtige Zeitung, die mehrmals pro Woche erschien. Die Seiten waren mit Zeichnungen bebildert. Damals hatte die Zeitung keinen Namen, aber heute ist sie bekannt als *Nieuwe Tidinghen*.

An vielen weiteren Orten in Europa und in Amerika erschienen im 17. Jahrhundert die ersten Zeitungen. So wurden sie nach und nach zur wichtigsten Informationsquelle für viele Menschen.

Im 15. und 16. Jahrhundert hatten im Osmanischen Reich die Sultane das Sagen. Der Sultan wohnte in einem prächtigen und geräumigen Palast in Konstantinopel. Im Palast gab es auch einen Harem: eine Gruppe von mehreren hundert Frauen, die vollständig im Dienst des Sultans standen. Nur die schönsten Mädchen und Frauen wurden zum Harem zugelassen. Sie lebten dort zwar in großem Luxus, aber eigentlich waren sie Sklavinnen. Wenn eine junge Frau nicht tat, was der Sultan wollte, wurde sie getötet. Auch die Mutter des Sultans, seine Schwestern und die Dienstmädchen lebten im Harem. Die Sultansmutter stand an der Spitze des Harems. Alle anderen Frauen hatten ihr zu gehorchen.

Männer hatten im Harem nichts verloren. Nur Eunuchen und der Sultan selbst waren zugelassen. Eunuchen waren Männer, die kastriert worden waren, sodass sie keinen Sex mehr haben konnten.

Die Räumlichkeiten des Harems waren prachtvoll ausgestattet und geschmückt. Überall standen Blumen und Grünpflanzen, im Garten stolzierten Pfaue und Störche. Die Ausstattung war schön, aber die Frauen waren eingesperrt. Es war wie ein goldener Käfig.

ETWAS WEIN, DIE DAMEN?

Eunuch im Dienst des Harems

Harem

Mütze mit Sägemehl

TACH

Schnurrbart

junger Janitschar

Janitschar
im Dienst des Sultans

225 IHR KÖNNT AUCH IN KINDERN ZAHLEN

Im Osmanischen Reich lebten Muslime, Christen und Juden meist friedlich zusammen. Die Christen mussten allerdings höhere Steuern zahlen. Alle fünf Jahre wurde eine besondere Art von Steuer erhoben. Dann schickte der Sultan seine Gesandten in alle Häuser, wo sie die stärksten jungen Männer aussuchen sollten. Jede Stadt und jedes Dorf musste eine bestimmte Anzahl von Söhnen hergeben. Die Jungen wurden muslimisch erzogen und zu Janitscharen ausgebildet. Das waren die allerbesten Soldaten der Armee des Sultans. Die Janitscharen wurden getrennt untergebracht und durften nicht mit der restlichen Bevölkerung in Kontakt kommen. Jeder von ihnen bekam eine Nummer auf den Arm und das Bein tätowiert. Besonders auffällig war ihre hohe, kegelförmige Kopfbedeckung, die mit Sägemehl gefüllt war. Die Janitscharen trugen auch einen Schnurrbart, aber ein Vollbart war nicht erlaubt.

Manche Eltern wollten ihre Söhne nicht abgeben und versteckten oder verletzten sie, bevor die Gesandten des Sultans vorbeikamen. Andere waren froh darüber, wenn ihr Sohn für die Eliteeinheit ausgewählt wurde. Die Janitscharen standen in hohem Ansehen, denn sie hatten wichtige Aufgaben im Reich des Sultans. Später, als erwachsene Soldaten, verdienten sie meist gut. Einen Teil des Lohns konnten sie dann ihrer Familie schicken.

226 SELTSAME SULTANE: IBRAHIM I.

Ibrahim war acht Jahre alt, als sein drei Jahre älterer Bruder auf den Thron kam. Von da an wurde der kleine Junge in einem Kafes (Prinzenkäfig) festgehalten. Das war ein abgetrennter Bereich ohne Fenster, der extra dazu gebaut war, mögliche Thronfolger gefangen zu halten. So sollte verhindert werden, dass einer der Brüder oder Söhne des Sultans ihn zu Lebzeiten vom Thron stoßen konnte. Ibrahim verbrachte vierundzwanzig Jahre im Kafes, während sein Bruder Murat IV. das Land regierte. Dabei hatte Ibrahim sogar noch Glück. Alle anderen Brüder hatte der Sultan aus Angst vor einer Machtübernahme ermordet.

Natürlich war Ibrahim alles andere als glücklich in seinem Käfig. Als Sultan Murat IV. 1640 starb, kam Ibrahim frei und folgte ihm auf den Thron. Vielleicht lag es an der langen Gefangenschaft, vielleicht war er nicht mehr ganz bei Verstand, jedenfalls war er der Aufgabe nicht gewachsen. Seine Mutter übernahm die Regierungsgeschäfte für ihn. Zur Beschwichtigung ihres Sohnes ließ sie Hunderte junge Frauen in den Palast bringen, die ihrem Sohn Vergnügen bereiten sollten. Ibrahim wollte angeblich nur die dicksten Frauen in seinem Harem.

AB
INS WASSER
MIT DEN FRAUEN

*Seltsame Sultane:
Ibrahim I.*

Als seine Lieblingsfrau ihm eines Tages erzählte, dass ein anderes Mädchen aus dem Harem ihn betrog, packte ihn die kalte Wut. Weil ihm aber niemand den Namen des Mädchens verraten wollte, ließ er kurzerhand 280 Frauen aus seinem Harem in Säcke stecken und mit Gewichten beschwert in den Bosporus werfen, wo sie alle ertranken. Danach wurde Ibrahim der Verrückte, wie ihn die Menschen jetzt nannten, wieder eingesperrt und wenig später hingerichtet.

in den Bosporus

ALLES TANZT
NACH MEINER
PFEIFE!

*Shogun in
traditionellem Outfit*

227 EIN TÄNZCHEN FÜR DEN SHOGUN

Seit dem zwölften Jahrhundert regierten in Japan die Shogune. 1603 kam das Tokugawa-Shogunat an die Macht. Die Tokugawa waren eine Dynastie von besonders strengen Herrschern, die vom Volk unbedingten Gehorsam forderten. Wer sich nicht an die Regeln hielt, wurde bestraft.

Die Shogune sahen es nicht gerne, wenn Menschen aus dem Westen nach Japan kamen. Sie waren besorgt, dass diese die Japaner zum Christentum bekehren und das Land kolonisieren wollten. Darum schlossen sie die Grenzen und schotteten das Land nach außen ab. Nur mit China, Korea, dem Königreich Ryūkyū (das sind Inseln bei Japan) und der Niederländischen Ostindien-Kompanie trieben sie weiter Handel. Die Niederländer konnten die Shogune davon überzeugen, dass sie nicht die Absicht hatten, die japanische Bevölkerung zu bekehren. Trotzdem bekamen sie nur Zutritt zu einer kleinen Insel.

Mehrmals im Jahr musste der Kapitän der Kompanie beim Shogun in Edo (heute Tokio) antanzen. Und zwar wortwörtlich! Er musste nämlich für den Shogun tanzen oder ihm ein Lied singen. Die Niederländer empfanden das als Erniedrigung, aber sie kamen nicht drum herum. Für die Japaner war es normal – so drückte man Respekt vor dem Herrscher aus und bewies, dass man Selbstvertrauen hatte.

Die Shogune regierten in Japan bis zum Jahr 1868.

HOPP, HOPP,
KÄSEKOPP!

*Der Shogun amüsiert
sich prächtig.*

Pedro Scotto
alias
Christoph Kolumbus?

228 WAR KOLUMBUS PIRAT?

Von Christoph Kolumbus hast du bestimmt schon gehört. Er war der Mann, der 1492 glaubte, die Westroute nach Indien entdeckt zu haben, dabei war er eigentlich in Amerika gelandet. Wir wissen heute viel über die Reisen dieses berühmten Seefahrers, aber über die Herkunft von Kolumbus ist wenig bekannt. Lange ging man davon aus, dass er aus Genua in Italien stammte. Heute gibt es auch andere Ideen: Manche Historiker*innen glauben zum Beispiel, er sei ein Schotte mit roten Haaren und blauen Augen gewesen und hieß ursprünglich Pedro Scotto. Als junger Mann soll er eine Zeit lang für den Piraten Vincenzo Colombo gearbeitet haben. Als Pedro sich dann von der Piraterie lossagte, hätte er seinen Namen in Kolumbus geändert, um seiner Familie keine Schande zu bereiten.

Kolumbus' Entdeckungsreisen für den spanischen König hatten weitreichende Folgen für alle Orte, an denen er mit seinen Schiffen anlegte. Die Spanier brachten zahme Pferde mit in die »Neue Welt«, die später für die Indigenen – die amerikanischen Urvölker, die in den Ebenen lebten – sehr wichtig wurden. Die Schiffe brachten auch verschiedene Nahrungsmittel mit, die auf dem »neu entdeckten« Kontinent noch nicht wuchsen. Durch Kolumbus wurden Zuckerrohr, Weizen, Oliven, Ananas, Zitronen, Granatäpfel, Datteln, Gurken, Kopfsalat, Melonen und Trauben eingeführt. Viele dieser neuen Gewächse führten aber auch dazu, dass einheimische Nahrungspflanzen nach und nach verdrängt wurden.

Die Besatzungen der Schiffe schleppten auch Krankheiten ein, gegen die die Urbevölkerung keine Abwehrkräfte hatte. Die ersten Indigenen, denen Kolumbus begegnete, waren die Taino. Sie wurden von den Spaniern unterdrückt und versklavt und von neuen tödlichen Seuchen wie Grippe, Tuberkulose und Cholera dahingerafft.

Kolumbus starb 1506 in dem Glauben, den Seeweg nach Indien gefunden zu haben.

229 VASCO DA GAMA FAND DIE RICHTIGE ROUTE

1498 fand dann doch jemand den Seeweg nach Indien: der portugiesische Entdeckungsreisende Vasco da Gama. Seine Reise war alles andere als einfach. Vasco da Gamas Flotte verbrachte drei volle Monate auf See, wo sie immer wieder mit Flutwellen und Stürmen zu kämpfen hatte. Die Reise führte sie um Afrika herum, vorbei am Kap der Guten Hoffnung, von dort entlang der Küste Richtung Norden bis an die Südwestküste Indiens. Dort gingen sie am 20. Mai 1498 an Land. Nach jahrzehntelangen Versuchen war endlich eine durchgehende Seeroute nach Indien gefunden. Indien und die umliegenden Länder waren wichtige Handelspartner, weil sie über Gewürze verfügten, die in Europa sehr begehrt waren, wie zum Beispiel Pfeffer und Zimt.

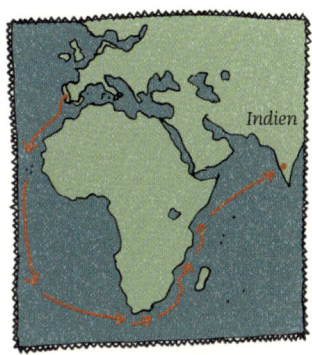

drei Monate auf See
mit Vasco da Gama

Vasco da Gama war zwar ein Edelmann und begabter Entdecker, aber grausam war er auch. Auf seiner Reise überfiel er ein Schiff mit vierhundert Pilgerreisenden auf dem Weg nach Mekka. Erst plünderte er alles Gold und Geld, dann steckte er das Schiff mitsamt allen Männern, Frauen und Kindern an Bord in Brand und sah zu, wie es in den Wellen versank.

Vasco da Gama reiste insgesamt dreimal nach Indien, wo die Portugiesen inzwischen eine Kolonie gegründet hatten. Er starb dort im Jahr 1524 an einer Krankheit.

ICH WILL DAHIN, WO DER PFEFFER WÄCHST!

Vasco da Gama auf dem Weg nach Indien

230 AMERIKA IST NACH AMERIGO VESPUCCI BENANNT

Der Italiener Amerigo Vespucci war Kaufmann, Entdeckungsreisender, Bankier und … vielleicht auch ein bisschen Schwindler.

- Als Entdeckungsreisender wollte Vespucci beweisen, dass Amerika ein eigener Kontinent war. Er brachte sowohl spanische als auch portugiesische Könige dazu, seine Reisen zu bezahlen. Und in der Tat – das, was Kolumbus für »Indien« hielt, war in Wahrheit ein eigener Kontinent. Amerigo Vespucci nannte ihn die »Neue Welt«.

- Wahrscheinlich unternahm Vespucci zwei Reisen nach Amerika, aber er behauptete hinterher, dass er viel öfter da gewesen war. Darum hielten ihn manche für einen Schwindler. Aber er war auch ziemlich klug: Durch sein Studium der Planeten und verschiedene Messungen konnte er den Erdumlauf bis auf achtzig Kilometer genau berechnen. Für die damalige Zeit eine beachtliche Leistung!

- 1507 zeichnete ein deutscher Kartograf eine neue Weltkarte. Darauf nannte er den neuen Kontinent »Amerika«, nach dem Entdeckungsreisenden. 1512 starb Vespucci an Malaria.

DA LIEGT MUNDUS NOVUS!

Amerigo Vespucci auf dem
Weg in die »Neue Welt«

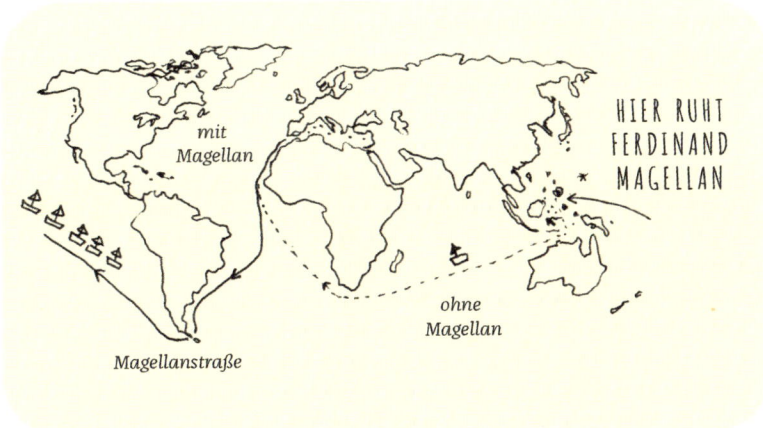

with
Magellan

HIER RUHT
FERDINAND
MAGELLAN

ohne
Magellan

Magellanstraße

231 DIE REISE UM DIE WELT

Der Portugiese Ferdinand Magellan hatte nur ein Ziel: Er wollte über den Westen einen kürzeren Weg zu den Gewürzinseln (Molukken) finden. Auf dieser Inselgruppe wuchsen besondere Gewürze, mit denen man in Europa eine Stange Geld verdienen konnte. Und je schneller man dort hinkam, desto reicher konnte man werden. Am 20. September 1519 stach Magellans Flotte aus fünf Schiffen von einem spanischen Hafen in See.

Magellan war ein ausgezeichneter Seefahrer. Die Flotte hatte mit Stürmen, heftigen Rückenwinden, gefährlichen Klippen und Sandbänken zu kämpfen. Auf seinen Schiffen meuterten die Besatzungen, aber Magellan ließ sich nicht von seinem Plan abbringen, und er beherrschte sein Schiff mühelos. Ein guter Kapitän war er zweifellos, aber anscheinend auch ein furchtbarer Hitzkopf, der zu Wutausbrüchen neigte.

Nach achtunddreißig Tagen Fahrt durch eine Meerenge erreichte Magellan mit seiner Flotte einen riesigen Ozean. Der wirkte so ruhig, dass er ihn den Stillen Ozean nannte.

Den Stillen Ozean, oder Pazifik, sollte Magellan nie überqueren. Sein Schiff legte an den Philippinen an. Dort wollte er die Einheimischen zum Christentum bekehren, womit diese aber überhaupt nicht einverstanden waren. Magellan wurde ermordet.

Am Ende gelang es einem seiner Kapitänskollegen, den Pazifik zu überqueren – mit dem allerletzten Schiff aus Magellans Flotte und achtzehn verbliebenen Besatzungsmitgliedern. 1522 kehrten sie zurück und legten in Portugal wieder an. Die erste Weltumseglung war gelungen!

Magellan, Wegbereiter der ersten Reise um die Welt

Bonus-Info

Magellan entdeckte eine Meerenge am Südzipfel Südamerikas, durch die man fahren konnte, sodass man nicht den Umweg über Feuerland nehmen musste. Er nannte sie die »Allerheiligenstraße«. Später wurde sie in »Magellanstraße« umbenannt. Sie blieb bis 1616 die einzige Westroute nach Indien.

HMM,
KEIN GUTES
ZEICHEN

Aztekenherrscher Moctezuma II.
und der Hernán-Cortés-Komet

232 DIE VORZEICHEN HABEN NICHT GELOGEN

In Mexiko lebten die Azteken. Herrscher über das aztekische Reich war Moctezuma II. Eines Nachts flog ein Komet über den Himmel. Nur wenig später brannte ein wichtiger Tempel ab. Dann tauchte auch noch ein seltsamer Vogel auf, mit einer Art Spiegel auf dem Kopf. Für Moctezuma waren das alles schlechte Vorzeichen. Er war überzeugt, dass dramatische Ereignisse bevorstanden.

Und Moctezuma lag richtig, denn kurz darauf legten unter Führung von Hernán Cortés spanische Schiffe an. Als Moctezuma Cortés zum ersten Mal sah, war er sich nicht sicher, ob er es mit einem Menschen zu tun hatte. Mit der bleichen Haut, dem ohrenlangen Haar und dem langen Bart konnte es sich vielleicht auch um einen Gott handeln. Zur Sicherheit ließ Moctezuma ihm erst einmal ein paar Geschenke bringen.

Cortés nahm die Geschenke gerne an. Aber er war habgierig und dachte sich: »Da ist bestimmt noch mehr zu holen!« Mit fünfhundert spanischen Soldaten machte er sich auf nach Tenochtitlán, der Hauptstadt des aztekischen Reichs, wo auch Moctezuma wohnte. Unterwegs schlossen sich weitere Männer aus anderen Städten, die sich von den Azteken unterdrückt fühlten, dem Trupp an. Moctezuma behandelte die Eindringlinge am Anfang mit Respekt, aber Cortés war alles andere als ein höflicher Gast. Er ließ den Aztekenführer in seinem Palast einsperren. Moctezuma starb kurz darauf bei einem Angriff.

Cortés fuhr wieder nach Spanien, kehrte aber wenig später mit einer großen Armee zurück nach Mexiko. Er ließ Tenochtitlán einkesseln, sodass die Bevölkerung keinen Zugang mehr zu Nahrungsmitteln hatte. Am 13. August 1521 ergaben sich die Azteken den Spaniern. Durch die Eroberung ist von ihrer Kultur nur wenig übrig geblieben.

233 DIE ZOOS DES MOCTEZUMA

Die Hauptstadt des aztekischen Reichs war randvoll mit Schätzen. Aber besonders beeindruckt war Hernán Cortés von Moctezumas riesigen zoologischen Gärten. Dort gab es die exotischsten Pflanzen zu bestaunen – und Tiere, die der spanische Eroberer, oder »Konquistador«, noch nie zuvor gesehen hatte: Bären, Jaguare, Wölfe und besondere Hirsche, aber auch farbenprächtige Vögel in großen Käfigen. In mehreren großen Seen schwammen bunte Fische. Über dreihundert Wärter kümmerten sich um die Tiere.

In den zoologischen Gärten in Tenochtitlán befand sich aber auch ein Menschenzoo. Dort gab es Menschen zu sehen, von denen die Azteken fanden, dass sie etwas merkwürdig aussahen. Dazu gehörten Menschen mit Albinismus, das heißt mit weißer Haut und weißen Haaren, Kleinwüchsige oder Menschen mit einem Buckel oder anderen

Zoo mit Pflanzen, Tieren und Menschen in Tenochtitlán

körperlichen Auffälligkeiten. Sie wurden wie die Tiere in Käfigen ausgestellt. Solche unmenschlichen »Völkerschauen« waren später auch in Europa sehr beliebt. Sie wurden noch bis ins 20. Jahrhundert veranstaltet (siehe auch Info 280).

234 EINE HEISSE SCHOKOLADE, BITTE!

In Europa gab es keine Schokolade, die Völker Südamerikas aber kannten sie schon sehr lange: seit mindestens 1000 v. Chr. Den Olmeken galt *kakawa* damals als ein Geschenk der Götter. Auch bei den Azteken hatte das braune Gold einen

Handel mit kakawa/xocoatl

hohen Stellenwert. Sie stellten *xocoatl* daraus her, ein Getränk aus gerösteten und gemahlenen Kakaobohnen und heißem Wasser. Moctezuma II. ließ seine Untertanen sogar Steuern auf Kakaobohnen zahlen. Er gab Hernán Cortés einen Sack Bohnen und das Kakaorezept als Geschenk (siehe Info 232). So gelangte es schließlich an den spanischen Hof. Der spanische König war hellauf begeistert von dem neuen Getränk, nur fand er es einen Tick zu bitter. Den Spaniern schmeckte es am besten mit Honig, Zucker oder Gewürzen. Vornehme Damen tranken es bei ihren Kakaokränzchen aus Silberkannen. Ärzte verschrieben Kakao sogar als Medizin für alle möglichen Leiden. Für unsere Schokolade müssen wir uns also bei den Azteken bedanken.

¡HOLA!
GOLD ODER LEBEN!

Francisco Pizarro auf Plünderzug bei den Inka

235 FRANCISCO PIZARRO LÖSCHTE EINE GANZE KULTUR AUS

Der spanische Eroberer Francisco Pizarro war von Gold besessen. Im Jahr 1530 brach er in der »Neuen Welt« zu einer Expedition auf. Sie missglückte. Beim zweiten Versuch bat er den Gouverneur von Panama um Verstärkung, aber der fand es zu riskant und verbot ihm, die Expedition fortzuführen. Pizarro hörte nicht auf ihn und zog mit dreizehn Mitstreitern ins peruanische Inland. Dort suchte er nach den Flüssen voller Edelsteine und den Bergen von Silber und Gold, von denen er gehört hatte.

Bei den Inka wurde er fündig. Mit einer stattlichen Beute reiste er zurück nach Spanien. Der König war völlig aus dem Häuschen über all die geraubten Reichtümer. Er gab Pizarro Geld, damit er eine dritte Expedition unternehmen konnte.

Pizarros Männer hatten Gewehre und ritten auf Pferden, und sie waren brutal. Die Inka in Peru hatten gegen sie keine Chance. Pizarro nahm ihren König gefangen und befahl den Inka, einen ganzen Raum von sieben Metern Länge, sechs Metern Breite und zweieinhalb Metern Höhe mit Gold zu füllen. Nur unter dieser Bedingung würde er den König wieder freilassen. Pizarro bekam seinen Raum voll Gold, aber er hielt sich nicht an die Abmachung. Er ließ den König ermorden und bestellte neue Soldaten aus Spanien. Den Inka blieb nichts anderes übrig, als sich zu ergeben.

Schon bald brachen unter den Inka Seuchen aus, die die Eroberer eingeschleppt hatten, darunter Pocken, Masern, Grippe und die Beulenpest, denen sie scharenweise zum Opfer fielen. Am Ende wurde die gesamte Inka-Kultur durch die Schuld der spanischen Eroberer ausgelöscht.

236 PIRAT IM DIENSTE DER KÖNIGIN

Francis Drake war gerade mal zwölf, als er auf einem Handelsschiff anheuerte, das zwischen England und Frankreich verkehrte. Zehn Jahre lang blieb er als Matrose auf demselben Schiff, dann hatte er genug und suchte sich Arbeit auf einem Segelschiff, das unterwegs in die »Neue Welt« war. Das war viel aufregender! Drake fand Gefallen an den weiten Reisen und entpuppte sich als hervorragender Seefahrer.

Es dauerte nicht lang, bis sein Name auf allen Weltmeeren bekannt war. Aber nicht, weil er ein so netter Kerl war oder weil er so gut segeln konnte – er fuhr nämlich nicht einfach nur so um die Welt. Er suchte gezielt nach spanischen Schiffen, die voll beladen mit Gold, Silber, Edelsteinen und Gewürzen von ihren Reisen zurückkehrten. Er jagte den Schiffen hinterher, plünderte und versenkte sie. Ganze Besatzungen ertranken. Drake überfiel auch Häfen. Und sogar an Land waren Handelskonvois vor dem Piraten nicht sicher. Drake behielt seine Beute nicht für sich, sondern brachte alles brav der englischen Königin. Die war verzückt über all die Schätze, die nicht nur ihr eigenes Land reicher machten, sondern auch noch dem Erzfeind Spanien gestohlen worden waren. Sie erhob Francis Drake in den Adelsstand, um ihm für seine Dienste zu danken. Von da an durfte er sich Sir Francis Drake nennen.

Später war auch Drakes Vetter John Hawkins mit an Bord des Schiffs. John plante eine Fahrt nach Afrika, weil er im Sklavenhandel mitmischen wollte. Mit den versklavten Menschen an Bord segelte er anschließend nach Amerika, um sie vor Ort zu verkaufen. Die Sklaverei sollte in Amerika noch bis ins 19. Jahrhundert bestehen bleiben.

HIHI, ICH BIN EINE FEE

HARRR

Queen Elizabeth I. verwandelt Francis Drake in einen Sir.

237 DIE NIEDERLÄNDISCHE OSTINDIEN-KOMPANIE MACHTE DIE NIEDERLANDE ZU EINER WELTMACHT

Bis Ende des 16. Jahrhunderts waren es vor allem die Portugiesen, die mit Gewürzen wie Pfeffer, Zimt und Muskat handelten. Aber die Niederländer stellten es geschickt an und übernahmen den Handel nach und nach. 1602 gründeten sie die Niederländische Ostindien-Kompanie (VOC), die bald zum weltweit größten Handelsunternehmen wurde und die Niederlande zu einem der bedeutendsten Länder der Welt machte. Sie hatten Einfluss auf alle Länder, mit denen sie Handel trieben.

Die Kompanie verfügte sogar über eigene Soldaten und eigene Münzen. Die Soldaten waren nötig, um die Handelsschiffe vor Angriffen zu schützen. Es gab Handelsniederlassungen in Niederländisch-Indien (heute Indonesien), einem Teil von Indien, in Südafrika, auf Ceylon (heute Sri Lanka), Formosa (heute Taiwan), Malakka und sogar in Japan.

Im 17. und 18. Jahrhundert schickte die Kompanie über 4700 Schiffe nach Asien. Am Höhepunkt hatte

ICH BESCHÜTZ DIE VOC

Vereenigde Ostindische Compagnie

das Unternehmen über 25 000 Beschäftigte in Asien und weitere dreitausend in den Niederlanden.

Die Niederländische Ostindien-Kompanie handelte nicht nur mit Gewürzen, Porzellan, Seide und Tee, sondern auch mit versklavten Menschen. Sie wurde erst am 31. Dezember 1800 aufgelöst.

238 DER GRÖNLANDWAL WURDE FAST AUSGEROTTET

Die Niederländer hatten nicht nur eine Kompanie, die bis nach Asien fuhr. Im Jahr 1614 gründeten sie auch eine »Nordische Kompanie«.

- Ende des 16. Jahrhunderts suchte der Kapitän Willem Barents eine Schiffsroute, die über den Norden nach China führte. Die fand er zwar nicht, doch dafür entdeckte er die Insel Spitzbergen und ein ganzes Meer voller Grönlandwale. Aus dem Fett dieser Tiere konnte Tran gewonnen werden. Der wertvolle Stoff wurde als Lampenöl und Schmiermittel eingesetzt, aber auch zu Seife und Kerzen weiterverarbeitet. Das Fischbein aus den Barten der Wale wurde unter anderem für Korsettstäbe,

Medaillons, Peitschen und Bilderrahmen verwendet. Die Grönlandwale waren leichte Beute – langsame Schwimmer, die sich oft nah an der Küste aufhielten. Die Walfänger fuhren mit Ruderbooten auf die Tiere zu und töteten sie dann mit Harpunen. Anschließend wurden sie zerteilt und mit an Land geschleppt.

- Der Walfang war für die Niederlande ein einträgliches Geschäft. Die Nordische Kompanie gründete auf Spitzbergen sogar eine Siedlung, die sie Smeerenburg (was so viel wie »Tran-Stadt« bedeutet) nannte. Aber nur im Sommer wohnten und arbeiteten Menschen in Smeerenburg, im Winter war es ihnen zu kalt.

○ Anfangs schickte die Nordische Kompanie rund fünfzehn Schiffe pro Jahr nach Spitzbergen. Damals gab es noch viele Wale. Aber von 1642 an fuhren jährlich bis zu zweihundert Schiffe aus verschiedenen Ländern in den Norden, mit katastrophalen Folgen für die Tiere. Der Grönlandwal wurde fast vollständig ausgerottet.

Grönlandwal
Tran-Quelle

239 KOMM, WIR TRINKEN KAFFEE UND LÖSEN EIN PAAR WELTPROBLEME!

In der Türkei und an anderen Orten im Nahen Osten tranken die Menschen schon lange und begeistert Kaffee – und zwar in Kaffeehäusern. Das waren Orte, an denen man auch wichtige Neuigkeiten erfahren konnte. Dort wurde nicht nur Kaffee getrunken, sondern auch über die großen Weltprobleme diskutiert.

Mitte des 17. Jahrhunderts fand der Kaffee seinen Weg nach Europa. Handelsreisende hatten das Getränk probiert und für lecker befunden. Und dann wirkte Kaffee auch noch hervorragend gegen Müdigkeit – was für eine Entdeckung!

1645 eröffnete auf dem Markusplatz in Venedig das erste Café. Es wurde ein Riesenerfolg. Überall in Europa folgte man dem Beispiel. Manchmal war ein Kaffeehaus im Besitz einer Frau, auch die Bedienungen waren Mädchen – aber die Gäste waren immer Männer. Sie tranken nicht nur Kaffee, sondern lasen auch Bücher und Zeitschriften und diskutierten miteinander über wichtige Themen. Oft ging es dabei um Politik. Das gefiel nicht allen. König Charles II. von England zum Beispiel hielt gar nichts davon, dass in den Kaffeehäusern so viel über Politik geredet wurde. Ihm war es lieber, wenn seine Untertanen ein bisschen dumm blieben. Also beschloss er 1675, alle Kaffeehäuser schließen zu lassen. Doch die Menschen hielten sich nicht an das Verbot. Die politischen Kaffeekränzchen gingen trotzdem weiter.

WACH GENUG?

stundenlang Kaffee schlürfen und quatschen über Gott und die Welt

die San José in tiefster See

240 DA LIEGT NOCH IMMER EIN SCHATZ AM MEERESBODEN

In der zweiten Hälfte des 16. Jahrhunderts wurden die alten *Karacken* (ein Schiffstyp) von prächtigen Galeonen abgelöst. Vorn befand sich ein schmaler Bug mit Öffnungen für Kanonen. Auf dem Heck des Schiffs befand sich das Kastell, wo die mitreisenden Adligen unterkamen.

Die spanischen Galeonen führten oft riesige Ladungen Gold und Silber aus den Kolonien mit sich. Damit finanzierte der spanische König seine Kriege. Man kann sich vorstellen, dass andere Länder und Piraten immer wieder probierten, die Galeonen mit der wertvollen Fracht zu kapern.

Genau das geschah 1708 mit der San José. Die San José war ein prachtvolles Schiff, das mit über sechzig Kanonen ausgerüstet war. Außerdem befanden sich sechshundert bewaffnete Besatzungsmitglieder an Bord. Als das Schiff den kolumbianischen Hafen verließ, war es randvoll mit Gold, Silber und Edelsteinen. Aber es war der britischen Flotte unter Admiral Wager nicht gewachsen. Als die Engländer angriffen, explodierte das Schießpulver an Bord, und das Schiff sank auf den Meeresboden. Nur elf Besatzungsmitglieder überlebten.

Lange suchten Schatzjäger nach dem versunkenen Schiff. Die Ladung soll bis zu 14 Milliarden Euro wert sein! 2015 schließlich wurde das Wrack entdeckt. Aber es gab ein Problem: Die Kolumbianer waren der Meinung, dass die wertvolle Fracht dem kolumbianischen Staat gehörte. Die Spanier hielten sich selbst für die rechtmäßigen Besitzer. Und dann gab es noch eine Firma, die behauptete, das Schiff bereits 1981 entdeckt zu haben, und ebenfalls einen Teil des Schatzes einforderte. Die genaue Lage des Schiffs ist immer noch ein großes Geheimnis. Solange es Streit um den bedeutenden Schatz gibt, wird er weiter am Meeresboden liegen bleiben.

241 WILLIAM KIDD: BERUFSPIRAT

William Kidd wurde 1645 in Schottland geboren, wanderte aber später nach New York aus. Dort heiratete er eine reiche Amerikanerin und wurde Kaufmann. Auf einer Handelsreise nach England bekam er von Gouverneuren und wichtigen Politikern den Auftrag, Jagd auf Piraten und auf französische Schiffe zu machen. König William III. gab ihm sogar einen sogenannten *Kaperbrief* mit, in dem stand, dass er mit seinem Schiff Feinde angreifen und ausrauben durfte. William Kidds Schiff hatte einen vielversprechenden Namen: Adventure Galley (»Abenteuergaleone«). Es hatte siebzig Besatzungsmitglieder und sechsunddreißig Kanonen an Bord und nahm Kurs auf die amerikanische Küste.

Unterwegs entdeckte William Kidd ein Schiff, von dem er glaubte, dass es zu Frankreich gehörte. Er enterte und plünderte es. Zu spät merkte er, dass er in Wahrheit das Schiff eines englischen Kapitäns überfallen hatte. Angeblich vergrub er die Beute auf einer Insel und kehrte zurück nach Hause. Er erzählte niemandem von dem verborgenen Schatz. Eines Tages wurde er nach Boston bestellt. Jemand hatte ihn verraten. Kidd musste Amerika verlassen und wurde auf ein Schiff Richtung England geschickt. Dort wurde er der Piraterie und des Mordes angeklagt und erhängt. Zur Warnung an andere Piraten ließ man seinen Leichnam drei Jahre lang über dem Fluss Themse baumeln.

William Kidd,
Berufspirat

Anne Bonny *Mary Read*

Linedancing nach erfolgreichem Kapern

242 MARY UND ANNE – ZWEI PIRATINNEN

Die Jahre 1700 bis 1725 gelten als das goldene Zeitalter der Piraterie. Große Handelsschiffe verkehrten auf dem Meer zwischen der »Neuen« und der »Alten Welt«, oft randvoll mit wertvollen Gegenständen. Zu den bekanntesten Piraten in dieser Zeit gehören zwei Frauen: Anne Bonny und Mary Read. Mary war schon als kleines Mädchen eher ein Lausebengel und verhielt sich auch als Erwachsene mehr so, wie es damals von einem Mann erwartet wurde. Eines Tages wurde sie von Piraten entführt und beschloss dann einfach bei ihnen zu bleiben. Anne war verheiratet, aber sie verliebte sich in einen Piraten und schloss sich ihm an.

Die beiden Piratinnen waren mindestens so mutig und angriffslustig wie ihre männlichen Kollegen – vielleicht noch mehr, wie manche berichten. Auch im Trinken und Fluchen konnten sie mithalten.

Auf den Schiffen kleideten sie sich wie Männer, um nicht aufzufallen. Am Anfang durfte nur der Kapitän wissen, dass die beiden Frauen waren, später wusste auch die restliche Besatzung Bescheid.

Anne und Mary sind zwar die beiden bekanntesten Piratinnen, aber sie waren nicht die einzigen. Besonders gefürchtet war auch Zheng Yisao. Die Chinesin kommandierte über dreihundert Schiffe mit über zwanzigtausend Piraten an Bord!

PLOFF

Zheng Yisao

243 ICH FOLG DIR BIS ANS ENDE DER WELT ...

Philibert Commerson war ein englischer Botaniker, also Pflanzenforscher. 1766 ging er an Bord des Schiffs von Kapitän de Bougainville. Der Plan war eine Reise um die Welt, auf der der Forscher unbekannte Pflanzen- und Tierarten studieren konnte. Weil Philibert eine schwache Gesundheit hatte, nahm er einen Assistenten mit: Jean Baret. Was niemand an Bord des Schiffs wusste: Jean hieß eigentlich Jeanne Baret und war eine junge Frau. Sie war Philiberts Geliebte und wollte nicht so lange ohne ihn sein. Außerdem interessierte sie sich brennend für Pflanzen und Kräuter. Sie wollte also unbedingt mit auf die große Forschungsreise. Nur leider waren Frauen an Bord nicht erlaubt – angeblich brachten sie Unglück und sorgten für Streit. Da blieb nur eins: Jeanne musste sich als Junge tarnen.

Der Rest der Besatzung schöpfte bald Verdacht, es wurde getratscht über Commerson und seinen Assistenten. Als das Schiff in Tahiti anlegte, war das Spiel aus: Die einheimische Bevölkerung bemerkte sofort, dass Jean eigentlich eine Frau war. Nun kannten auch der Kapitän und die ganze Mannschaft das Geheimnis.

Philibert und Jeanne gingen zurück an Bord, aber beschlossen bald, sich von der Expedition zu trennen und auf der Insel Mauritius zu bleiben. Philibert war gesundheitlich angeschlagen, und auf der Insel wohnte ein befreundeter Wissenschaftler, bei dem die beiden unterkommen konnten. Außerdem konnten sie hier viele neue Pflanzen sammeln. Kapitän de Bougainville war froh, dass er die beiden los war.

Philibert starb fünf Jahre später auf Mauritius, aber Jeanne kehrte schließlich nach Frankreich zurück und hatte damit als erste Frau die Welt umsegelt. Im Gepäck hatte sie 30 Kisten mit über 5000 Pflanzen für die botanische Sammlung. Die Fachleute waren völlig aus dem Häuschen, viele der Pflanzen hatten sie noch nie zuvor gesehen. Wahrscheinlich hatte Jeanne etliche Pflanzen eigenständig gesammelt und bestimmt, aber während heute über 70 Arten nach Philibert Commerson benannt sind, trägt nur eine einzige Jeannes Namen: das Nachtschattengewächs *Solanum baretiae*.

Jeanne Baret auf der Insel

DIE KOLONISIERUNG NORDAMERIKAS

HUNGER?

IHR TRUTHAHNFEST VERDANKEN DIE
PILGERVÄTER DEN WAMPANOAG.

244 DIE PILGERVÄTER ÜBERLEBTEN NUR DANK DER INDIGENEN

In den USA wird jedes Jahr am vierten Donnerstag im November Thanksgiving gefeiert. Das ist ein großes Fest, bei dem die ganze Familie zusammenkommt. Für viele US-Amerikaner ist es sogar wichtiger als Weihnachten. Das Fest erinnert an eine Gruppe europäischer Siedler, die Pilgerväter genannt werden – obwohl natürlich auch Frauen mit dabei waren.

Die Pilgerväter waren englische Puritaner. Sie hatten sich von der anglikanischen Kirche losgesagt, weil sie ihnen nicht streng genug war. Darum drohte ihnen in England Verfolgung. Erst flüchteten sie nach Leiden in die Niederlande. Dort durften sie ihren Glauben ausleben, aber ganz zufrieden waren sie trotzdem nicht. Die jungen Menschen dort feierten zu viel, das war kein guter Einfluss. Außerdem ging es ihnen wirtschaftlich nicht gut. Also beschlossen sie, in der neuen englischen Kolonie ihr Glück zu versuchen. Dort war auf jeden Fall genügend Platz für sie.

Am 16. September 1620 brachen 102 Männer, Frauen und Kinder mit dem Schiff Mayflower auf in die »Neue Welt«. Zwei Monate später legten sie am Plymouth Rock in Neuengland an. Dort herrschte eiskalter Winter. Es gab kaum Nahrung, und durch die Kälte konnten sie keine Häuser bauen. Über die Hälfte der Neuankömmlinge überlebte den ersten Winter nicht. Die anderen verdankten ihr Überleben den Angehörigen des Wampanoag-Volks, die ihnen mit Nahrung und Werkzeugen aushalfen. Sie zeigten ihnen, welche Pflanzen sie anbauen mussten und wo es besonders viel Fisch zu fangen gab. Die Pilgerväter (und eigentlich auch -mütter) waren nicht die ersten englischen Siedler in Nordamerika; die erste dauerhaft bewohnte Kolonie war das Dorf Jamestown in Virginia.

Bonus-Info

1614 gründeten Niederländer in Nordamerika die Siedlung Neu-Amsterdam. Als die Briten die Stadt später eroberten, gaben sie ihr einen neuen Namen: New York.

245 BRITEN RAUS!

Mitte des 18. Jahrhunderts lag die Bevölkerungszahl der späteren USA offiziell geschätzt bei 2,5 Millionen Menschen. Die meisten waren englische Siedler, die in den »Dreizehn Kolonien« wohnten. Darunter waren reiche Großgrundbesitzer und Kaufleute, aber auch einfache Landwirte, Handwerker und Händler sowie zahlreiche arme Bauersleute, die selbst über kein Stück Land verfügten. Dazu kam etwa eine halbe Million versklavte Menschen aus Afrika, die als Eigentum der reichen Landbesitzer galten. Sie mussten sehr hart arbeiten, aber hatten keinerlei Rechte. Und natürlich gab es auch noch die Indigenen, die damals auch nicht offiziell mitgerechnet wurden. Eigentlich handelte es sich um viele einzelne Völker, die nicht viel miteinander gemeinsam hatten. Sie hatten alle ihre eigenen Anführer und Gesetze.

Um 1770 kamen in der Hafenstadt Boston Unruhen auf. England forderte höhere Steuern von den Bewohnern der Kolonien, aber die weigerten sich zu zahlen. Eines Tages legten drei Schiffe voll beladen mit Tee im Bostoner Hafen an. Die Briten forderten eine Sondersteuer auf den Tee, aber das ließen die Kolonisten nicht mit sich machen. Als »Indianer« verkleidet stürmten einige von ihnen die Schiffe und warfen die gesamte Ladung Tee über Bord. Es war eine symbolische Aktion zum Widerstand gegen die englische Krone, die als Boston Tea Party von 1773 bekannt wurde. Die Briten verschärften daraufhin die Gesetze und schickten eine Armee nach Amerika. Der Konflikt führte zum Unabhängigkeitskrieg (1775–1783), den die Siedler am Ende gewannen. Von da an waren sie unabhängig von der englischen Krone. Die Unabhängigkeitserklärung wurde von beiden Seiten unterzeichnet. 1789 bekamen die Vereinigten Staaten von Amerika ihren ersten Präsidenten: George Washington.

BRITEN RAUS!

THE BOSTON TEA PARTY

246 DAS ERSTE U-BOOT HIESS »SCHILDKRÖTE«

Der Unabhängigkeitskrieg fand nicht nur zu Land statt, sondern auch auf dem Meer. Ein amerikanischer Ingenieur namens David Bushnell erfand dafür ein neuartiges Unterwasserfahrzeug. Es sah ganz anders aus als die U-Boote, die wir heute kennen, und hatte Ähnlichkeit mit einer Schildkröte. Darum bekam es auch den Namen Turtle. Um das U-Boot zu bewegen, musste man eine Kurbel im Inneren bedienen, die die beiden Schrauben in Bewegung setzte. So konnte man sich unbemerkt einem feindlichen Schiff nähern, unten am Rumpf eine Sprengstoffladung befestigen und schnell wieder das Weite suchen. Mit einer Lunte sollte die Sprengladung gezündet und ein Loch in den Rumpf gesprengt werden, wodurch das Schiff versenkt werden sollte. Der Plan missglückte. Die Erfindung sah zwar gut aus, hatte aber noch technische Mängel und funktionierte nicht wie geplant.

THE TURTLE

247 ZWÖLF MILLIONEN SKLAVEN AUS AFRIKA

Zwischen 1450 und 1900 wurden Schätzungen zufolge fast zwölf Millionen Menschen aus Afrika verschleppt und in die Sklaverei verkauft. Viele von ihnen mussten in Amerika auf großen Plantagen arbeiten, auf denen meistens Tabak oder Baumwolle angebaut wurden.

Aber wie wurden Menschen zu Versklavten? Zum Beispiel, indem sie bei einem Krieg zwischen zwei Stämmen gefangen genommen wurden und dann gegen verschiedene Handelsgüter an die Kolonialmacht verkauft wurden. Oder sie wurden von der Familie verkauft, weil dringend Geld benötigt wurde. Manche hatten einfach Pech und wurden direkt aus ihrem Dorf entführt.

Manchmal waren die Versklavten auch Menschen, die eine Straftat begangen hatten und von einem Gericht zum Leben in Sklaverei verurteilt und auf ein Schiff nach Amerika gesetzt wurden.

NÄCHSTE LADUNG

300 bis 600 Sklavinnen und Sklaven

Sklavenhandel mit der »Neuen Welt«

Die europäischen Händler bezahlten für die Sklaven und Sklavinnen mit Schießpulver, Gewehren oder Branntwein. Alle Sklaven wurden erst einmal in einem befestigten Lager zusammengepfercht, wo sie ausharren mussten, bis sie genug waren, um ein Sklavenschiff zu füllen. Ein Schiff konnte drei- bis sechshundert Menschen transportieren. Die Bedingungen dort waren schrecklich: Die Menschen wurden im Schiffsbauch aneinander festgekettet, viele wurden schon auf der Überfahrt krank oder starben. Die gesunden wurden hinterher auf einem Sklavenmarkt verkauft und von dort zum Arbeiten auf die Plantagen geschickt. Die Sklaverei war ein sehr dunkles Kapitel in der amerikanischen Geschichte, das sich bis in die heutige Zeit auswirkt.

Schwarze Arbeiter auf der Baumwollplantage

248 IN AMERIKA WÜTETEN DIE BIBERKRIEGE

Hast du schon mal von den »Biberkriegen« gehört? Die gab es wirklich! Anfang des 17. Jahrhunderts gab es eine hohe Nachfrage nach Biberfellen. Die Irokesen, ein Volk amerikanischer Ureinwohner, kannten sich mit der Biberjagd aus. Sie entdeckten, dass die Felle der Tiere bei den Kolonisten sehr begehrt waren, und tauschten sie gegen Feuerwaffen, Eisenwerkzeuge, Decken und andere Gegenstände, die sie nicht selbst herstellten.

Aufgrund des regen Handels erlegten sie so viele Biber, dass die Tierart auf dem Gebiet der Irokesen um die Mitte des 17. Jahrhunderts fast ausgerottet war. Um mehr Land zum Jagen zu bekommen, führten sie Krieg gegen andere Stämme. Die aber waren Bündnispartner der Franzosen. Erst 1667

ALLES KLAR?

FRIEDENSVERTRAG ZWISCHEN BIBERSTÄMMEN

wurde ein Vertrag unterzeichnet, in dem die Irokesen versprachen, das Kämpfen einzustellen. Doch schon zehn Jahre später begann der Krieg von Neuem. Erst im Jahr 1701 schlossen die Parteien endgültig Frieden. Es sollte noch sehr lange dauern, bis die Biber in Nordamerika wieder so zahlreich waren wie vorher.

PAFF   PIKS

BIBERKRIEG

249 FRITTEN AUS DEN KOLONIEN

Pommes frites kommen zwar nicht direkt aus den ehemaligen Kolonien, aber die Kartoffeln, aus denen sie gemacht werden, schon. Im südamerikanischen Andengebirge wurden schon zwischen 8000 und 5000 v. Chr. Kartoffeln angebaut und gegessen. Die spanischen Eroberer brachten die Kartoffel um 1565 mit nach Hause. Sie wurde erst in Spanien und später in ganz Europa beliebt. Es stellte sich nämlich heraus, dass die Knolle hier auch besonders gut gedeiht. Für viele Menschen ist sie zum Grundnahrungsmittel geworden. Du bist mehr so der Spaghetti-mit-Tomatensoße-Typ? Auch Tomaten wurden einst aus der »Neuen Welt« hierhergebracht. Die spanischen Kolonisten probierten sie erstmals Anfang des 16. Jahrhunderts in Mexiko, aber bei den Azteken wurde die Frucht schon seit Jahrhunderten angepflanzt und verzehrt.

Kartoffeln und Tomaten ließen sich auch in Europa anbauen. Aber es kamen noch mehr neue Gemüsesorten, Samen, Früchte und sogar Tiere aus Amerika dazu – denk nur an Avocado, Bohnen, Chili, Erdnüsse, Ananas, Mais und Kürbis. Truthühner hatte man in Europa auch noch nie gesehen. Und umgekehrt machte die Urbevölkerung in den Kolonien zum ersten Mal Bekanntschaft mit Kaffee, Oliven, Birnen, Reis und Weizen. Diese gegenseitige Beeinflussung wird manchmal auch der Kolumbianische Austausch genannt. Leider wurden auf diesem Wege auch Krankheitserreger ausgetauscht, an denen viele Menschen starben.

TAUSCHEN?   SOSSE?

Kolumbianischer Austausch

DIE KOLONISIERUNG AUSTRALIENS

von Abel Tasman
kartierte Küstenstriche

250 EIN LAND MIT GOLDBERGEN BIS ZUM HIMMEL

Irgendwo im Süden sollte sich ein Land befinden, wo man das Gold einfach vom Boden aufsammeln konnte. Manche behaupteten, dass das Gold dort bis zum Himmel reiche. Sie nannten es *Terra Australis* oder Südland. Der Niederländer Willem Janszoon träumte nicht bloß von diesem sagenhaften Ort, sondern ließ den Träumen Taten folgen: 1605 stach er mit dem Schiff Duyfken in See und machte sich auf die Suche nach Südland. Hinter Neuguinea entdeckte er tatsächlich ein Land, das auf keiner Karte eingezeichnet war. Er nahm Kurs auf die unbekannte Küste. Allerdings sah das Land überhaupt nicht so aus wie in den Geschichten. Von Gold keine Spur. Und die Eingeborenen waren auch nicht gerade freundlich. Janszoon zeichnete den Küstenabschnitt in eine Karte ein und kehrte in die Niederlande zurück. Das letzte Stück Land, das er entdeckt und kartiert hatte, nannte er passenderweise Kap Keer-Weer (Kehr-Wieder).

Janszoon glaubte, dass es zu Neuguinea gehörte, aber er hatte tatsächlich ein neues Land entdeckt: Australien. Er hätte nur etwas genauer hinschauen müssen. 1642 startete Abel Tasman einen neuen Versuch. Am 24. November dieses Jahres entdeckte er eine neue Insel, die er nach seinem Auftraggeber *Vandiemensland* taufte. Der Name war aber ein bisschen sperrig, sodass die Insel später in *Tasmanien* umbenannt wurde. Tasman umsegelte und kartierte schließlich den gesamten Kontinent, den er »Neu-Holland« taufte. Erst 1817 wurde er in Australien umbenannt. Abels Entdeckung brachte ihm weder Ruhm noch Reichtum, denn Gold hatte er nicht gefunden. Doch anstatt mit leeren Händen nach Hause zurückzukehren, beschloss Abel Tasman, in Indonesien zu bleiben, wo er es als Großgrundbesitzer doch noch zu Reichtum brachte.

SCHÖNES WETTER

WAS SUCHST DU HIER?

AUF DEM WEG INS AUSTRALISCHE STRAFARBEITSLAGER

251 WER ETWAS AUSFRASS, MUSSTE NACH AUSTRALIEN

Gegen Ende des 18. Jahrhunderts waren die britischen Gefängnisse überfüllt. Die Richter überlegten sich daher eine neue Strafe: Wer etwas anstellte, wurde auf ein Schiff gesteckt und in die neue Kolonie Australien verbannt. Das erste Gefangenenschiff legte am 18. Januar 1788 in Australien an. Es war im englischen Portsmouth in See gestochen und hatte für die Überfahrt acht Monate gebraucht, mit Zwischenstopps in Teneriffa, Rio de Janeiro und Kapstadt, wo Vorräte, Samen, aber auch Schafe, Kühe und Pferde aufgesammelt wurden. Die gab es nämlich in der neuen Kolonie noch nicht.

Über einen Zeitraum von achtzig Jahren wurden über 160 000 verurteilte Straftäter und Straftäterinnen nach Australien geschickt. Erst 1867 stach das letzte Gefangenenschiff in See. Die Sträflinge auf den Schiffen waren vor allem arme Menschen, oft Taschendiebinnen oder Unruhestifter. Aber auch Mörder und Mörderinnen wurden nach Australien geschickt. Die Verurteilten mussten in Strafkolonien arbeiten. Wer sich danebenbenahm, bekam Peitschenhiebe oder wurde erhängt. Wenn die Gefangenen ihre Zeit abgesessen hatten, wurden sie freigelassen. Die meisten blieben in der Kolonie, um dort ein eigenes Stück Land zu beackern.

Eine der Strafkolonien war Port Jackson. Hier sollte später Sydney entstehen, eine der bekanntesten und größten Städte Australiens.

252 NUR EIN DRITTEL DER AUSTRALISCHEN URBEVÖLKERUNG ÜBERLEBTE

Für die Urbevölkerung Australiens war die Kolonisierung eine Katastrophe. Die Aborigines lebten schon seit 50 000 Jahren auf dem Kontinent. Sie waren Jäger und Sammler. Für die Jagd auf Tiere benutzten sie Bumerangs. Laut den weißen Siedlern aber war Australien ein »Land ohne Menschen«, das niemandem gehörte. Sie betrachteten die Aborigines also nicht als Menschen, sondern ermordeten viele von ihnen und nahmen ihnen ihr Land weg.

Und als ob das nicht schlimm genug wäre, hatten die Aborigines auch mit den neuen, aus Europa eingeschleppten Krankheiten zu kämpfen. Sie hatten keine Abwehrkräfte gegen die neuen Seuchen, und Tausende von ihnen starben. Die Zahl der Aborigines sank nach der Ankunft der Europäer in nur hundert Jahren von über 300 000 auf unter 100 000.

Bonus-Info

Aborigines lebten über ganz Australien verstreut. Es gab gut fünfhundert verschiedene Völker oder Stämme, meist mit ganz eigenen Sprachen, Kulturen und Religionen. Aber keines dieser Völker war der Meinung, dass es das Land, auf dem es lebte, »besaß«. Das Land gehörte allen. Das änderte sich natürlich, als die Kolonisten alles für sich beanspruchten.

DAS LAND GEHÖRT ALLEN

DAS HÖREN WIR GERN

Die Briten erheben Anspruch auf das Land der Aborigines.

DIE ZEIT DER PERÜCKEN UND REVOLUTIONEN

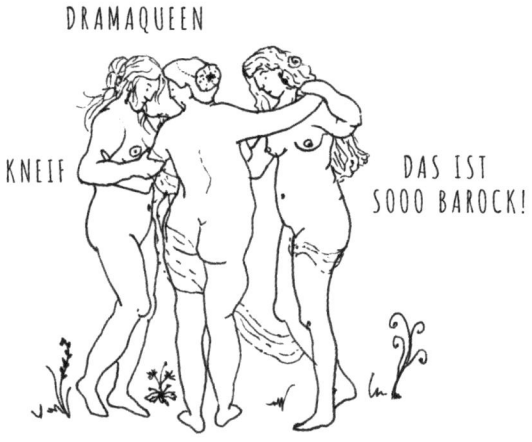

DRAMAQUEEN

KNEIF

DAS IST
SOOO BAROCK!

die drei Grazien von Peter Paul Rubens

253 DARF'S EIN BISSCHEN MEHR SEIN?

Im 16. Jahrhundert hatte die katholische Kirche viele Gläubige an die Protestanten verloren. Die wollte sie natürlich am liebsten zurückgewinnen, und so begann die Gegenreformation. Die Katholiken gingen die Sache schlau an: Ab sofort sollte alles, was mit der Bibel zu tun hatte, so bunt und schön wie möglich dargestellt werden. Dafür wurde extra ein neuer Kunststil erfunden: der Barock. Der neue Stil wirkte sich auf alle Kunstrichtungen aus: Malerei, Bildhauerei, Architektur, Literatur und sogar Musik.

Im Barock war alles ein bisschen übertrieben – denk nur an die Gemälde von Peter Paul Rubens mit den besonders muskulösen Männern und den Frauen mit üppigen Rundungen. An ihren Gesichtern konnte man immer deutlich ablesen, was sie fühlten oder dachten. Ihre Gesten waren groß und

übertrieben. Überhaupt war das ganze Bild sehr dramatisch. Das Gleiche galt für die Statuen aus der Zeit, für die Paläste und Kirchen. Als Künstler oder Künstlerin konnte man es gar nicht genug übertreiben.

Nicht nur bei der Kirche, auch bei Königen und Adligen kam der neue Stil sehr gut an. Der französische »Sonnenkönig« Ludwig XIV. ließ sein Märchenschloss Versailles ganz im Barockstil errichten, ebenso wie Papst Clemens XII. den Trevi-Brunnen in Rom. Bedeutende Komponisten der Musik des Barock waren Johann Sebastian Bach und Claudio Monteverdi.

Ob die Barockkunst wirklich schön war? Tja ... das ist natürlich wie immer Geschmacksache.

254 BEI LUDWIG XIV. GAB'S DIE BESTEN PARTYS

Ludwig XIV. ist dir vielleicht besser bekannt als der Sonnenkönig. Den Beinamen bekam er, als er 1653 als Jugendlicher in einem Ballett die Rolle der aufgehenden Sonne spielte. Er fand den Namen passend, denn er sah sich selbst als die Sonne, die mit ihren Strahlen ganz Europa erreichte – Ludwig war kein besonders bescheidener König.

In seiner Jugend musste er ein paarmal vor Aufständischen aus Paris flüchten. Darum ließ er sich außerhalb der Hauptstadt ein prächtiges Schloss bauen: Versailles. Darin wohnten fast zehntausend Menschen. Sechstausend arbeiteten für den König – als Köche, Hilfsköche, Gärtner, Dienstmädchen und vieles mehr. Viertausend waren Adlige. Die wollten möglichst immer in der Nähe des Königs sein, um sich seine Gunst zu sichern. Angeblich haben sie sich morgens und abends sogar darum gestritten, ihm beim An- und Auskleiden zu helfen.

In seinem Schloss gab der König regelmäßig prunkvolle Feste, zu denen alle Welt eingeladen werden wollte. Er ließ ein bengalisches Feuer zünden, bei dem ein riesiger Buchstabe L in der Luft aufleuchtete. Bei Ludwig gab es immer das leckerste Essen, die beste Musik und die tollkühnsten Akrobat*innen. Aber Ludwig wusste sehr genau, dass gute Partys noch keinen guten König machten. Er wollte sich auch als mutiger Feldherr und Eroberer einen Namen machen. Auf Bildern ließ er sich als Julius Cäsar und Alexander der Große abbilden. Leider war Ludwig aber in der Kriegsführung nicht so begabt wie im Feiern. Seine Feldzüge kosteten Unsummen an Geld und brachten kaum Erfolge. Kurz vor seinem Tod sagte er zu seinem Urenkel: »Ich habe den Krieg zu sehr geliebt. Folge mir nicht darin.« Am 1. September 1715 starb Ludwig XIV. Er hinterließ seinem vom Krieg erschöpften Land einen riesigen Schuldenberg. Trotzdem bekam er ein prunkvolles Begräbnis.

TADAA

LUDWIG XIV. ALS BALLETTTÄNZER
UND SONNENSCHEINCHEN

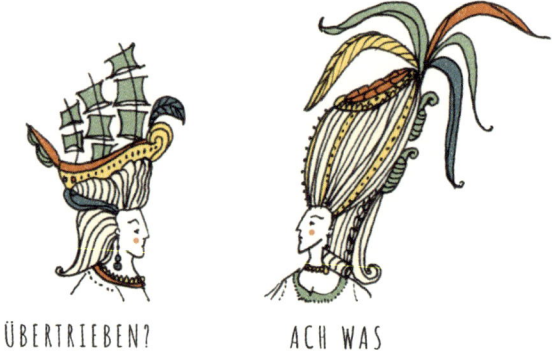

ÜBERTRIEBEN? ACH WAS

Es ist so weit:
Perückenzeit!

255 JE HÖHER, DESTO SCHÖNER

Hast du mal ein Bild von Ludwig XIV. gesehen? Dann ist dir bestimmt aufgefallen, dass er eine Perücke trug. Im 18. Jahrhundert war das ganz normal. Reiche Leute gingen ohne Perücke auf dem Kopf gar nicht vor die Tür. Die Perücken wurden extra für sie maßgeschneidert. Dafür wurde die Kopfform genau ausgemessen und eine spezielle Haube angefertigt, an der die Haare dann befestigt wurden. Die stammten von armen Leuten, die ihre Haarpracht verkauften, um sich etwas hinzuzuverdienen.

Die Perücke wurde von einem Friseur ordentlich frisiert. Perücken waren gegen Ende des 18. Jahrhunderts richtige Kunstwerke. Bei den Frauen mussten sie so hoch aufgetürmt wie möglich sein. Dazu wurden unter anderem kleine Kissen hineingesteckt. Als Verzierung wurden Perlen und Edelsteine in den Haaren befestigt. Bei den Männern waren Perücken mit langen, wallenden Locken bis über die Schultern beliebt.

Damals wurden die Perücken meist gepudert, um sie weiß zu machen. Damit das Puder auch gut hielt, mussten die Haare mit Schweinefett eingerieben werden. Als Puder kam oft Weizenmehl zum Einsatz. Das machte die armen Leute wütend. Seit Mitte des 18. Jahrhunderts ging es den Menschen in Frankreich nämlich nicht besonders gut. Ernten missglückten, und es gab oft nicht genug Mehl, um Brot zu backen. Für das Volk war es daher ein Skandal, dass die Reichen einfach Mehl verschwendeten, um ihre Perücken damit zu pudern. Später wurde ein Gesetz eingeführt, das das Pudern mit Mehl verbot, und es wurde sogar eine Pudersteuer eingeführt. Nach und nach kamen die Perücken wieder aus der Mode.

256 WEG MIT DEM KÖNIG!

Gegen Ende des 18. Jahrhunderts war Frankreich praktisch pleite. Das lag daran, dass Ludwig XVI. zu viele Kriege geführt hatte. Der Adel lebte zwar noch immer im Luxus, aber nach einigen Missernten litt die Bevölkerung Hunger. Als der König schon wieder höhere Steuern einforderte, war das Maß voll. Am 14. Juli 1789 stürmte das wütende Volk die Bastille in Paris. Das war eine Burg, die auch als Gefängnis diente. Am 26. August 1789 wurde dann die Erklärung der Menschen- und Bürgerrechte unterzeichnet. Darin stand unter anderem, dass alle Menschen gleich geboren werden. Der Adel durfte also nicht länger über das einfache Volk bestimmen.

König Ludwig XVI. hatte sich inzwischen versteckt. Am 10. August 1792 wurde Frankreich zur Republik erklärt. Anstelle des Königs kam ein gewähltes Staatsoberhaupt an die Macht. Ludwig XVI. wurde ein Jahr später enthauptet.

Die Französische Revolution verlief alles anderes als glatt, sehr viele Menschen verloren dabei ihr Leben. 1793 ergriffen die Jakobiner unter der Führung von Robespierre die Macht. Sie meinten, dass sie als Einzige das Sagen haben sollten. Über 40 000 Menschen wurden während ihrer Herrschaft ermordet. Ein Jahr später wurde Robespierre wieder gestürzt und hingerichtet.

Nach der Revolution wurde Frankreich eine Demokratie. Der Leitspruch der Aufständischen – Freiheit, Gleichheit, Brüderlichkeit – ist bis heute im französischen Grundgesetz festgeschrieben.

BUH   AAH

Ludwig XVI. überlegt sich einen Fluchtplan.

HEY,
DER KORB
IST BESETZT!

schnell einen Kopf
kleiner mit der Guillotine

258 DIE SCHNELLSTE ART, JEMANDEM DEN KOPF ABZUHACKEN

Schon seit der Antike wurden Menschen geköpft, wenn sie etwas falsch gemacht oder ein Verbrechen begangen hatten. Ein Henker hackte dem oder der Verurteilten mit einem Beil oder Schwert den Kopf ab. Enthauptung galt als »sanfte« Hinrichtungsform, die vor allem bei Adligen und anderen höhergestellten Personen angewandt wurde. Die einfachen Leute wurden auf grausamere Arten getötet, zum Beispiel auf dem Scheiterhaufen.

Eigentlich sollte der Henker den Kopf mit einem einzigen Schlag vom Körper abtrennen. Aber nicht alle Henker waren gleich professionell. Heinrich VIII. ließ für die Enthauptung seiner zweiten Ehefrau sogar extra einen Henker aus Frankreich anreisen (siehe auch Info 212). Der König wollte kein Blutbad. Die Hinrichtung sollte so schnell und schmerzlos wie möglich vonstattengehen.

Zu Zeiten der Französischen Revolution kamen die Henker mit all den Enthauptungen nicht mehr hinterher. Eine schnellere Methode musste her. Ein Arzt, ein Chirurg und ein Klavierbauer erfanden schließlich die Guillotine. Das war eine Köpfmaschine mit einem großen Beil, das aus vier Metern Höhe nach unten fiel, wo der Kopf des

oder der Verurteilten auf einem Holzbrett lag. Der Hals wurde sofort durchtrennt und der Kopf rollte in einen Korb.

Am 29. April 1792 wurde der erste Verurteilte mit dem neuen Fallbeil enthauptet. Es sollten noch unzählige weitere Enthauptungen folgen, und das nicht nur in Frankreich. Die Guillotine blieb noch sehr lange in Gebrauch. Noch am 10. September 1977 wurde in Frankreich ein Mörder auf diese Weise hingerichtet. Erst 1981, als Frankreich die Todesstrafe abschaffte, war die Zeit der Guillotine vorbei.

– 6 –

DIE NEUESTE ZEIT

Von ± 1800 bis heute

DAS ZEITALTER DER ERFINDUNGEN

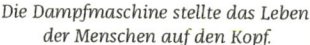

Die Dampfmaschine stellte das Leben der Menschen auf den Kopf.

258 EINE REVOLUTION DER ARBEIT

Schon im Jahr 1712 erfand der Engländer Thomas Newcomen eine Maschine, die das eindringende Grundwasser aus den Schächten in einem Bergwerk pumpen konnte. Die Maschine war dampfbetrieben. Ein Jahr später entwickelte James Watt die Maschine weiter, sodass sie viel mehr konnte, als nur Minenschächte leer zu pumpen. Seine Dampfmaschine löste eine Revolution aus, erst in England und nach und nach auch im Rest der Welt.

Die Dampfmaschine war aber nicht die einzige neue Erfindung. In England wurden auch noch eine Sämaschine, eine schnelle Webmaschine und eine ganze Reihe anderer Arbeitsgeräte erfunden. Was vorher von Hand gemacht werden musste, konnte eine Maschine nun viel schneller. So konnten auch viel mehr Produkte auf einmal hergestellt werden. All das änderte sich ziemlich plötzlich. Darum spricht man auch von der industriellen Revolution (±1760–1840).

Die neuen Maschinen stellten das Leben der Menschen auf den Kopf. Früher webten sie zu Hause ein Stück Stoff und verkauften es dann. Jetzt mussten sie in eine Fabrik gehen und dort an großen Maschinen arbeiten. Dafür bekamen sie einen Lohn. Viele Menschen zogen jetzt in die Städte, um in kleinen Häusern rund um die Fabriken zu wohnen. Sie mussten oft für sehr wenig Geld bis zu sechzehn Stunden am Tag arbeiten. Der Lohn reichte gerade mal, um genug Essen für eine Person zu kaufen. Wer Kinder hatte, musste auch die arbeiten schicken. Darüber erfährst du im nächsten Abschnitt mehr.

259 KINDER: NÜTZLICH UND BILLIG

In England und später auch im restlichen Europa wurden überall Fabriken und Bergwerke gebaut. Zum Bedienen der neuen Maschinen brauchte es kaum noch Muskelkraft, man konnte es also genauso gut von einem Kind erledigen lassen. Für die Fabrikherren eine prima Idee: Kinder waren nämlich noch billiger als Erwachsene. Außerdem konnten sie mit ihren kleinen Fingern Aufgaben übernehmen, für die Erwachsenenhände zu groß waren. Und sie passten viel leichter durch die schmalen Minenschächte, um die Loren (Transportwagen) zu schieben.

Auch vor der industriellen Revolution war Kinderarbeit an der Tagesordnung. Nur reiche Kinder gingen zur Schule, alle anderen arbeiteten bei ihren Eltern auf dem Feld oder in der Werkstatt. Aber mit dem Aufkommen der Fabriken wurden die Arbeitstage der Kinder plötzlich sehr lang. Schon Kinder ab sechs Jahren mussten bis zu vierzehn Stunden am Tag arbeiten, und das oft sechs Tage pro Woche. Sie mussten sich mit ihren kleinen

Körpern zwischen den großen Maschinen durchquetschen, um überall dranzukommen. Kein Wunder, dass viele von ihnen bei Unfällen verletzt wurden oder sogar ums Leben kamen.

Aber es regte sich immer mehr Protest gegen Kinderarbeit, und so wurden ab 1833 in mehreren Ländern Gesetze eingeführt, die sie einschränkten oder ganz verboten. Ab 1853 durften in Preußen, später dann auch im ganzen Deutschen Reich, Kinder unter zwölf Jahren nicht mehr in Fabriken arbeiten, und die erlaubte Arbeitszeit wurde erst auf zehn Stunden, später dann auf sechs Stunden beschränkt. Leider hielten sich viele nicht an diese Regeln und Verbote. Außerdem galten sie nur für die Fabriken – Kinderarbeit zu Hause oder in der Landwirtschaft wurde erst viel später verboten.

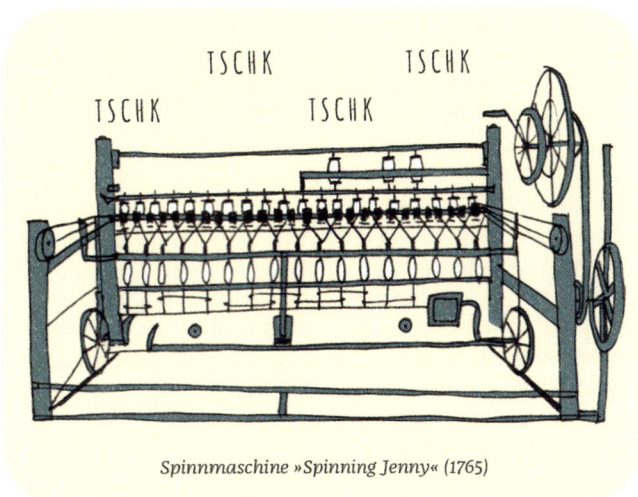

Spinnmaschine »Spinning Jenny« (1765)

*Opium-Deal zwischen
den Briten und den Chinesen*

260 DIE BRITEN MACHTEN DIE CHINESEN DROGENSÜCHTIG

Die Briten gelten als leidenschaftliche Teetrinker. Den Tee beschafften sie sich früher in China, genauso wie die Porzellantassen, aus denen sie ihn tranken. Die Chinesen hatten aber kaum Interesse an den Handelswaren aus England oder dem restlichen Europa. Sie kauften höchstens hier und da mal ein paar Gewürze, etwas Baumwolle oder ein paar Feuerwaffen. Das reichte den Briten nicht – sie gaben in China so viel Geld aus und wollten im Gegenzug auch was verdienen. Um 1800 kamen sie dahinter, dass sich viele Menschen in China für die Droge Opium interessierten, die aus Mohn gewonnen wird, und die die Briten aus Indien bezogen. Von da an schmuggelten sie das Opium heimlich ins Land, wodurch immer mehr Chinesen in Abhängigkeit gerieten. Die Nachfrage nach Opium schoss in die Höhe, und die chinesische Regierung war sehr besorgt. Sie wollte nicht, dass immer mehr Menschen abhängig wurden und ihr Geld für Drogen ausgaben. Im September 1839 ließ sie eine ganze Ladung Opium vernichten – sehr zum Ärger Großbritanniens, das daraufhin China kurzerhand den Krieg erklärte und Kriegsschiffe losschickte. Die Briten waren zwar in der

Minderheit, doch sie siegten und konnten einen freien Handel erzwingen. Außerdem musste China eine Entschädigung für das zerstörte Opium zahlen. Damit hatte das Land schwer zu kämpfen. Von 1856 bis 1860 folgte ein zweiter Opiumkrieg, und wieder siegte Großbritannien. Am Ende dieses Krieges mussten die Chinesen einen Vertrag unterzeichnen, den sie sehr ungerecht fanden.

261 NAPOLEON BONAPARTE, KAISER DER WELT

Es würde uns wundern, wenn du noch nie von Napoleon Bonaparte gehört hättest. Er ist wahrscheinlich eine der bekanntesten Figuren aus der Geschichte.

⊙ Er wurde 1769 als Napoleone di Buonaparte auf Korsika geboren. Als Schüler war er ein Ass in Mathe, außerdem konnte er sehr gut Karten lesen. Diese Fähigkeiten erwiesen sich bei seinen späteren Feldzügen als sehr nützlich: Er konnte zum Beispiel perfekt die Flugbahn einer Kanonenkugel berechnen. Und Kartenlesen ist natürlich unheimlich praktisch, wenn man vorhat, die Welt zu erobern. Und das hatte er. 1799 herrschte er schon über ganz Frankreich und unterwarf in den folgenden Jahren immer mehr Länder Europas seiner Macht. 1804 krönte er sich in der Notre-Dame-Kathedrale von Paris selbst zum Kaiser. Seine Feldzüge setzte er fort. Er versuchte Großbritannien zu erobern, wurde aber 1805 durch Admiral Nelson besiegt. 1812 marschierte Napoleon mit einem Heer aus 400 000 Soldaten in Russland ein. Als sie Moskau erreichten, waren die Stadt und die umliegenden Felder schon niedergebrannt und menschenleer. Napoleons Soldaten fanden kein Essen, und der Winter stand vor der Tür. Dem Feldherrn blieb nur der Rückzug. Tausende seiner Soldaten starben an Hunger und Kälte. Nur 27 000 von ihnen kehrten zurück.

⊙ Ein Jahr später wurde Napoleon in Leipzig von verschiedenen europäischen Armeen besiegt. Er wurde auf die Insel Elba verbannt, von wo er aber wieder entwich. Er startete einen neuen Feldzug gegen die Engländer. 1815 wurde er bei Waterloo (im heutigen Belgien) von englischen und preußischen Truppen besiegt. Diesmal schickten sie ihn noch weiter weg: nach St. Helena, einer kleinen Insel im Atlantik, wo Napoleon 1821 auch starb.

⊙ In den napoleonischen Kriegen kamen insgesamt über drei Millionen Menschen ums Leben, darunter nicht nur Soldaten, sondern auch viele Menschen aus der normalen Bevölkerung. Napoleon war ein großer Feldherr, aber er hat auch sehr viele Menschenleben auf dem Gewissen.

MEINEN BERECHNUNGEN ZUFOLGE
IST DIE RETTUNG NAH

Napoleon auf der Insel Elba

MUHAHA

WEN KNEIF ICH DENN JETZT?

Ohrenkneifer Napoleon

262 NAPOLEON, DER OHRENKNEIFER

Vielleicht hast du schon mal gehört, dass Napoleon angeblich klein war. Das ist aber nur eine Legende. Er war 1,67 Meter groß, was für die damalige Zeit ganz normal war. Als Leibwächter wählte er aber gern sehr große Männer aus. Neben denen sah er dann eher klein aus.

Zum Glück gibt es aber auch ein paar lustige Geschichten über Napoleon, die wirklich stimmen. So war Napoleon anscheinend überhaupt nicht musikalisch. Leider probierte er es trotzdem ab und zu mit dem Singen. Menschen, die ihm dabei zuhörten, berichteten später, dass er eine Viertelstunde lang immer dieselben Wörter sang und dass es furchtbar schief klang! Aber so was konnte man dem Kaiser natürlich nicht sagen.

Napoleon liebte auch lange, heiße Bäder. Oft lag er zwei Stunden lang in der Wanne und ließ sich dabei aus der Zeitung vorlesen. Danach ließ er sich die Nägel machen. Der Kaiser war nämlich unheimlich stolz auf seine schönen Hände mit sauber gepflegten Nägeln.

Er mag ein begnadeter Feldherr gewesen sein, aber im Spiel war er weniger begabt. Und weil er so schlecht verlieren konnte, schummelte er eben. Und ja, auch damit kam er als Kaiser durch. Anscheinend hatte er auch Spaß daran, die Menschen in seiner Umgebung ohne Vorwarnung ins Ohr zu kneifen – und zwar feste. Je besser der Kaiser drauf war, desto fester kniff er zu. Napoleon war auch sehr abergläubisch. Er fürchtete sich vor Freitag dem Dreizehnten und sah in allem ein Vorzeichen.

Hast du mal davon gehört, dass es laut eines französischen Gesetzes bis heute verboten sein soll, ein Schwein Napoleon zu nennen? Das ist ein Märchen. In Frankreich darf man einem Schwein jeden Namen geben – natürlich auch Napoleon.

HMMM

AUTSCH

263 NAPOLEON IST NOCH LANGE NICHT VERSCHWUNDEN

Natürlich ist Napoleon schon eine ganze Weile tot, aber sein Einfluss wirkt noch heute nach.

Zum Beispiel legte er den Rechtsverkehr in Frankreich und Europa fest. Bis dahin wurde an manchen Orten rechts und an anderen links gefahren. Das stiftete Verwirrung, und von Verwirrung hielt Napoleon nicht viel. Bis heute wird in den meisten europäischen Ländern auf der rechten Seite gefahren, nur in Großbritannien nicht – aber das Land wurde auch nie von Napoleon erobert.

Er schuf ein Netz aus langen, geraden Straßen zwischen großen französischen Städten. Diese »Kaiserstraßen« gibt es heute noch. Sie heißen heute *Routes Nationales*, also Nationalstraßen.

Napoleon führte auch die Nachnamenpflicht ein. Nachnamen gab es zwar schon vorher, aber nun mussten sie auch offiziell bei den Behörden eingetragen werden. Dabei durfte man eine Schreibweise festlegen, diese aber hinterher nicht mehr ändern. Das machte es der Regierung leichter, Steuern einzutreiben und zu überprüfen, ob junge Männer auch ihre Wehrpflicht erfüllten.

Alle Menschen wurden verpflichtet, Geburten, Heiraten, Scheidungen und Todesfälle bei der Gemeinde zu melden.

Alle Straßen bekamen Straßennamen und jedes Haus darauf eine Nummer.

Alte Maß- und Gewichtseinheiten wurden abgeschafft. Ab sofort durften nur noch Meter, Kilogramm und Liter als Grundeinheiten gebraucht werden.

Napoleons wichtigstes Erbe ist aber wahrscheinlich der *Code Napoléon* (Code Civil), ein Gesetzbuch, in dem die Rechte und Pflichten aller Bürgerinnen und Bürger festgelegt sind. Das Gesetzbuch veränderte das Rechtssystem in ganz Europa. Es wird in Teilen heute noch angewandt.

Napoleons Erbe

SEHR ERFREUT

Peter Spitzkinn   Anja Stupsnase

SCHNURGERADE

Napoleons neue Straßen

264 SPANIEN UND PORTUGAL VERLIEREN IHRE KOLONIEN

Napoleon besetzte Spanien und Portugal. Weil die beiden Länder mit dem Kampf gegen Frankreich alle Hände voll zu tun hatten, hatten sie kaum noch Zeit, ihre Kolonien in Süd- und Mittelamerika zu regieren. Unabhängigkeitskämpfer nutzten die Gelegenheit, um die Kolonien von der europäischen Herrschaft zu befreien.

Es begann auf Haiti, das damals eine französische Kolonie war. Dort probten die Sklavinnen und Sklaven den Aufstand. Im darauffolgenden Krieg verloren viele Menschen ihr Leben, aber im Jahr 1804 erlangte Haiti die Unabhängigkeit. Bis heute herrscht in dem Land große Armut.

Danach folgten die spanischen Kolonien. Zwei Männer spielten dabei eine besonders große Rolle: Simón Bolivar und José de San Martin. Sie nannten sich *libertadores*, Befreier, weil sie ihre Länder von der Unterdrückung befreien wollten. Das gelang ihnen schließlich auch. Um 1826 hatten viele der spanischen Kolonien die Unabhängigkeit erlangt. Nur Kuba und Puerto Rico blieben noch unter spanischer Kontrolle.

FREI!   SEID ALLE DABEI!

Simón Bolivar   *José de San Martin*
libertadores

Brasilien stand unter portugiesischer Herrschaft. Die portugiesische Königsfamilie war vor Napoleon nach Rio de Janeiro geflüchtet. 1821 kehrte der König nach Portugal zurück. Sein Sohn Pedro blieb in Brasilien, um von dort das Land zu regieren. Und dann ergriff er seine Chance: Er erklärte Brasilien für unabhängig und ließ sich zum Kaiser krönen: Dom Pedro I.

265 CHARLES DARWIN STELLT DIE WELT AUF DEN KOPF

Charles Darwin war gerade erst 22, als er an Bord der HMS Beagle ging. Der Kapitän des Schiffs, Robert FitzRoy, hatte den Auftrag erhalten, die südamerikanische Küste genau zu vermessen und zu kartieren. Die Beagle war mit den besten Instrumenten ausgestattet. Darwin reiste mit, um die Pflanzen- und Tierwelt zu erforschen. Leider hatte er keine Seemannsbeine und war die meiste Zeit seekrank. Bei Sturm hatte er Todesangst. Aber von seiner Forschungsarbeit ließ er sich dadurch nicht abbringen. Er trug eine riesige Sammlung von Pflanzen, Tieren, Blumen, Muscheln, Weichtieren, Skeletten und noch viel mehr zusammen. Außerdem studierte er das Leben der Menschen auf den verschiedenen Inseln, an denen sie anlegten.

WÜRG

Charles Darwin auf der Beagle,
gibt alles für die Wissenschaft

Die Reise, die eigentlich für zwei Jahre geplant war, sollte schließlich fünf Jahre dauern. Bei seiner Rückkehr nach England machte Darwin sich mit dem gesammelten Material sofort an die Arbeit. Zwanzig Jahre später veröffentlichte er seine Erkenntnisse. Darwin zufolge stammten Menschen und Affen von einem gemeinsamen Vorfahren ab. Das war zur damaligen Zeit eine ganz schön revolutionäre Vorstellung! Nach Darwins Theorie passen sich alle Arten ihrer Umgebung an, und die, die am besten angepasst sind, überleben. Damit stellte er das Weltbild der Menschen völlig auf den Kopf. Viele hielten ihn für einen Ketzer. Schließlich hätte doch Gott die Welt gemacht und den

Menschen nach seinem Bild geschaffen – was Darwin da behauptete, war also unmöglich … Heute aber ist sich die Wissenschaft einig darin, dass Charles Darwin auf der richtigen Fährte war. Seine Theorie wurde später als Evolutionstheorie bekannt.

> ### Bonus-Info
> 2006 starb in Australien eine Riesenschildkröte namens Harriet. Sie soll 176 Jahre alt gewesen sein. Der Legende nach brachte Darwin sie von einer der Galapagosinseln mit, ganz sicher wissen wir es aber nicht.

266 THE WILD, WILD WEST

Vielleicht hast du schon mal einen Western gesehen, so einen alten Film über Cowboys und »Indianer«. Die meisten Westernfilme zeigen den Wilden Westen aber nicht, wie er wirklich war. Die Realität war alles andere als romantisch.

Mitte des 18. Jahrhunderts fanden die weißen Siedler im Osten Nordamerikas, dass es an der Zeit wäre, den Rest des Landes zu erkunden, und zogen in großen Trecks in Richtung Westen. Unterwegs begegneten sie natürlich vielen indigenen Völkern. Die lebten dort schon sehr lange, aber die Siedler wollten sie einfach vertreiben und das Land besetzen. Über ein Jahrhundert lang gab es überall Kämpfe zwischen den Siedlern und der indigenen Bevölkerung.

1830 beschloss die amerikanische Regierung den Indian Removal Act. Das neue Gesetz besagte, dass die Siedler die Indigenen von ihrem Land verjagen durften. Die mussten dann auf ein anderes Stück Land umziehen, das die Regierung ihnen zuwies. Natürlich waren die Indigenen damit nicht einverstanden. Sie hatten ja schon immer da gewohnt und das Land gehörte ihnen. Auch ihre Toten lagen dort begraben. Außerdem war der

Boden auf dem neuen Land bei Weitem nicht so fruchtbar. Sie wollten also nicht umziehen, aber wurden von der Regierung gezwungen. Über die Vertreibung waren sie so traurig, dass sie den Weg zu den neuen Reservaten *trail of tears*, Pfad der Tränen, nannten.

Fakten schaffen im Wilden Westen

Der schöne Schein trügt:
Sitting Bull und Buffalo Bill.

267 SITTING BULL, DER MUTIGE HÄUPTLING DER SIOUX

Aber nicht alle gaben sich einfach geschlagen. Im Jahr 1876 führte der Stammeshäuptling der Sioux, Sitting Bull, 3500 Krieger verschiedener indigener Stämme in der Schlacht bei Little Bighorn (im heutigen Montana) an. Sein Gegner war General Custer. Der General und seine Truppe erlitten eine vernichtende Niederlage. Sitting Bull führte seine Gefolgsleute trotzdem nach Kanada, aber im Winter 1880 wurden die Lebensbedingungen dort immer schlechter. Es gab nicht genug Nahrung für alle. 1881 sah Sitting Bull keinen anderen Ausweg mehr, als sich zu ergeben. Von da an ließen die US-Amerikaner ihn mehr oder weniger in Ruhe.

Später lernte der Häuptling einen Mann namens Buffalo Bill kennen und trat in dessen *Wild West Show* auf. Zusammen bereisten sie das ganze Land. Sitting Bull wurde regelmäßig aufgefordert, etwas in seiner Muttersprache Dakota zu sagen. Es heißt, in den Shows beschimpfte er das Publikum wüst für all das, was die Weißen den Indigenen angetan hatten, aber die Leute verstanden natürlich kein Wort.

Sitting Bull machte die Show zwar mit, aber er blieb überzeugt davon, dass er die Weißen vom Land der Sioux vertreiben musste. Auch bei anderen indigenen Stämmen wuchs der Widerstand. Die amerikanische Regierung ahnte, dass da etwas brodelte, und ließ Sitting Bull verhaften. Der wollte sich aber nicht kampflos ergeben, und so folgte ein Gefecht, in dem er und mehrere andere Personen auf beiden Seiten ums Leben kamen. Schätzungen zufolge verloren im Zuge der Kolonisierung auf dem Gebiet der heutigen USA zwischen zwei und achtzehn Millionen Indigene ihr Leben. Bis 1890 war ihre Zahl auf nur noch 250 000 gesunken.

268 GOLD! WIR HABEN GOLD GEFUNDEN!

Am 24. Januar 1848 arbeitete der Zimmermann James Wilson Marshall am Bau einer Mühle an einem Fluss in der Nähe von San Francisco in Kalifornien. Am Boden des Flusses entdeckte er plötzlich Goldstücke. Er fischte sie heraus, aber wollte seinen Fund geheim halten. Die Indigenen, die für ihn arbeiteten, wussten zwar davon, aber sie fanden Gold nicht besonders interessant und erzählten nichts weiter. Trotzdem dauerte es nicht lange, bis sich herumsprach, was für Schätze da am Grund des Flusses lagen. Immer mehr Menschen kamen angereist, um Gold zu suchen. Einer von ihnen erzählte es in der Stadt weiter. In kürzester Zeit kamen scharenweise Menschen zum Goldsuchen an den Fluss – erst nur aus Kalifornien, aber als sich die Nachricht weiterverbreitete, kamen die Leute aus ganz Amerika nach San Francisco. Ab 1849 versuchten sogar Menschen aus Lateinamerika, China und Europa in Kalifornien ihr Glück. Insgesamt ließen sich rund 300 000 Goldsucher in der Gegend nieder. Sie holten sich Hilfe von der ortskundigen Urbevölkerung und bezahlten sie mit Perlen, Kleidung und Essen. In dieser Zeit herrschte völlige Gesetzlosigkeit.

Natürlich war das Gold nicht endlos vorhanden. Insgesamt wurden mehrere tausend Kilo Gold aus dem Fluss geschürft, aber nach 1856 wurde es viel schwieriger, überhaupt noch etwas zu finden. Große Minenbetreiber übernahmen jetzt die Goldsuche.

Der Goldrausch forderte viele Opfer, besonders in der indigenen Bevölkerung, denn viele von ihnen wurden von ihrem Land vertrieben oder sogar getötet. Auch für die Natur hatte der Goldrausch schlimme Folgen: Bäume wurden massenhaft gefällt, und der Fluss wurde verschmutzt. Es dauerte lange, bis sich alles wieder ein bisschen erholte.

gierige Goldsucher*innen

269 DER NORDEN GEGEN DEN SÜDEN

Bereits im 16. Jahrhundert wurden die ersten Menschen aus Afrika als Sklaven nach Amerika gebracht. Ab dem 17. Jahrhundert breitete sich die Sklaverei dann auf dem Gebiet der späteren USA immer weiter aus. Die Menschen wurden zur Arbeit auf den Plantagen gezwungen, wo sie Baumwolle, Kaffeebohnen oder Tabakblätter pflücken, auf den Reisfeldern arbeiten oder Zuckerrohr schneiden mussten. Die meisten Plantagen befanden sich im Süden des Landes. Im 19. Jahrhundert schritt im Norden die Industrialisierung voran. Dadurch war die Sklavenarbeit dort überflüssig geworden.

1860 war Abraham Lincoln Präsident. Er fand es an der Zeit, die Sklaverei abzuschaffen. Die Südstaaten waren anderer Meinung: Sie wollten die Sklaven als billige Arbeitskräfte auf den Plantagen um keinen Preis verlieren. Elf Staaten spalteten sich ab und gründeten zusammen die Konföderation mit Jefferson Davis an der Spitze. Die Nordstaaten bildeten gemeinsam die Union. Zwischen beiden Lagern brach ein Bürgerkrieg aus. Die blutigste Schlacht ereignete sich 1863 in Gettysburg im Staat Pennsylvania. Dabei kamen 51 000 Soldaten aus den Südstaaten ums Leben. Insgesamt forderte der amerikanische Bürgerkrieg wahrscheinlich über 620 000 Tote und eine halbe Million Verletzte. 1865 endete der Krieg. Die Nordstaaten (die Union) hatten gewonnen. Ehemalige Sklavinnen und Sklaven hatten von da an laut Gesetz die gleichen Rechte wie andere US-Amerikaner. Aber es sollte noch sehr lange dauern, bis sie wirklich gleichgestellt waren. Ihre Nachkommen kämpfen zum Teil heute noch gegen Diskriminierung.

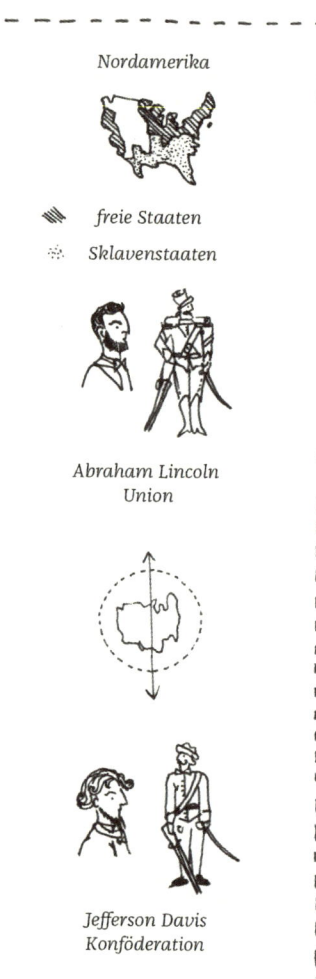

Nordamerika

〰️ freie Staaten

⁛ Sklavenstaaten

Abraham Lincoln
Union

Jefferson Davis
Konföderation

SCHÖN SO

Ludwig II. von Bayern
neben Mini-Neuschwanstein

270 ES WAR EINMAL ... EIN MÄRCHENKÖNIG, DER MÄRCHENSCHLÖSSER BAUTE

Ludwig II. von Bayern war gerade achtzehn, als sein Vater 1864 starb. Der Junge wurde zum König gekrönt, hatte aber keinen blassen Schimmer, was von ihm erwartet wurde. Mit dem Regieren hatte er es nicht so, dafür baute er gerne Schlösser.

Meistens hielt sich Ludwig in Schloss Linderhof auf, das er liebevoll »meine Villa« nannte. Auf einer Insel im Chiemsee ließ er das Schloss Herrenchiemsee errichten. Ludwig träumte gerne groß: Sein Schloss sollte eine Kopie von Versailles werden, dem Palast des französischen Sonnenkönigs. König Ludwig II. hegte große Bewunderung für seinen früheren französischen Amtskollegen. Genau wie in Versailles gab es in Herrenchiemsee enorme, prunkvolle Betten, die auf einem Podest standen. Die waren aber nicht zum Schlafen gedacht, sondern zum Empfangen von Gästen, während der König in seinen schönsten Kleidern auf dem Bett saß. Ludwigs bekanntestes Schloss ist wahrscheinlich Schloss Neuschwanstein in den Alpen. Es diente als Vorbild für die Märchenschlösser in gleich zwei Disney-Filmen: »Dornröschen« und »Cinderella«.

Ludwig II. war ein etwas kauziger Eigenbrötler, der vor allem nachts lebte. Er aß alleine an einem Tisch, der – fertig gedeckt – aus dem Fußboden hochgefahren wurde. Nachts ließ er sich gerne in einer prächtigen Kutsche auf seinem Land durch die Gegend fahren. Ums Regieren kümmerte er sich der Legende nach nur ab und zu, und das auch nur schriftlich.

Die Schlösser Herrenchiemsee und Neuschwanstein wurden nie ganz fertig gebaut. Nach der Absetzung von Ludwig II. 1886 wurden die Arbeiten abgebrochen. Einen Tag später starb er unter bis heute ungeklärten Umständen. Die Regierung fand, dass schon genug Geld für den Bau der Schlösser verschwendet wurde. Sie wurden kurz darauf als touristische Attraktion geöffnet und locken bis heute jedes Jahr Zigtausende Besucher an.

die belle époque

271 EINE SCHÖNE ZEIT IST ANGEBROCHEN – FÜR EINIGE

Die Jahre zwischen 1870 und 1914 werden auch die *belle époque* genannt, was »schöne Epoche« bedeutet.

Die Industrialisierung hatte sich in ganz Europa verbreitet. Ein Teil der Menschen hatte jetzt mehr Freizeit, weil es Maschinen gab, die die Arbeiten schneller verrichten konnten. Kinderarbeit wurde verboten. Mehr Menschen als zuvor hatten auch mehr Geld, um sich Dinge zu kaufen. Schlaue Köpfe erfanden ständig neue Maschinen: In der Stadt sah man die ersten Autos herumkurven. Die elektrische Tram ersetzte die alte Pferde- oder Dampfstraßenbahn. In London und Paris wurde die erste

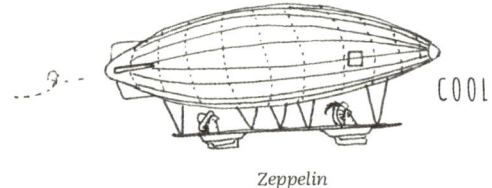

Zeppelin

Metro (U-Bahn) gebaut. Flugzeug und Zeppelin wurden erfunden. Menschen, die weit weg voneinander waren, konnten nun per Telefon miteinander sprechen, und dank der Glühlampe hatte man abends immer genug Licht im Haus. Immer mehr Häuser wurden mit Strom versorgt und mit einer Toilettenspülung und anderen Neuerungen ausgestattet. Handel und Verkehr blühten. Viele Menschen fuhren zum ersten Mal in Urlaub. Auf großen Weltausstellungen konnten Besucher die neuesten Erfindungen aus aller Welt bestaunen. Die Weltausstellung in Paris 1889 wurde als Sinnbild für Erneuerung und Fortschritt gesehen. Der Name *belle époque* war also gut gewählt – für die, die es sich leisten konnten.

Auto

272 NICHT ALLE RAKETEN FLIEGEN ZUM MOND

Schon bevor es die ersten Züge gab, führten Schienen durch die Landschaft. Darauf fuhren zwar auch Waggons, allerdings wurden die noch von Pferden gezogen. Ein kleiner Junge namens George Stephenson in England sah die Pferde jeden Tag vorbeitrotten.

Georges Vater arbeitete im Kohlebergwerk, wo er die Maschinen bediente. Schon als Jugendlicher musste auch George im Bergwerk mithelfen. Dort sah er zum ersten Mal die Dampfmaschine von James Watt. Die brachte ihn auf eine Idee, und George, der schon immer gerne getüftelt hatte, machte sich in seiner Freizeit an die Arbeit. 1814 entwarf er eine Lokomotive, die mit Dampf betrieben wurde. Die *Blücher* konnte mit einer Geschwindigkeit von sechs Stundenkilometern acht voll beladene Kohlewaggons ziehen.

Seit seinem siebzehnten Lebensjahr hatte George die Abendschule besucht, um die Schulbildung nachzuholen. 1821 wurde er schließlich als Ingenieur bei der Eisenbahngesellschaft angestellt, wo inzwischen auch Passagierzüge gebaut wurden. 1825 fand die allererste Zugfahrt mit 450 Menschen an Bord statt. Es war ein festliches Ereignis.

1829 baute George Stephenson eine neue Dampflok, die er *The Rocket* (Die Rakete) taufte. Alle Welt war beeindruckt von der Rakete, in der die allerneueste Technik zum Einsatz kam. Die Erfindung bedeutete einen großen Fortschritt für den Eisenbahnverkehr.

Bonus-Info

Am 7. Dezember 1835 wurde die erste deutsche Eisenbahnstrecke eröffnet. Sie führte von Nürnberg nach Fürth und war sechs Kilometer lang.

DOCH, WIR FAHREN ZUM MOND

273 DER HÖCHSTE TURM DER WELT

1889 fand in Paris die zehnte Weltausstellung statt. Damals lag der Sturm auf die Bastille und damit der Beginn der Französischen Revolution genau hundert Jahre zurück (siehe Info 256). Das musste natürlich gefeiert werden. Außerdem wollte Frankreich aller Welt zeigen, wie weit Industrie und Technik im Land schon fortgeschritten waren. 1887 wurde mit dem Bau eines spektakulären Eingangstors zur Ausstellung begonnen. Gustave Eiffel hatte dafür einen dreihundert Meter hohen Turm entworfen. Darauf kam noch ein Fahnenmast, der die Gesamthöhe auf 312,27 Meter brachte. Sage und schreibe zweieinhalb Millionen Metallnieten hielten den Stahlkoloss zusammen. Am Bau des Turms waren rund 250 Arbeiter beteiligt, denn

er musste ja rechtzeitig zur Eröffnung fertig werden – und das wurde er auch. Er war zu dem Zeitpunkt das höchste Bauwerk der Welt. Bis heute ist er eine der am meisten besuchten Attraktionen von Paris.

312,27 m

WAS IST MIT DER SCHRAUBE HIER?

Eiffelturm

> **Bonus-Info**
> Mit allen Antennen an der Turmspitze beträgt die Gesamthöhe des Eiffelturms inzwischen 324 Meter.

274 DIE ERFINDUNG DES FAHRRADS BEGANN MIT EINEM VULKANAUSBRUCH

RADELN! ÄH RENNEN!

das erste Holz-Laufrad Karl von Drais

Ein Fahrrad wirkt so simpel, trotzdem dauerte es siebzig Jahre, bis es so aussah wie dein Fahrrad heute. Alles begann im Jahr 1816, und zwar mit einem Vulkanausbruch auf einer indonesischen Insel. Der führte zu Problemen auf der ganzen Welt: Wegen all dem Staub und der Asche in der Atmosphäre gab es so gut wie keinen Sommer. Die Ernten missglückten, und es gab nicht mehr genug Futter für die Last- und Zugtiere. Darum wollte Karl von Drais ein Fortbewegungsmittel entwickeln, für das man keine Tiere brauchte. Er entwarf eine hölzerne Laufmaschine. Sie hatte aber keine Bremse und wurde kein großer Erfolg.

Erst fünfzig Jahre später wurde das Fahrrad weiterentwickelt. 1867 erfand Pierre Lallement das Hochrad, mit einem großen Rad vorne und einem kleinen dahinter. Es verfügte über Pedale, hatte einen Lenker und eine Bremse. Allerdings war das Aufsteigen ziemlich mühsam. Außerdem musste man beim Fahren gut aufpassen, denn wenn man zu stark bremste, wurde man über den Lenker geschleudert. Und so ein Sturz aus der Höhe tat ganz schön weh. Das hielt den Briten Thomas Stevens aber nicht davon ab, mit dem Hochrad auf große Reise zu gehen. Er startete in Nordamerika und radelte von der West- bis zur Ostküste, eine Strecke von sechstausend Kilometern. Später fuhr er mit seinem Rad durch Europa, Indien, China und Japan. Er schrieb sogar ein Buch darüber.

Das Fahrrad, wie wir es heute kennen, wurde erst 1885 in Paris erfunden. Die beiden Räder waren gleich groß, nur die Reifen waren noch massiv

Hochrad
Pierre Lallement

und aus Holz, wodurch man beim Fahren ziemlich durchgeschüttelt wurde. Erst als John Dunlop 1888 den Luftreifen erfand, wurde das Fahrradfahren so richtig bequem – und beliebt.

275 EIN BELGIER BAUTE DAS ERSTE AUTO

Der Belgier Étienne Lenoir war schon als Kind ein begeisterter Tüftler. Immer arbeitete er an neuen Erfindungen. Eine davon war das *Hippomobile*, ein Wagen, der mit Wasserstoff angetrieben wurde. Der Motor war aber noch nicht besonders leistungsstark. Für eine Strecke von achtzehn Kilometern brauchte das Gefährt volle drei Stunden. Aber

Lenoir hatte damit den Vorläufer für etwas geschaffen, was später eine gigantische Industrie werden sollte.

Das erste Auto mit Benzinmotor wurde von dem deutschen Erfinder Carl Benz gebaut. Er verwendete einen Benzinmotor, der auf einem Dreiradwagen angebracht wurde. Zwar fuhr er selbst schon 1885 mit seinem Auto durch die Straßen, aber erst 1888 entwickelte er ein Modell, das auch verkauft werden konnte. Etwa zu der Zeit baute Gottlieb Daimler ein Motorrad mit Benzinmotor. Später entwickelte er daraus ein Auto, wie wir es heute kennen. Daimler und Benz schlossen sich später zusammen und gründeten damit einen der größten Autohersteller der Welt mit der bekannten Marke Mercedes.

HEISSER SCHLITTEN, ODER?

Étienne Lenoir und sein Hippomobile

Ferdinand Graf von
Zeppelins Luftzigarre

276 ALS DIE MENSCHEN FLIEGEN LERNTEN

Fahrrad, Auto, Eisenbahn ... Auf den Straßen kamen die Leute immer schneller voran. Aber es gab auch Menschen, die lieber fliegen wollten. Schon im Jahr 1783 hatten die Brüder Montgolfier den Heißluftballon erfunden – eigentlich durch Zufall. Eines Tages sahen sie, wie sich ein Unterrock, der zum Trocknen über dem Kamin hing, durch die heiße Luft aufblähte. Das brachte sie auf die Idee, einen großen Ballon aus Leinen mit heißer Luft zu füllen, sodass er aufstieg. Der Plan glückte! Bei den ersten Flugversuchen saß noch niemand im Passagierkorb, aber am 15. Oktober 1783 war es schließlich so weit: Der Ballon stieg mit Étienne Montgolfier an Bord in die Luft. Zum Erhitzen der Luft hatte er einen Eisenofen und einen Haufen Kohlen dabei. Anfangs war der Ballon noch mit einem Seil am Boden festgebunden, sodass er jederzeit wieder runtergeholt werden konnte, aber nach einiger Zeit flog er ohne Leine. Ganz ungefährlich war das nicht. Ein anderer Ballonfahrer namens Gamerin erfand 1797 einen Fallschirm, der ihn sicher wieder zu Boden bringen konnte, wenn etwas schiefgehen sollte.

Ferdinand Graf von Zeppelin hatte noch größere Pläne. Er baute einen gigantischen, zigarrenförmigen Behälter, den er mit Gas füllen ließ, und benannte das Luftschiff nach sich selbst: Zeppelin.

Die fliegende Zigarre konnte sowohl Menschen als auch Güter transportieren. Der erste Zeppelinflug fand am 2. Juli 1900 statt und dauerte achtzehn Minuten. Ein paar Jahrzehnte lang wurde der Zeppelin sowohl für Passagierflüge als auch militärisch eingesetzt, doch das endete 1937 mit einem schweren Unglück, bei dem der Zeppelin Hindenburg mit siebenundneunzig Menschen an Bord in Flammen aufging und abstürzte. Dreizehn Passagiere, zweiundzwanzig Crewmitglieder sowie ein Mitarbeiter am Boden kamen dabei ums Leben.

UND ALLES HABEN WIR DEM UNTERROCK ZU VERDANKEN!

der Heißluftballon
der Brüder Montgolfier

277 SCHWEBEN WIE EIN VOGEL

Otto Lilienthal war wahrscheinlich ganz schön neidisch, wenn er den Vögeln hinterherschaute. Wie herrlich musste es sein, einfach durch die Luft zu gleiten? Er beschloss, eine Maschine mit Flügeln zu bauen, mit der er selbst schweben konnte. Otto unternahm über zweitausend Gleitflüge mit den verschiedensten Flugapparaten, kam aber nie viel weiter als zweihundert Meter. 1896 stürzte er mit einem seiner Gleitflugzeuge ab und starb.

Aber seine Arbeit war nicht umsonst gewesen. **Orville** und **Wilbur Wright**, zwei Brüder aus den USA, hatten sich ausführlich mit Lilienthals Erfindungen beschäftigt und wollten

FAST!

Otto Lilienthal übt fliegen.

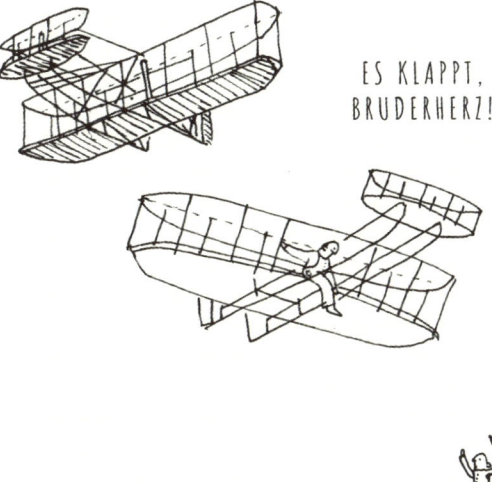

ES KLAPPT, BRUDERHERZ!

Orville und Wilbur Wright testen ihr Flugzeug am Strand.

selbst ein **Flugzeug** entwickeln. Inzwischen war der Benzinmotor erfunden worden. Den bauten sie in ihre Maschine ein, sodass sie nicht nur gleiten, sondern richtig fliegen konnte. 1903 unternahmen sie am Strand von Kitty Hawk den allerersten Motorflug. Der dauerte zwölf Sekunden und ging über 37 Meter. Später am selben Tag kamen sie in einer Minute schon 260 Meter weit. Das ist zwar wenig, und man könnte die Strecke wohl auch genauso schnell laufen, aber Orville und Wilbur hatten tatsächlich das erste Flugzeug gebaut. 1909 flog **Louis Blériot** zum ersten Mal über den Kanal zwischen Frankreich und England. Von da an entwickelte sich die Luftfahrt immer rasanter.

278 ALLEN VERWUNDETEN UND KRANKEN HELFEN

Der Schweizer Henry Dunant hatte ein Buch über Napoleon III. geschrieben und wollte es ihm persönlich überreichen. Dafür reiste er nach Solferino, wo die Franzosen und Italiener sich unter Führung Napoleons III. gerade eine Schlacht mit Österreich geliefert hatten. Die Kämpfe waren zwar vorbei, aber Dunant war erschrocken über das, was er sah: Tausende verwundete Soldaten auf dem Schlachtfeld, für die es keine echte Hilfe gab. Dunant rief die Bevölkerung auf, die Ärmel hochzukrempeln und mit anzupacken. Dabei machte er keinen Unterschied zwischen den Nationalitäten: Alle brauchten Hilfe, die italienischen, französischen genau wie die österreichischen Soldaten.

Wieder zu Hause, verfasste er ein Buch mit dem Titel: *Eine Erinnerung an Solferino*. Danach suchte er persönlich zahlreiche europäische Staatsoberhäupter auf, um sie davon zu überzeugen, dass es eine Organisation brauchte, die den Opfern von Katastrophen und Kriegen half. Am 17. Februar 1863 wurde das Rote Kreuz gegründet. Das Symbol war ein rotes Kreuz auf weißem Hintergrund – eine umgekehrte Schweizer Flagge.

Schlacht von Solferino

Henry Dunant

Das Rote Kreuz wurde gegründet, um Kranke und Verletzte zu versorgen. Seine Fahrzeuge, Gebäude und Hilfsstationen dürfen nicht beschossen werden. Seine Mitarbeitenden stehen auch unter Schutz. 1876 wurde eine islamische Version eingerichtet, bei der das Kreuz durch einen Halbmond ersetzt wurde.

Henri Dunant bekam 1901 den allerersten Friedensnobelpreis verliehen.

279 FLORENCE NIGHTINGALE, DIE BERÜHMTESTE KRANKENPFLEGERIN ALLER ZEITEN

Florence Nightingale wurde 1820 in Italien geboren. Ihre Eltern waren reiche Engländer, die in Florenz auf einem großen Landgut wohnten. Florence war ein besonderes Kind. Schon als Sechzehnjährige half sie den kranken Menschen in ihrem Dorf. Nach Heiraten stand ihr nicht der Sinn. Stattdessen suchte sie sich eine Arbeit in einem Londoner Krankenhaus. 1854 bekam sie den Auftrag, als Pflegerin auf der Halbinsel Krim Hilfe zu leisten, wo ein Krieg zwischen den Briten und den Russen tobte. Florence Nightingale stellte eine Gruppe von achtunddreißig Pflegerinnen

zusammen, und gemeinsam reisten sie zum britischen Krankenhaus auf der Krim. Was sie dort zu sehen bekamen, erschütterte Nightingale: Die Soldaten lagen in ihren eigenen Ausscheidungen, es wimmelte nur so von Insekten und Ungeziefer, es gab keine Seife und kaum Verbandszeug. Die meisten Soldaten starben nicht an ihren Verletzungen, sondern an einer Infektion.

Aber die Krankenpflegerin ließ sich nicht unterkriegen. Zusammen mit ihrem Team machte sie im Krankenhaus erst mal richtig sauber. Eine

Wäscherei wurde eingerichtet, sodass die Patienten immer frische Laken hatten. In der Küche wurden gesunde Mahlzeiten gekocht. Florence richtete sogar eine Bibliothek und ein Unterrichtszimmer ein. Und es funktionierte – die Anzahl der Sterbefälle sank um fast siebzig Prozent! Unter den Soldaten wurde sie dafür »Engel der Krim« genannt.

Bei ihrer Rückkehr nach dem Krieg wurde Nightingale in England als Heldin gefeiert. Von der Königin bekam sie als Auszeichnung für ihre Arbeit eine Medaille und eine Geldsumme. Damit eröffnete sie ein Krankenhaus und eine Krankenpflegeschule.

KEINE HAUSTIERE!

Florence Nightingale,
Begründerin der modernen Krankenpflege

280 KOMMT ALLE HER! SEHT EUCH DAS AN!

Kannst du dir vorstellen, einen Zoo zu besuchen, in dem Menschen ausgestellt sind? In Info 233 haben wir dir schon von Moctezumas Menschenzoo erzählt. Um das Jahr 1870 wurden solche Zoos – Völkerschauen genannt – auch in Europa und den Vereinigten Staaten immer beliebter. Der Deutsche Carl Hagenbeck fing damit an. Er ließ »exotische« Menschen nach Deutschland bringen und baute ein traditionelles Dorf nach, in dem sie wohnen sollten. Neben dem Dorf waren auch oft Tiere untergebracht, die aus der gleichen Weltgegend stammten wie die Menschen. Die Menschen mussten ihre traditionelle Kleidung tragen, sie mussten Kriegstänze aufführen, Speere werfen, singen und allerhand andere Dinge tun, die als »typisch« oder »traditionell« galten. Oft waren es Angehörige afrikanischer Völker, aber auch Inuit vom Nordpol. Meist waren die Menschen aus ihren Dörfern entführt und gewaltsam in den Westen gebracht worden. Das war natürlich grausam und klingt für uns heute unvorstellbar, aber damals hielten viele weiße Menschen es nicht für Unrecht.

Die Ausstellungen wurden ein großer Erfolg. Die weißen Besucher kamen in Scharen und bezahlten viel Geld, um sich die »Primitiven« aus der Nähe anzusehen. Auch bei jeder Weltausstellung gab es ein »exotisches Dorf«, in dem man Menschen bestaunen konnte. Noch bis Mitte des letzten Jahrhunderts wurden solche unmenschlichen Völkerschauen abgehalten.

Menschenausstellung

verhüllende Sprache als Etikette

281 BEIM TEETRINKEN UNBEDINGT DEN KLEINEN FINGER ABSPREIZEN

Von 1837 bis 1901 herrschte Königin Victoria über England. Die Epoche wird darum das Viktorianische Zeitalter genannt. Es war eine Zeit, in der Benimmregeln das Leben in der Gesellschaft bestimmten. Das Einhalten der Etikette war enorm wichtig.

Mädchen bekamen schon von klein auf das korrekte Verhalten eingebläut – und zwar in allen Lebensbereichen. Es war wichtig, zur richtigen Tageszeit die richtige Kleidung zu tragen. Das war fast immer ein vornehmes Kleid mit weitem Rock. Drunter trug frau ein Korsett für eine kerzengerade Körperhaltung und eine schmale Figur. Beim Spazieren auf der Straße wurde das Kleid mit einer Hand bis zum Knöchel angehoben. Das Kleid mit zwei Händen anzuheben war nur erlaubt, wenn der Boden so richtig matschig war. Aber Vorsicht! Das Kleid so hochzuheben, dass die Knöchel entblößt waren, galt als höchst unschicklich.

Mädchen durften nicht alleine auf die Straße gehen, sondern nur in Begleitung einer *Anstandsdame*. Das war eine ältere Dame, die aufpasste, dass sich das Mädchen gut benahm. Wollte es sich mit jemandem verabreden, wurden Karten hin- und zurückgeschickt. Natürlich war die Anstandsdame dann auch beim Treffen mit dabei. Frau durfte dabei auch nicht zu intelligent rüberkommen. Klar, reden durfte sie, aber sie musste gut aufpassen, dass sie auch ja niemandem auf den Schlips trat und immer das Richtige sagte. Und selbstverständlich bedeutete ein Rülpser oder ein Pups das Ende ihres guten Rufs.

Die Etiketteregeln galten natürlich nur für die höheren Klassen. Die Menschen in der Arbeiterklasse hatten ja überhaupt keine Zeit, sich mit solchen Dingen zu beschäftigen.

282 IN DER VIKTORIANISCHEN ÄRA HATTEN KINDER WENIG ZU LACHEN

Kinder zu viktorianischen Zeiten lebten ganz anders als du heute. Wurden sie in eine reiche Familie hineingeboren, bekamen sie sofort eine Kinderfrau oder Nanny. Das war oft eine ältere unverheiratete Frau, die selbst keine Kinder hatte. Die Eltern trugen ihr auf, den Kindern gute Manieren beizubringen, und hielten sich ansonsten weitgehend aus der Erziehung ihrer Söhne und Töchter raus. Gegenüber den Eltern mussten Kinder sich immer höflich und respektvoll betragen. Den Vater mussten sie zum Beispiel mit »Sir« anreden.

Das Leben reicher viktorianischer Kinder muss furchtbar langweilig gewesen sein, aber es war auf jeden Fall besser als das von armen Kindern. Die wohnten oft mit ihrer großen Familie auf sehr engem Raum. Dadurch hatten sie zwar mehr Kontakt zu ihren Eltern, aber das machte ihr Leben kaum besser. Auch die Kinder mussten Geld verdienen. Manchmal wurden sie schon mit vier oder fünf Jahren zum Arbeiten geschickt. Weil sie klein und beweglich waren, eigneten sie sich gut zur Arbeit im Bergwerk oder als Schornsteinfeger. Sie wurden auch in Webereien, Fabriken oder Nähereien eingesetzt (siehe auch Info 259). Den Arbeitslohn mussten sie bei ihren Eltern abliefern. Jetzt bist du bestimmt froh, dass du im Heute lebst.

Verwirrung im Viktorianischen Zeitalter

283 FRAUEN ERHOBEN IHRE STIMME

In einem Punkt machte es im 19. Jahrhundert wenig aus, ob eine Frau arm oder reich war: Sie musste ihrem Mann gehorchen. Das ging natürlich einigen Frauen gehörig gegen den Strich. Sie probten den Aufstand.

In England wurden diese Frauen Suffragetten genannt. Emmeline Pankhurst und ihre Tochter Christabel gründeten eine Bewegung, die für Frauen dieselben Rechte forderte wie für Männer, vor allem das Wahlrecht. Um ihre Ziele zu erreichen, taten sie Dinge, die gegen die öffentliche Ordnung verstießen: Sie ketteten sich am Parlamentsgebäude fest oder gossen Säure in Stimmzettelkästen, sodass die Zettel nicht mehr lesbar waren, sie schlugen Schaufenster ein oder legten Feuer (aber immer so, dass keine Menschen zu Schaden kamen). Viele Suffragetten landeten im Gefängnis. Es sollte bis 1928 dauern, bis die Frauen in England das Wahlrecht bekamen. Auch in anderen Ländern entstanden ähnliche Bewegungen.

Für die Frauen war aber nicht nur das Wahlrecht wichtig, sondern auch die Bildung. Sie wollten an Universitäten studieren dürfen, was lange nur Männern erlaubt war. Ab Ende des 19. Jahrhunderts ließen manche Universitäten auch Frauen zum Studium zu. Ab 1895 durften Frauen zum Beispiel an der Universität Heidelberg studieren. Andere Universitäten folgten nach und nach.

Suffragette Emmeline Pankhurst: Kampf für eine Stimme

Bonus-Info

Die allererste Universitätsprofessorin Europas studierte 1732 in Bologna. Laura Bassi war so außergewöhnlich klug, dass sie eine Spezialerlaubnis zum Studium an der Universität bekommen hatte. Sie wurde die erste weibliche Physikprofessorin.

284 NEUSEELAND – VORREITER BEIM FRAUENWAHLRECHT

Ende des 19. Jahrhunderts waren die meisten Länder noch weit vom Stimmrecht für alle entfernt. Nur Männer mit Geld oder anderem Besitz durften wählen, ganz nach dem Motto: Wer nichts besitzt, kann auch keine Entscheidungen treffen. Und Frauen sowieso schon mal nicht. Die sollten sich schön um ihre Familie kümmern.

Aber die Zeiten änderten sich. Nach und nach durften immer mehr Männer wählen. Auch Frauen wollten ein Stück vom Kuchen – genauer gesagt dieselben Rechte wie die Männer. Neuseeland war das erste Land, das den Forderungen der Frauen nachgab. Dort wurde am 19. September 1893 ein Gesetz beschlossen, das Frauen das Wahlrecht gab.

Damit war Neuseeland seiner Zeit weit voraus. In vielen europäischen Ländern sollte es bis nach dem Ersten Weltkrieg dauern, bis Frauen das Wahlrecht zugestanden wurde. In Deutschland war das im Jahr 1919, in Frankreich erst 1944. Die meisten Schweizerinnen durften erst ab 1971 wählen. Unglaublich, aber wahr: In dem Schweizer Kanton Appenzell wurde erst 1990 das Stimmrecht für Frauen eingeführt. Und in Saudi-Arabien durften Frauen sogar erst 2015 zum ersten Mal an die Wahlurnen gehen.

Frauen gehen für ihre Rechte auf die Straße.

285 DAS TOR ZU JAPAN GEHT AUF

Unter der Herrschaft der Shogune (mehr dazu in Info 227) war Japan lange stark abgeschottet. Es gab so gut wie keinen Kontakt mit dem Rest der Welt. 1853 fuhr der Amerikaner Matthew Perry mit vier Kriegsschiffen nach Japan. Er forderte im Namen des amerikanischen Präsidenten, dass das Land sich für den Handel mit den USA öffnete. Die Japaner gaben nach, und die beiden Länder schlossen ein Abkommen.

1868 kam Kaiser Meiji auf den Thron. Der hatte sich vorgenommen, alles umzukrempeln. Er wollte Japan erneuern und modernisieren. Dazu brauchte

es aus seiner Sicht zwei Dinge: eine starke Armee und regen Handel, damit das Land reich wurde. Aber auch der Erhalt und die Förderung der traditionellen japanischen Kultur war dem Kaiser wichtig. Er führte die Schulpflicht für alle Kinder ein. Er steckte viel Geld in neue Eisenbahnschienen, Druckerpressen und andere Neuerungen. Und er selbst reiste regelmäßig nach Europa, um sich über den dortigen Fortschritt zu informieren. Der kaiserliche Plan ging auf: Japan wurde eine Weltmacht. Kaiser Meiji blieb bis 1912 auf dem Thron.

ZEIT FÜR
VERÄNDERUNG!

Kaiser Meiji macht die Türen auf.

286 DIE GESCHICHTE EINES HELDENHAFTEN DELFINS

In diesem Buch geht es oft um die Heldentaten von Menschen. Aber manche Tiere haben sich auch einen Platz verdient. Der Delfin Pelorus Jack zum Beispiel. Zwischen 1888 und 1912 begleitete er in der Nähe von Neuseeland zahlreiche Schiffe und führte sie durch den *French Pass*, eine gefährliche Meerenge mit tückischen Strömungen. Dort waren schon viele Schiffe in Seenot geraten. Pelorus schwamm am Bug des Schiffs voran und sorgte so dafür, dass es sicher durch den French Pass kam. War Pelorus nicht in der Nähe, warteten die Schiffe auf ihn. Die Kapitäne verließen sich vertrauensvoll auf den freundlichen Delfin.

Eines Tages wurde Pelorus von einem betrunkenen Seemann angeschossen. Er wurde schwer verletzt, aber zum Glück erholte er sich wieder. Er nahm es den Menschen auch nicht übel und führte nach einer Weile wieder Schiffe durch die Meerenge. Nur von dem Schiff, von dem auf ihn geschossen worden war, hielt er sich fortan lieber fern. Und du wirst es nicht glauben: Am 12. Februar 1909 sank das Schiff im French Pass und 72 Besatzungsmitglieder und Passagiere kamen ums Leben.

Pelorus Jack wurde in ganz Neuseeland berühmt und sogar von der Regierung unter Schutz gestellt. Laut einem Sondergesetz war es strengstens verboten, auf ihn zu schießen oder ihm sonst irgendwie Schaden zuzufügen. Lieder wurden über ihn gesungen, und es wurde sogar ein Schokoriegel nach ihm benannt. Pelorus Jack war ein wahrer Held, der zweifellos vielen Menschen das Leben gerettet hat.

HIER ENTLANG!

Pelorus Jack führt Schiffe sicher durch den French Pass.

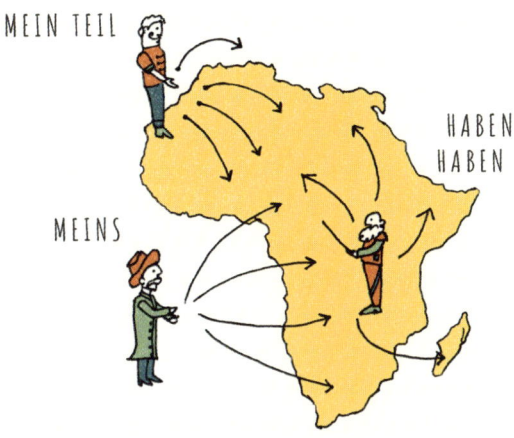

MEIN TEIL

HABEN HABEN

MEINS

Afrika wird aufgeteilt.

287 »AFRIKA TEILEN WIR UNTER UNS AUF«

So ähnlich muss es geklungen haben auf der Berliner Konferenz (auch »Kongokonferenz«) im Jahr 1884. Auf dieser Konferenz kamen die großen europäischen Länder zusammen und berieten über Afrika. Angeblich, weil sie dem Kontinent helfen wollten, indem sie die Sklaverei beendeten, und weil sie die Afrikaner »zivilisieren« wollten. Doch eigentlich wollten alle teilnehmenden Länder vor allem Zugang zu den wertvollen Rohstoffen, die in Afrika in rauen Mengen vorhanden waren.

Die afrikanischen Länder wurden unter den großen europäischen Ländern verteilt. Zahlreiche afrikanische Nationen fielen unter britische Herrschaft: Um 1900 war etwa jeder dritte Afrikaner britischer Untertan. Auch Deutschland und Frankreich bekamen ein dickes Stück vom Kuchen.

Die afrikanischen Länder versuchten sich zu wehren, und es kam auch zu Aufständen, aber ihre Waffen konnten mit denen der Kolonialmächte nicht mithalten. Um 1900 waren neunzig Prozent aller afrikanischen Länder kolonisiert. Nur Liberia und Äthiopien blieben unabhängig.

Leopold II.

288 KONGO WURDE ZUM PRIVATEIGENTUM VON KÖNIG LEOPOLD II.

1879 entsandte König Leopold II. von Belgien den Entdeckungsreisenden Henry Morton Stanley nach Afrika. Stanley sollte den Kongo erforschen, ein weitläufiges Land, das noch keine Kolonie war. Auf der Berlinkonferenz konnte Leopold II. das Land für sich beanspruchen. Er nannte es Unabhängiger Kongostaat. Das enorme Land ging nicht an den belgischen Staat, sondern wurde zum Privatbesitz des Königs.

Anfangs verdiente der König mit seinem neuen Erwerb nicht viel Geld. Aber von 1890 an herrschte durch die Erfindung des Luftreifens eine hohe Nachfrage nach Kautschuk (also Gummi), und davon gab es im Kongo reichlich. Das Geld strömte nur so herein. Damit ließ Leopold in Belgien große Prachtbauten errichten, die dem Königshaus mehr Ansehen verschaffen sollten, darunter einen Triumphbogen, eine königliche Strandpromenade und den Palast der Kolonien.

Im Kongo passierten derweil abscheuliche Dinge. Die Menschen, die in der Gummi-Industrie arbeiteten, wurden grausam behandelt. Vielen Kongolesen wurden von den Vorgesetzten die Hände abgehackt – manchmal als Strafe für einen Verstoß, manchmal aber auch, weil eine Plantage nicht genug Gewinn einbrachte und die Bosse den Arbeitern eine Lektion erteilen wollten. Manchmal wurde jemandem die Hand abgehackt, einfach um den Menschen Angst einzujagen, damit sie auch ja gehorsam blieben und taten, was von ihnen verlangt wurde. Innerhalb von zwölf Jahren kamen zwischen fünf und zehn Millionen Kongolesen ums Leben. Mit der Zeit regte sich an vielen Orten Protest gegen die Gräueltaten. Leopold II. musste den Kongo schließlich aufgeben. 1908 wurde das Land belgische Kolonie.

289 MILLIONEN EUROPÄER WANDERN NACH AMERIKA AUS

Bis zum Ersten Weltkrieg wanderten viele Menschen aus Europa in die USA aus. Oft waren es arme Leute, die in ihrem Heimatland Hunger litten. Sie verkauften ihr ganzes Hab und Gut, um ins »gelobte Land« zu reisen – dort war man frei, und es gab genug Arbeit für alle.

Die Überfahrt auf den großen Ozeandampfern war abenteuerlich. Die Reise dauerte ein bis zwei Wochen. In manchen Familien reisten die Eltern voraus, um in den USA Arbeit zu suchen. Die Kinder kamen hinterher nach. Stell dir das mal vor, mit sechs oder sieben Jahren so eine lange Reise ganz allein antreten zu müssen!

Ab 1829 legten die Schiffe mit den Einwanderern an Ellis Island an, einer Insel kurz vor New York. Dann gab es als Erstes eine ärztliche Untersuchung, um sicherzustellen, dass die Einreisenden keine ansteckenden Krankheiten mitbrachten. Wer krank war, musste in sein Heimatland zurück. Erwachsene mussten bei einem Test nachweisen, dass sie Grundkenntnisse im Rechnen hatten. Außerdem mussten sie mindestens fünfundzwanzig Dollar in der Tasche haben, sonst wurden sie nicht an Land gelassen. Alleinreisende Kinder mussten warten, bis jemand sie abholte. Es kam

WO IST ELLIS?

auf der Suche nach dem gelobten Land

aber auch vor, dass die Eltern nicht bis nach Ellis Island kommen konnten. Dann wurden die Kinder festgehalten, bis ein Brief mit einer Zugfahrkarte für die Weiterreise eintraf.

Gut ein Drittel der Eingewanderten fand Arbeit in der New Yorker Textilindustrie, die anderen reisten weiter, um an anderen Orten in den USA ihr Geld zu verdienen. Zwischen 1820 und 1924 reisten fast 36 Millionen Auswanderinnen und Auswanderer nach Amerika, vor allem aus Europa.

WER DARF REIN?

Rechentest   *genug Geld?*   *Familie?*   *Krankheiten?*

über Ellis Island ins gelobte Land

PIZZA CHOLERA,
SIGNORA?

Königin Margherita di Savoia probiert
die Pizza von Raffaele Esposito.

290 WIE DIE PIZZA MARGHERITA ZU IHREM NAMEN KAM

Zugegeben, diese Information ist nicht so weltbewegend wie manche andere in diesem Buch. Aber weil einige von euch bestimmt Pizzafans sind, wollen wir sie trotzdem mit euch teilen. 1889 machte die italienische Königin Margherita di Savoia mit ihrem Mann Ferien in Neapel. In Rom wütete zu der Zeit eine Cholera-Epidemie, und die beiden hatten die Stadt aus Sorge vor einer Ansteckung verlassen. Die Menschen in Neapel rieten ihnen, auf jeden Fall eine Pizza vom Meisterkoch Raffaele Esposito zu essen. Das Königspaar lud den Koch in seinen Sommerpalast. Raffaele war stolz und beschloss, für das Königspaar eine besondere Pizza zu backen: Mit roter Tomatensoße, weißem Mozzarella und grünen Basilikumblättern stellte er die Farben der italienischen Flagge nach. Die Königin war ganz verrückt nach Raffaeles Kreation. Darüber freute der Koch sich so sehr, dass er die Pizza Margherita taufte. Sie ist bis heute auf der ganzen Welt beliebt.

DIE ZEIT DER WELTKRIEGE

291 MIT EINEM NAVI WÄRE DER ERSTE WELTKRIEG VIELLEICHT NIE PASSIERT

Am 28. Juni 1914 waren Erzherzog Franz Ferdinand und seine Frau Sophie Chotek zu Besuch in Serbien. Franz war der Kronprinz von Österreich-Ungarn, und von diesem Land war Serbien abhängig. Nicht alle freuten sich über den Besuch des Kronprinzen. Terroristen planten sogar einen Anschlag. Einer von ihnen war Gavrilo Princip.

Als Franz Ferdinand und seine Frau in einem offenen Wagen durch die Stadt fuhren, warf einer der Attentäter eine Bombe. Die landete auf dem Verdeck, aber der Kronprinz konnte den Sprengkörper vom Wagen schubsen. Er explodierte auf der Straße, wobei bis zu zwanzig Menschen schwer verletzt wurden. Der Anschlag war missglückt. Der Bombenwerfer wurde gefasst, aber der Rest der Attentäter konnte entkommen.

Am Mittag beschloss Franz Ferdinand, einen Offizier aufzusuchen, der bei dem Anschlag verletzt worden war. Leider verfuhr sich sein Chauffeur und bog in die falsche Straße ein. Er wollte gerade wenden, als Gavrilo auf das Auto zulief. Der Terrorist sah seine Chance gekommen und gab mehrere Schüsse ab. Der Kronprinz und seine Frau wurden tödlich verletzt. Gavrilo Princip wurde festgenommen und kam ins Gefängnis. Österreich-Ungarn erklärte Serbien am 28. Juli 1914 den Krieg. Hätte der Chauffeur von Franz Ferdinand bloß ein Navi dabeigehabt … vielleicht wäre alles ganz anders gekommen.

der Mord an Franz Ferdinand durch Gavrilo Princip

292 EINE FLUT DURCHKREUZTE DIE PLÄNE DER DEUTSCHEN

War der Erzherzog wichtig genug, um einen Weltkrieg auszulösen? Eigentlich nicht. In Europa brodelte es schon länger. 1914 waren die meisten Länder Europas nicht gerade in Freundschaft miteinander verbunden. Natürlich war Österreich-Ungarn über den Mord an seinem Kronprinzen erbost. Darum fiel das Land in Serbien ein. Die anderen Länder ergriffen Partei. Serbien bekam Unterstützung von Russland und Frankreich. Die Deutschen schlugen sich auf die Seite Österreich-Ungarns.

Zum Angriff auf Frankreich wollte die deutsche Armee durch Belgien marschieren. Das Land war neutral, aber das hielt die Deutschen nicht ab. Am 4. August 1914 fielen sie in Belgien ein. Die Sol-'daten gelangten bis zum Fluss Yser. Von dort war

es nicht mehr weit bis nach Frankreich. Zum Glück waren die Belgier schlau. Sie ließen die Yser-Ebene fluten, sodass die deutsche Armee mit ihrem schweren Kriegsmaterial nicht mehr weiterkam. Auf beiden Seiten wurden Schützengräben gegraben. Die führten von der belgischen Küste bis an die Grenze zur Schweiz und zu Frankreich. Immer mehr Länder mischten sich in den Krieg ein. Er weitete sich auf die ganze Welt aus und wird darum der Erste Weltkrieg genannt. Er dauerte bis zum 11. November 1918. An dem Tag wurde der Waffenstillstand unterzeichnet. Am 28. Juni – genau fünf Jahre nach dem Mord an Franz Ferdinand – unterzeichneten die Parteien den Vertrag von Versailles, der den Krieg offiziell beendete.

im Überschwemmungsgebiet der Yser

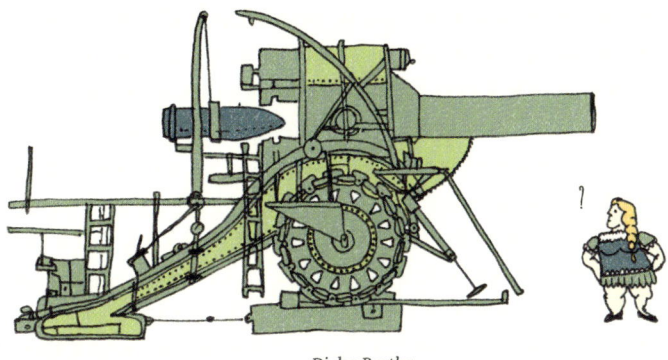

Dicke Bertha

293 DIE DICKE BERTHA UND DER ROTE BARON –
DIE GEHEIMEN WAFFEN DER DEUTSCHEN

Im Ersten Weltkrieg probierten die Deutschen verschiedene neue Waffen aus. Denen gaben sie manchmal ungewöhnliche Namen wie Dicke Bertha. Damit war aber keine dicke deutsche Dame gemeint, die den Feind plattmachen sollte, sondern eine riesige Kanone. Mit ihr konnten die Deutschen Granaten von bis zu 1160 Kilogramm abfeuern und so zahlreiche Festungsanlagen sprengen.

Beide Seiten setzten auch Flugzeuge im Krieg ein. Dabei saß der Pilot in einem offenen Cockpit, mit warmer Jacke und Handschuhen, die ihn vor der Kälte schützen sollten. Am Anfang wurden die Bomben vom Piloten selbst über dem Ziel abgeworfen, später wurden die Flugzeuge mit Bombenwerfern ausgerüstet. Der am meisten gefürchtete Pilot des Kriegs war der Deutsche Manfred von Richthofen. Er flog ein knallrotes Flugzeug, daher bekam er den Beinamen der Rote Baron. Alle hatten Angst vor ihm, weil er so ein ausgezeichneter Kampfflieger war. Auch Zeppeline kamen im Krieg zum Einsatz. Aus ihnen wurden Bomben abgeworfen, unter anderem über London.

Mehrere der Kriegsparteien machten auch von Giftgas Gebrauch. Die Franzosen nutzten als Erstes ein Gas als Kriegswaffe – und zwar Tränengas. Die Deutschen setzten sowohl Chlorgas als auch Senfgas ein; beide waren tödlich. Auch die Engländer verwendeten Giftgas als Waffe.

der deutsche Kampfpilot
Manfred von Richthofen: der Rote Baron

294 NÉNETTE UND RINTINTIN, DIE GLÜCKSPUPPEN DER FRANZÖSISCHEN SOLDATEN

Im Ersten Weltkrieg trugen manche französischen Soldaten kleine Püppchen an ihrer Uniform: Nénette und Rintintin. Die Puppen waren von Kindern aus Wolle gebastelt worden. Die Soldaten betrachteten sie als Glücksbringer gegen Bomben. Aber nur unter bestimmten Bedingungen: Erstens brachten die kleinen Maskottchen nur Glück, wenn man sie von jemandem geschenkt bekam. Kaufen galt nicht. Zweitens waren sie mit einem Faden verbunden. Der durfte nie reißen – man brauchte also immer beide Puppen.

Niemand weiß genau, wo sie herkamen. Nach den ersten deutschen Bombenangriffen auf Paris tauchten sie plötzlich auf.

Rintintin wurde später sehr berühmt – allerdings nicht als Puppe. Der amerikanische Soldat Lee Duncan entdeckte eines Tages in einem Zwinger, auf den eine Bombe gefallen war, eine Hündin mit ihren Welpen. Er wählte zwei Welpen aus und nannte sie Rin Tin Tin und Nanette. Die anderen Welpen gab er an andere Soldaten. Lee Duncan

Nénette und Rintintin beschützen die französischen Soldaten.

nahm seine beiden Hunde mit in die USA. Nanette starb kurz nach der Ankunft, aber Rin Tin Tin wurde ein weltberühmter Filmhund, der zwischen den beiden Weltkriegen in zahlreichen Filmen mitspielte.

295 NATIONALHELDINNEN DES KRIEGS: GABRIELLE PETIT UND EDITH CAVELL

Gabrielle Petit und Edith Cavell waren Krankenschwestern im Ersten Weltkrieg.

Petit meldete sich als Freiwillige für das belgische Rote Kreuz. Sie arbeitete in England, wo sie vom britischen Geheimdienst angeworben wurde. Unter dem Decknamen Legrand – das Gegenteil ihres richtigen Namens – führte sie geheime Aufträge aus. Wichtige Informationen schrieb sie auf kleine Zettel, die sie in ihrer Kleidung versteckte. Leider bekamen die Deutschen bald Wind von ihren Spionageaktivitäten. Sie ging ihnen in die

Gabrielle Petit oder Legrand?

Falle und wurde festgenommen. Gabrielle Petit wollte niemanden verraten und verweigerte die Zusammenarbeit mit den Deutschen. Dafür wurde sie zum Tode verurteilt und erschossen.

Edith Cavell war eine britische Krankenschwester, die sich in Belgien um verletzte Soldaten kümmerte. Sie half den verwundeten britischen und französischen Soldaten bei der Flucht in die Niederlande. Wie Gabrielle Petit wurde auch sie vom britischen Geheimdienst angeworben. Wenn sie mit deutschen Soldaten sprach, gab sie die Informationen weiter. 1915 wurde auch sie von den Deutschen gefangen genommen und erschossen. In Belgien und England wurden Denkmäler für sie errichtet.

FLUCHTWEG DA LANG

*Edith Cavell lotst Soldaten
in Richtung Niederlande.*

296 WEIHNACHTEN WIRD NICHT GEKÄMPFT, SONDERN FUSSBALL GESPIELT

Es war der 24. Dezember 1914, Weihnachten. Den Soldaten in den Schützengräben war nicht nach Kämpfen zumute. Auf beiden Seiten wurden die Waffen niedergelegt. Die Soldaten kletterten aus ihrem Schützengraben und schauten beim Feind vorbei. Dabei stellten sie fest, dass die Soldaten auf der anderen Seite gar nicht so anders waren als sie selbst: ganz normale junge Männer, die die Befehle ihrer Führung befolgen mussten. Anstatt aufeinander zu schießen, verbrüderten sie sich miteinander.

LASST UNS MAL
WAS ANDERES
SPIELEN

Fußball verbindet.

An verschiedenen Kampfschauplätzen wurden Weihnachtsbäume aufgestellt und mancherorts sogar Geschenke ausgetauscht. Rund die Hälfte der Soldaten feierte Weihnachten gemeinsam »mit dem Feind«. Zum Zeitvertreib organisierten sie auch Fußballturniere – ein ganz besonderes fand im westbelgischen Ploegsteert statt, wo die Briten gegen die Deutschen spielten. Die Deutschen sollen 3:2 gewonnen haben – so wird es jedenfalls erzählt.

Den Befehlshabern gefiel diese Verbrüderung nicht. Jetzt, wo die Soldaten sich kannten, wollten manche nicht mehr auf den Gegner schießen. Manchmal taten sie nur so, als würden sie kämpfen, schossen aber eigentlich nur in die Luft. Trotz der Warnungen der Befehlsführer feierten manche Soldaten auch im nächsten Jahr wieder Weihnachten mit dem Gegner. Aber ein Jahr später war damit Schluss: Von da an wurde jeder Soldat, der auf den Feind zuging, kurzerhand erschossen. In den letzten Kriegsjahren gab es keinen Weihnachtsfrieden mehr.

297 HUNDE KÄMPFTEN MIT

Hunde können viel besser riechen, sehen und hören als Menschen. Außerdem sind sie, anders als wir Menschen, empfindlich für Unterschiede in Luftdruck und statischer Elektrizität. Da ist es kein Wunder, dass Hunde mit ihren Fähigkeiten auch oft in Kriegen eingesetzt werden.

Im Zweiten Weltkrieg bildete die US-Armee Zehntausende Hunde für militärische Aufgaben aus. Sie wurden auf der Insel Iwojima eingesetzt, um die unterirdischen Gänge zu orten, in denen sich japanische Soldaten versteckt hielten. Die Briten nutzten Hunde vor allem wegen ihres guten Gehörs. Der Irish Terrier Flash zum Beispiel rettete so zahlreiche Menschenleben. Er war nämlich darauf trainiert, das Geräusch deutscher Granaten zu erkennen, das für Menschen nicht wahrnehmbar war. Sobald er es hörte, rannte er in Richtung der Schützengräben, und die Soldaten folgten ihm. In der sowjetischen Armee wurden Hunde sogar als Waffen eingesetzt. Die Soldaten brachten einem Hund bei, dass sich unter einem Panzer Futter befand, und ließen ihn aushungern. Dann schnallten sie dem Tier eine Bombe auf den Rücken, die explodierte, sobald der Hund unter einen

HUNDEHILFE

feindlichen Panzer gekrochen war. Die Deutschen hatten sogar eine spezielle Hundeschule, wo sie den Tieren »sprechen« beibrachten. Nur die besten Hunde wurden zugelassen. Sie lernten, mit den Pfoten so etwas wie Morsesignale zu geben. Es soll sogar einen Hund gegeben haben, der »Mein Führer« antwortete, wenn man ihn fragte, wer Hitler war. Ob die Geschichte stimmt, wissen wir nicht ...

DEUTSCHE GRANATE
IM ANFLUG

Irish Terrier Flash mit dem Supergehör

Auf Flanderns Feldern
»blutet« der Mohn.

298 DIE MOHNBLUME: SYMBOL FÜR DEN ERSTEN WELTKRIEG

Bestimmt hast du schon mal ein Feld voller blühender Mohnblumen gesehen. Aber wusstest du, dass die knallroten Blumen ein Symbol für den Ersten Weltkrieg sind? Während des Kriegs blühte nämlich überall der Klatschmohn, vor allem auf den Feldern, auf denen viele Menschen gestorben waren. Die Soldaten glaubten, dass es an dem Blut der Gefallenen lag – das stimmt aber nicht. Es lag an den Bombardierungen: Die Bomben und Granaten wühlten den Boden auf, sodass die Samen der Mohnblumen an die Oberfläche befördert wurden. Dort bekamen sie Licht und keimten auf.

John McCrae, ein kanadischer Feldarzt, schrieb ein Gedicht darüber: *In Flanders Fields* (*Auf Flanderns Feldern*). Es beginnt mit der Zeile: »In Flanders Fields, the poppies blow« (Auf Flanderns Feldern blüht der Mohn). Es handelt von den Millionen Toten, die in diesem großen Krieg fielen. McCrae warf das Papier mit dem Gedicht weg, aber ein Offizier fand es und schickte es an ein Magazin in Großbritannien. Nach der Veröffentlichung wurde es auf der ganzen Welt bekannt. John McCrae überlebte den Krieg nicht, sein Gedicht aber schon. Es machte die Mohnblume zum Symbol für die Gefallenen des Ersten Weltkriegs.

Jedes Jahr am 11. November wird in vielen Ländern der Welt an das Ende des Ersten Weltkriegs erinnert. Zu der Gelegenheit stecken sich viele Menschen eine Stoff-Mohnblume an die Jacke – im Gedenken an die Millionen Opfer des Ersten Weltkriegs und auch an alle Opfer späterer Kriege.

SUPPE ODER …
SUPPE?

großer Hunger durch den Börsencrash

299 DIE BRAVSTEN KINDER

Vielleicht kennst du ja auch (Ur-)Großeltern, die zwischen 1925 und 1945 geboren wurden. Wenn ja, frag doch mal, ob es stimmt, dass sie als Kinder viel braver und gehorsamer waren als die Generationen, die nach ihnen kamen.

Die Kinder dieser Jahre hatten es nicht leicht. Gerade war der Erste Weltkrieg vorbei, gefolgt von der Spanischen Grippe. Große Reiche waren zerbrochen. In den Dreißigerjahren steckte die ganze Welt in einer tiefen Wirtschaftskrise. Die hatte in den USA mit einem großen Börsencrash, dem »Schwarzen Freitag«, begonnen. Dabei hatten viele Firmen und einfache Leute ihr Geld verloren. Der Crash hatte hohe Arbeitslosigkeit und Armut zur Folge – nicht nur in den Vereinigten Staaten, sondern auch in Europa. Diese Zeit wird auch die Große Depression genannt und dauerte gut zehn Jahre. Danach kamen in vielen Ländern Diktatoren an die Macht: Joseph Stalin und die Kommunisten in der Sowjetunion, Benito Mussolini und seine Faschisten in Italien und natürlich Adolf Hitler und die Nationalsozialisten in Deutschland. 1939 brach wieder ein Krieg aus, der, von Deutschland angezettelt, die ganze Welt erfasste.

Die Menschen, die zwischen 1925 und 1945 geboren wurden, werden auch die Stille Generation genannt. Sie litten oft Hunger und mussten hart arbeiten. Zeit zum Spielen gab es oft nicht. Sie lernten zu gehorchen, gingen mit Geld sparsam um und taten brav, was ihnen aufgetragen wurde. Vielleicht kennst du ja noch jemanden aus dieser Generation und kannst ihn oder sie fragen, wie es war, damals Kind gewesen zu sein.

*die Große Depression
der Stillen Generation*

300 DER MANN AUS STAHL HATTE FLUGANGST

In Russland hatten die Kommunisten der Herrschaft des Zaren ein Ende bereitet. Das Russische Reich hieß ab sofort Sowjetunion. Die Kommunisten folgten der Lehre von Karl Marx. Der hatte eine Gesellschaft vor Augen, in der alles allen gehören sollte. Wladimir Iljitsch Lenin wurde der erste kommunistische Führer der Sowjetunion. Sein Nachfolger wurde 1924 Josef Dschughaschwili, besser bekannt als Stalin. Den Namen gab er sich selbst. Er bedeutet so viel wie »der Stählerne«.

Der Mann aus Stahl hielt die Sowjetunion in eisernem Griff. Er wollte das Land so schnell wie möglich modernisieren. Dazu ließ er viele Fabriken bauen und steckte haufenweise Geld in die Kohle- und Stahlindustrie. Wer sich ihm widersetzte, wurde ins Straflager geschickt oder hingerichtet. Unter Stalins Herrschaft wurden Millionen Menschen getötet, weil sie seine Überzeugungen nicht teilten.

Stalin strahlte große Stärke aus und wurde von vielen Menschen bewundert. Aber vor einer Sache hatte der Mann aus Stahl Angst: dem Fliegen. Am liebsten blieb er einfach in der Hauptstadt Moskau. Wenn er unbedingt reisen musste, tat er das im gepanzerten Zug, der von Hunderten Soldaten bewacht wurde. Stalin fürchtete nämlich, der Zug könnte angegriffen werden. Gleichzeitig versuchte er, seine Flugangst zu verbergen, indem er große Flugshows organisierte und viel Geld in die sowjetische Luftfahrt steckte. Ein einziges Mal kam er nicht umhin, ein Flugzeug zu nehmen: 1943 musste er in Teheran an einer wichtigen Konferenz mit dem britischen Premierminister Winston Churchill und dem US-Präsidenten Franklin D. Roosevelt teilnehmen. Er tat es, aber nur mit großem Unbehagen. Da sieht man, dass sogar Männer aus Stahl ihre schwachen Seiten haben ...

lieber mit beiden Beinen auf dem Boden:
der Mann aus Stahl

Mao Tse-tung führt den Langen Marsch an.

301 EIN MARSCH, DER ÜBER EIN JAHR DAUERTE

In China waren in den 1930er Jahren die Nationalisten an der Macht. Aber wie in der Sowjetunion gab es auch Kommunisten. Sie bildeten die Rote Armee. Die beiden Lager bekämpften sich regelmäßig. Immer wieder gewannen die Nationalisten.

Im Oktober 1934 wurden die Kommunisten von der nationalistischen Armee umzingelt. Aber es gelang ihnen, heimlich die Sperren zu durchbrechen und zu fliehen. Mit über 100 000 Menschen begaben sie sich auf einen langen Marsch. Er wurde angeführt von Mao Tse-tung. Die Rote Armee sollte über ein Jahr lang durch China wandern, meistens nachts, um nicht zu viel Aufmerksamkeit zu erregen. Der enorme Menschenzug hatte unterwegs mit Hunger, Seuchen und Angriffen durch die Nationalisten zu kämpfen. Die Soldaten mussten viertausend Meter hohe Berge überqueren. Statt Gewehren hatten die meisten nur ein Schwert zur Verteidigung.

Schließlich kamen am 20. Oktober 1935 gerade mal achttausend Menschen in Yan'an an, wo sich weitere Soldaten der Roten Armee anschlossen. Zahlreiche junge Männer hatten vom Langen Marsch gehört und bewunderten die Überlebenden und ihren Anführer. Auch sie schlossen sich an.

Erst 1949 gelang Mao Tse-tung mit seinen Truppen der Sieg über die Nationalisten. Er gründete die Volksrepublik China und führte die chinesische Kommunistische Partei bis zu seinem Tod 1976 an.

302 DEUTSCHLAND FÄNGT EINEN »BLITZKRIEG« AN

Die Welt hatte sich noch nicht vom Ersten Weltkrieg erholt, als 1939 ein zweiter großer Krieg begann. In Deutschland war Adolf Hitler mit seiner Nationalsozialistischen Partei – den Nazis – an die Macht gekommen. Er hatte ein Ziel: so schnell wie möglich ganz Europa erobern und ein enormes deutsches Reich gründen. Das wollte er mit einem Blitzkrieg erreichen, bei dem er blitzartig und ohne Vorwarnung andere Länder überfiel.

Das erste Land, in das Hitlers Armee einfiel, war Polen im Jahr 1939. Großbritannien und Frankreich kamen Polen sofort zu Hilfe und erklärten Deutschland den Krieg. Schon bald war die Welt in zwei Lager geteilt: Die Achsenmächte kämpften an der Seite Deutschlands; das war zuerst Italien und ab 1941 auch Japan. Auf der anderen Seite standen die Alliierten: Großbritannien, Frankreich, die USA, China, die Sowjetunion und zahlreiche kleinere Länder. Drei Viertel der Weltbevölkerung waren von diesem Krieg betroffen: 1,7 Milliarden Menschen aus 61 verschiedenen Ländern. Insgesamt forderte der Zweite Weltkrieg geschätzt 72 Millionen Todesopfer weltweit, darunter 40 Millionen Zivilisten (also Menschen, die nicht als Soldaten kämpften). Die meisten Todesopfer gab es in Polen und in der Sowjetunion, wo geschätzt über 21 Millionen Menschen ihr Leben verloren.

Außer der Eroberung Europas hatte Hitler noch ein Ziel: die Vernichtung der jüdischen Bevölkerung. Dieses furchtbare Verbrechen wird Holocaust genannt. Darüber erfährst du mehr in Info 306 und 307.

Adolf Hitler startete den Blitzkrieg.

303 MONOPOLY RETTETE VIELEN SOLDATEN DAS LEBEN

1934 kam ein Gesellschaftsspiel auf den Markt, das sich die US-Amerikanerin Lizzie Magie schon Anfang des Jahrhunderts ausgedacht hatte und das bald auf der ganzen Welt berühmt wurde: Monopoly. Es erreichte schnell große Beliebtheit. Im Zweiten Weltkrieg rettete es sogar vielen britischen Soldaten das Leben.

Die Geschichte geht so: Soldaten, die von den Deutschen gefangen genommen wurden, durften Hilfe durch das Rote Kreuz und andere Wohltätigkeitsorganisationen erhalten. Das war zwischen den Kriegsparteien so vereinbart. Auch Deutschland hielt sich an die Absprache. Das machte sich der britische Geheimdienst zunutze: Er gründete eine Schein-Hilfsorganisation, die die Soldaten mit verschiedenen Dingen versorgte. Aber was die Deutschen nicht wussten: Dazwischen befanden sich auch Gegenstände, die den Soldaten zur Flucht dienen konnten, wie zum Beispiel Taschentücher mit Geheimbotschaften oder Stiefel mit Zetteln im Absatz. Leider kamen die Deutschen schnell hinter diese Tricks, sodass sich der Geheimdienst etwas Neues ausdenken

musste. Zum Glück gab es Monopoly! Den Deutschen war es nämlich ganz recht, wenn die Kriegsgefangenen Spiele spielten. So waren sie beschäftigt und verhielten sich ruhig. Aber einige Spielbretter waren mit Geheimbotschaften versehen. Man erkannte sie an einem kleinen roten Punkt auf dem Feld »Frei parken«. Auf dem Brett standen dann verschiedene geheime Informationen. Bei den Spielfiguren waren Kompasse und Metallfeilen versteckt, die den Soldaten bei ihrer Flucht helfen konnten. Manche Spielfiguren wie der Fingerhut oder das Schlachtschiff waren auch aus Gold, mit dem die Soldaten die Wärter bestechen konnten. Manchmal steckte sogar echtes Geld zwischen dem Spielgeld. Tausenden Soldaten gelang dank dieser Spielbretter die Flucht aus den deutschen Kriegsgefangenenlagern. Wetten, dass sie ihr ganzes Leben lang gerne Monopoly gespielt haben?

DU KOMMST AUS DEM GEFÄNGNIS FREI

304 ERST ZWÖLF JAHRE UND SCHON SOLDAT ...

Calvin Graham wollte so gerne erwachsen sein. Mit elf fing er schon an, sich zu rasieren. Er sprach mit tiefer Stimme, damit die Leute ihm glaubten, dass er schon siebzehn war. Calvin wollte nämlich unbedingt mit der US-Armee in Europa kämpfen. Dafür musste man aber mindestens sechzehn sein.

Wo ein Wille ist, ist auch ein Weg. Calvin fälschte die Unterschrift seiner Mutter bei der Einschreibung und klaute einen Stempel, der auf das Formular gehörte. Seiner Mutter erzählte er, dass er Bekannte besuchen wollte. Das einzige Problem war der Zahnarzt bei der Musterung, der kontrollierte, ob jemand wirklich alt genug war. Calvin ging geschickt vor. Er stellte sich hinter zwei Jungen an, von denen er wusste, dass sie noch nicht sechzehn waren. Als er an der Reihe war, wollte der Zahnarzt ihn nach Hause schicken. »Ja, aber«, sagte Calvin, »die Jungs da waren auch noch keine sechzehn, und die wurden durchgelassen ...« Der Zahnarzt wollte keine Probleme und winkte Calvin durch. Natürlich war die Soldatenausbildung hart. Laut Calvin wussten die Vorgesetzten, welche der Rekruten zu jung waren, und machten es ihnen extra schwer. Sie mussten Zusatzrunden laufen und die schwersten Lasten tragen. Wahrscheinlich hofften die Ausbilder, dass die Jungen früher oder später aufgeben würden. Aber Calvin bestand die Ausbildung und ging an Bord der USS South Dakota. Auf dem Weg nach Europa wurde das Schiff von den Japanern angegriffen. Calvin wurde schwer verletzt, aber half seinen Kameraden noch, in Sicherheit zu kommen. Er überlebte den Angriff und kehrte nach Amerika zurück, wo er mit zwei Orden ausgezeichnet wurde. Aber er hatte

die Rechnung ohne seine Mutter gemacht. Als die in den Nachrichten sah, wie ihr Sohn die Orden verliehen bekam, beschwerte sie sich sofort bei der Armeeführung. Die nahm Calvin seine Orden wieder ab und schickte ihn ins Gefängnis. Nach dem Krieg kehrte Calvin zur Armee zurück und kämpfte darum, seine rechtmäßigen Orden wieder zurückzuerlangen. Das glückte ihm schließlich 1976. 1988 wurde sein Leben verfilmt.

Calvin Graham

305 FRAUEN LASSEN DIE MUSKELN SPIELEN

Die Weltkriege machten deutlich, dass Kriege nicht nur Männersache waren. Frauen auf der ganzen Welt zeigten, wozu auch sie in der Lage waren. Manche wurden Soldatinnen und gingen an die Front. In der sowjetischen Armee kämpften geschätzt rund 800 000 Soldatinnen, darunter 2484 als Heckenschützinnen. Der britische Premier Winston Churchill hatte eine geheime Truppe weiblicher Spione. Andere Frauen halfen als Ärztinnen und Pflegerinnen an der Front verwundeten Soldaten, oft unter Einsatz ihres Lebens. Im Widerstand in besetzten Gebieten engagierten sich Frauen genauso wie Männer. Sie versteckten Verfolgte oder halfen ihnen bei der Flucht.

Jetzt, wo viele Männer an der Front waren, mussten Frauen zu Hause die Arbeit in den Fabriken übernehmen. Schließlich mussten Flugzeuge, Panzer, Geländewagen und anderes Kriegswerkzeug gebaut werden. Geschätzt

20 Millionen US-Amerikanerinnen schufteten während des Zweiten Weltkriegs in den Fabriken. So hielten sie die amerikanische Wirtschaft am Laufen und stellten die Versorgung der Armee sicher. Als die Männer aus dem Krieg zurückkehrten, erwarteten viele, dass die Frauen nun wieder wie gewohnt zu Hause bleiben und sich um den Haushalt kümmern würden. Aber das ging vielen Frauen gegen den Strich. Sie wollten lieber arbeiten und ihr eigenes Geld verdienen, und forderten gleiche Rechte für Frauen und Männer.

starke Frauen

306 ZEHNTAUSEND KINDER WURDEN VOR DEM MASSENMORD GERETTET – VIELE MEHR SCHAFFTEN ES NICHT

Hitler war davon überzeugt, dass an allem, was in Deutschland falsch lief, die Juden schuld waren. Viele Menschen glaubten ihm. Jüdische Bürgerinnen und Bürger mussten einen gelben Stern auf der Kleidung tragen, damit man sie erkennen konnte. Zahlreiche Juden wurden ohne Grund und ohne Prozess ins Gefängnis gesteckt. In der Schule lernten die Kinder, dass Juden minderwertige Menschen wären. In der Nacht vom 9. auf den 10. November 1938 wurden in ganz Deutschland Synagogen, jüdische Geschäfte, Krankenhäuser, Friedhöfe und Wohnhäuser zerstört. Über neunzig jüdische Menschen wurden ermordet. Weil danach alles in Scherben lag, ging diese Nacht unter dem Namen »Kristallnacht« in die Geschichte ein. Solche Gewalttaten gegen Minderheiten werden »Pogrome« genannt, deshalb spricht man heute auch von den »Novemberpogromen«.

An verschiedenen Orten errichteten die Nazis sogenannte Konzentrationslager, in denen Juden und politische Gegner, aber auch andere von den Nazis verfolgte Menschen wie Sinti und Roma, Homosexuelle und Menschen mit Behinderung eingesperrt wurden. Es gab Arbeitslager und später auch Vernichtungslager. In den Arbeitslagern wurden Menschen mit Gewalt zur Arbeit gezwungen, in den Vernichtungslagern wurden sie gequält und massenhaft ermordet. Sie wurden in Gaskammern getötet, erschossen oder starben an Krankheiten und Hunger.

Viele Juden wollten vor der Verfolgung aus Deutschland flüchten, aber sie waren nirgendwo willkommen. Niemand setzte sich wirklich für sie ein. Nur die britische Regierung beschloss, eine Anzahl jüdischer Kinder zu retten. Ein Komitee für jüdische Flüchtlinge wurde gegründet, das jüdische Kinder von Deutschland nach England brachte. Dort wurden sie in Pflegefamilien oder Kinderheimen untergebracht. Durch die Kindertransporte wurden rund zehntausend Kinder gerettet. Die meisten von ihnen sahen jedoch ihre Familien nie wieder: Insgesamt sechs Millionen Juden wurden von den Nazis ermordet. Dieses unvorstellbare Verbrechen wird Holocaust genannt.

Nach dem Krieg

Nach dem Krieg wurde eine Organisation gegründet, um die Kinder aus den Kindertransporten aufzuspüren. Noch heute finden regelmäßig Treffen der damals geretteten Kinder und ihrer Nachkommen statt.

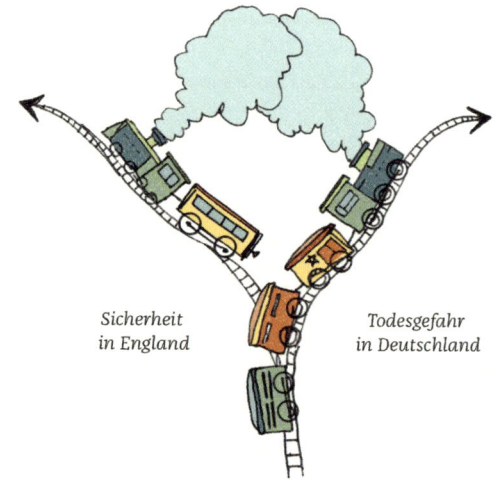

Sicherheit in England   *Todesgefahr in Deutschland*

Anne Frank hinter dem Bücherregal

307 DAS BEKANNTESTE TAGEBUCH DER WELT WURDE VON EINEM JÜDISCHEN MÄDCHEN GESCHRIEBEN

Dieses Mädchen hieß Annelies Marie Frank, aber sie wurde als Anne Frank bekannt. Anne wurde am 12. Juni 1929 in Frankfurt am Main geboren. Als in Deutschland die Judenverfolgung begann, floh sie mit ihren Eltern und ihrer Schwester nach Amsterdam in den Niederlanden. Ihr Vater Otto eröffnete dort einen Großhandel für Lebensmittel.

Ab dem 6. Juli 1942 wurde es auch in Amsterdam zu gefährlich für die Familie Frank. Sie musste sich vor den Deutschen verstecken. Gemeinsam mit ein paar anderen Juden tauchten die Franks in einer Wohnung hinter dem Geschäft von Otto unter. Die Tür zur Wohnung wurde von einem Bücherregal verdeckt. Dort begann Anne, ihre Erlebnisse und Gedanken in das Tagebuch zu schreiben, das sie zum zehnten Geburtstag bekommen hatte. Sie erzählte, wie es war, im Versteck leben zu müssen, und aufzuwachsen,

ohne je die Sonne zu sehen. Am 1. August 1944 schrieb sie zum letzten Mal in ihr Tagebuch. Ein paar Tage später wurde das Versteck der Familie verraten. Alle untergetauchten Juden wurden in ein Konzentrationslager geschickt. Anne und ihre Schwester kamen zwei Wochen vor Kriegsende im Konzentrationslager Bergen-Belsen ums Leben. Ihre Mutter starb in Auschwitz. Nur Vater Otto überlebte die Lager. Er sorgte dafür, dass Annes Tagebuch 1947 veröffentlicht wurde. Heute ist es in über 65 Sprachen übersetzt. Das Haus in Amsterdam, in dem Anne sich mit ihrer Familie versteckt hielt, ist heute ein Museum.

308 EINE SCHWERE NIEDERLAGE FÜR HITLERS ARMEE

1944 geriet die deutsche Wehrmacht immer mehr in Bedrängnis. Hitler hatte es mit seinem Blitzkrieg nicht geschafft, Europa zu erobern. Die Alliierten entwickelten einen Plan. Den nannten sie *Operation Overlord*. Der Tag, an dem sie den Plan ausführen wollten, hieß D-Day.

Um 6.30 Uhr am Morgen des 6. Juni 1944 landeten über 1200 Kriegsschiffe an der Küste der Normandie in Frankreich. Mit viertausend Spezialfahrzeugen gingen 156 000 Soldaten an Land. Das Ziel war die endgültige Befreiung Europas von den deutschen Besatzern. Die normannischen Strände bekamen Codenamen wie Utah Beach, Omaha Beach, Gold Beach, Juno Beach und Sword Beach. Die Deutschen schlugen mit aller Kraft zurück. Geschätzt zehntausend alliierte Soldaten kamen an dem Tag ums Leben oder wurden verwundet, die meisten von ihnen Amerikaner. Aber gegen Abend hatten sie die fünf Strände von den Deutschen zurückerobert. Die Befreiung Europas konnte beginnen, auch wenn der Krieg noch Tausende Menschen, darunter viele Zivilisten, das Leben kosten sollte …

Operation Overlord
D-Day

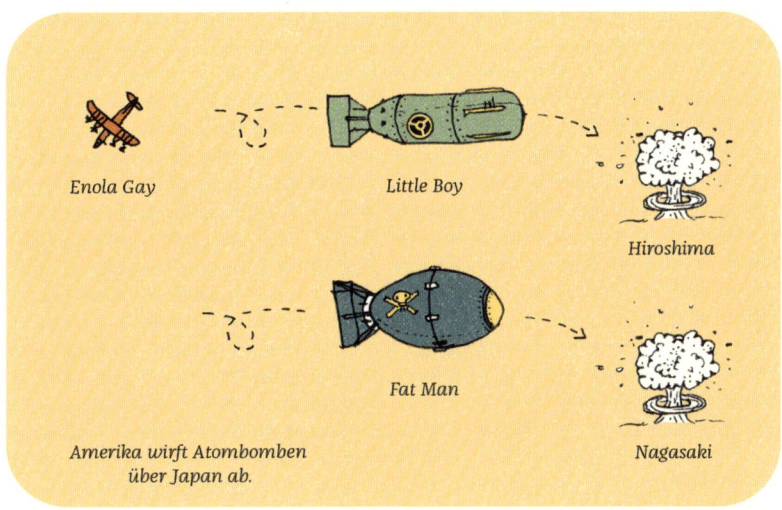

Enola Gay

Little Boy

Hiroshima

Fat Man

Nagasaki

Amerika wirft Atombomben über Japan ab.

309 »LITTLE BOY« UND »FAT MAN«

Little Boy (kleiner Junge) und Fat Man (dicker Mann) klingen wie lustige Zeichentrickfiguren. Aber lustig waren sie ganz und gar nicht! Little Boy und Fat Man waren zwei Atombomben, die am Ende des Zweiten Weltkriegs eingesetzt wurden.

1941 trat Japan in den Krieg ein. Die Japaner wollten verhindern, dass die Amerikaner mehr Einfluss in Asien bekamen, und griffen die US-amerikanische Flotte an. Die lag im Hafen Pearl Harbour auf der Insel Hawaii. Japan wollte größtmöglichen Schaden anrichten, damit die Amerikaner den Krieg nicht mehr weiterführen konnten. Der Plan ging nicht auf, die Amerikaner kämpften weiter auf Seiten der Alliierten.

1945 ergab sich Deutschland, aber Japan nicht. Die Amerikaner wollten den Krieg so schnell wie möglich beenden und beschlossen, über der japanischen Stadt Hiroshima eine Atombombe abzuwerfen. Der Pilot Paul Tibberts flog mit der Bombe an Bord seines Flugzeugs Enola Gay,

benannt nach seiner Mutter, nach Japan. Die Bombe Little Boy explodierte 550 Meter über dem Boden und verwüstete die ganze Stadt. 78 000 Menschen starben sofort, in den Tagen und Wochen danach noch viele mehr. Es dauerte eine Weile, bis der japanische Kaiser Hirohito das Ausmaß der Katastrophe begriff. Die Amerikaner fanden aber, dass er nicht schnell genug reagierte, und warfen über der Stadt Nagasaki die zweite Atombombe Fat Man ab. Bei dem Angriff kamen 40 000 Menschen ums Leben. Danach ergab sich Japan. Die Folgen der Strahlung durch die Atombomben waren schrecklich. Noch Jahre nach den Ereignissen wurden viele Kinder mit schweren körperlichen Missbildungen geboren.

DAS FERNSEH- UND COMPUTERZEITALTER

VON ± 1945 BIS HEUTE

310 MAN KANN AUCH OHNE GEWALT KÄMPFEN

Nach dem Zweiten Weltkrieg wollte Indien, damals noch britische Kolonie, unabhängig werden. Der Anführer der indischen Unabhängigkeitsbewegung war Mahatma Gandhi.

Gandhi wollte keinen Krieg. Er war überzeugt, dass erfolgreicher Widerstand auch ohne Gewalt möglich ist. Seine Eltern hatten ihm immer beigebracht, niemandem wehzutun. Bei ihm zu Hause durfte man keiner Fliege etwas zuleide tun. Gandhi leistete auf verschiedene Arten Widerstand. Er organisierte Streiks, forderte die Leute auf, den Befehlen der Obrigkeit nicht zu folgen, und führte Protestmärsche an. Er rief die Inder auf, selbst Stoffe zu weben und Kleidung herzustellen – die meisten Textilien kamen nämlich aus Großbritannien. Diese Dinge in Indien selbst herzustellen war ein wichtiger Schritt in Richtung Unabhängigkeit.

Gandhis Widerstand zeigte Wirkung. 1947 erlangte Indien die Unabhängigkeit – und wurde bei der Gelegenheit in zwei Staaten aufgeteilt: Indien und Pakistan. In Indien lebten vor allem Hindus, in Pakistan vor allem Muslime. Gandhi wurde 1948 von einem Hindu ermordet, der nicht damit einverstanden war, dass er sich für die Versöhnung zwischen Hindus und Muslimen einsetzte. Aber seine Philosophie des gewaltfreien Widerstands lebt weiter. Sein Geburtstag, der 2. Oktober, wird noch heute als Internationaler Tag der Gewaltlosigkeit gefeiert.

PARDON

Mahatma Gandhi

311 ENDLICH UNABHÄNGIG!

Gegen Ende des 19. Jahrhunderts hatten zahlreiche ehemalige Kolonien in Süd- und Mittelamerika die Unabhängigkeit erlangt. Nach dem Zweiten Weltkrieg folgte eine zweite Welle der Dekolonisation: Die Kriegsverlierer Deutschland, Italien und Japan mussten ihre Kolonien aufgeben. Auch die anderen Länder kamen langsam dahinter, dass der Kolonialismus nicht in Ordnung war. Außerdem forderten die Kolonien selbst ihre Unabhängigkeit ein. Indien erlangte sie 1947 als Erstes (siehe Info 310). 1956 wurden Marokko und Tunesien unabhängig von Frankreich. 1960 war ein Schlüsseljahr in der Dekolonisation: Damals erlangten siebzehn

afrikanische Länder ihre Unabhängigkeit zurück. Die Elite in diesen Ländern hatte oft im »Mutterland« der Kolonialmacht eine gute Ausbildung absolviert und wollte es nicht länger hinnehmen, dass ausländische Kräfte in ihren Ländern das Sagen hatten. Sie wollten selbst bestimmen.

Wusstest du, dass es auch heute noch Kolonien gibt und dass die Dekolonisation noch immer Stück für Stück voranschreitet? Weltweit gibt es auch heute noch einige Kolonien; meistens sind es kleinere Inseln. Manchmal entscheiden sich Länder auch freiwillig, weiterhin der

Kolonialmacht zu unterstehen. Im November 2018 sollten die Einwohner von Neukaledonien über die Unabhängigkeit von Frankreich abstimmen. Fast sechzig Prozent stimmten gegen die Unabhängigkeit und für den Verbleib bei Frankreich.

WIR KOMMEN SCHON
ALLEINE KLAR

das Ende der Abhängigkeit

312 EISKALTER KRIEG DER SUPERMÄCHTE

Die USA und die Sowjetunion gingen als die großen Sieger aus dem Zweiten Weltkrieg hervor. Sie wurden sogenannte Supermächte, was bedeutet, dass sie großen Einfluss auf der ganzen Welt ausübten.

Beide legten enorme Waffenvorräte an, um sich gegenseitig einzuschüchtern. Dieses »Wettrüsten« dauerte fünfzig Jahre an. Beide Mächte hatten nicht nur »normale« Kriegswaffen, sondern auch Atomwaffen: Raketen mit Atombomben. Eine Zeitlang gab es so viele dieser Atomraketen, dass sie das Leben auf der Erde gleich mehrmals hätten auslöschen können, hätte man sie abgefeuert. Die Raketen wurden auf der ganzen Welt in mit den Supermächten befreundeten Ländern aufbewahrt.

Wenn die USA an irgendeinem Ort eine Rakete lagerten, tat die Sowjetunion das Gleiche auf der anderen Seite. Zum Glück sind sie bis heute noch nie zum Einsatz gekommen. Die beiden Supermächte bedrohten sich zwar andauernd gegenseitig, es gab aber keine direkten Kämpfe zwischen den beiden. Darum wird dieser Konflikt auch der Kalte Krieg genannt. Die USA und die Sowjetunion führten aber mehr oder weniger indirekt an anderen Orten Krieg gegeneinander. 1957 mischten sich die USA in den Vietnamkrieg ein, um zu verhindern, dass der Kommunismus aus der Sowjetunion sich in Südvietnam ausbreitete. Auch in Korea kämpften die Sowjetunion und China gegen die USA und ihre Bündnispartner. Aus diesen Kriegen ging kein klarer Sieger hervor, aber viele Menschen verloren ihr Leben. Erst 1989 erklärten der US-Präsident George Bush Senior und der sowjetische Präsident Michail Gorbatschow den Kalten Krieg für beendet.

OKAY, ABER WIR SIND DER BOSS

*George Bush Sr. und Michail Gorbatschow
beschließen das Ende des Kalten Kriegs.*

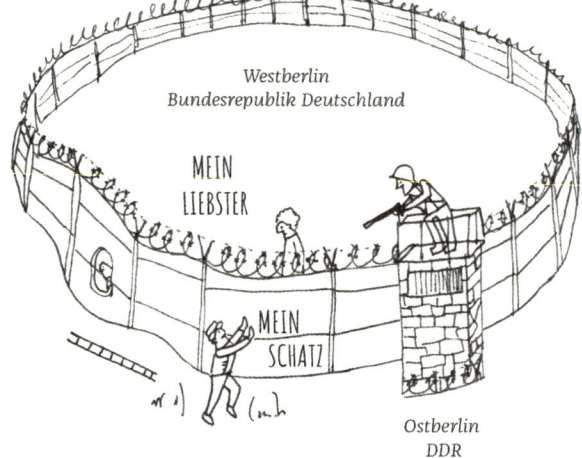

Westberlin
Bundesrepublik Deutschland

MEIN LIEBSTER

MEIN SCHATZ

Ostberlin
DDR

313 HURRA, DIE MAUER FÄLLT!

Nach dem Zweiten Weltkrieg wurde Deutschland unter den Siegermächten in vier Besatzungszonen aufgeteilt. Es gab eine amerikanische, eine britische, eine französische und eine sowjetische Zone. Auf dem Gebiet der sowjetischen Besatzungszone in Ostdeutschland wurde 1949 die Deutsche Demokratische Republik (DDR) gegründet; die Hauptstadt war Ostberlin. Auf dem restlichen Gebiet entstand die Bundesrepublik Deutschland mit der Hauptstadt Bonn. Die Stadt Berlin wurde zweigeteilt. Westberlin war als westdeutsche Insel von der DDR umgeben.

In den ersten Jahren konnten die Einwohner der DDR zum Arbeiten oder für Familienbesuche noch nach Westdeutschland fahren. Eigentlich war der Grenzübertritt zwar verboten, aber die Sowjets kontrollierten nicht so streng. Bis sie merkten, dass jeden Monat rund 20 000 Ostdeutsche die Grenze überquerten und nicht mehr zurückkehrten. 1952 wurde die Grenze darum mit Stacheldraht und Schranken abgeriegelt. Die U-Bahn- und Zugverbindungen wurden stillgelegt. Autos durften nicht mehr passieren.

Familien wurden von heute auf morgen getrennt. Aber auch das reichte nicht aus, um die Menschen am Überqueren der Grenze zu hindern. In der Nacht zum 13. August 1961 begann die DDR-Regierung mithilfe sowjetischer Soldaten mit dem Bau einer Mauer entlang der Grenze. Die Mauer um Westberlin war 3,6 Meter hoch und 155 Kilometer lang. Entlang der Mauer standen über dreihundert Wachtürme und zwanzig Bunker. Bewaffnete Wächter mussten rund um die Uhr aufpassen, dass niemand rüberkletterte. Wer es versuchte, wurde erschossen.

Der Anfang vom Ende des Kalten Kriegs bedeutete auch das Ende der Berliner Mauer. Am 9. November 1989 um 18.57 Uhr ließ die Regierung der DDR verkünden, dass die Menschen ab sofort wieder die Grenze überqueren durften. Sofort setzten Tausende Menschen diese Worte in die Tat um. Sie schlugen Stücke aus der Mauer und fielen den Menschen auf der anderen Seite in die Arme. Ein Jahr später folgte die Wiedervereinigung: Aus den zwei deutschen Staaten wurde einer.

314 DER WETTLAUF INS ALL

Im Kalten Krieg versuchten die USA und die Sowjetunion einander nicht nur mit Waffen zu übertreffen. Beide wollten auch das Weltall erobern. Am 4. Oktober 1957 startete die Sowjetunion als Erste eine Rakete. Damit schickte sie einen Satelliten – Sputnik 1 – in die Erdumlaufbahn. Einen Monat später reiste mit der Hündin Laika das erste Lebewesen ins All. Laika überlebte das Abenteuer nicht, aber die Sowjets kamen gerade erst in Fahrt; sie experimentierten weiter. Am 12. April 1961 war es dann so weit: Der Russe Juri Gagarin wurde der erste Raumfahrer oder *Kosmonaut*. In unter zwei Stunden flog er in dem Raumschiff Wostok 1 einmal um die Erde.

Aber die Amerikaner saßen in der Zwischenzeit nicht nur rum und drehten Däumchen. Sie waren neidisch, dass ein Russe als erster Mensch im Weltraum gewesen war. An US-Schulen wurden sogar die Lehrpläne geändert, um den Nachwuchs für die Raumforschung zu interessieren. US-Präsident John F. Kennedy bat die Menschen um Geldspenden an die NASA, die amerikanische Raumfahrtorganisation. Dann kam das Jahr 1969: Am 16. Juli schauten rund 600 Millionen Menschen weltweit im Fernsehen zu, wie eine amerikanische Apollo-Raumfähre ins Weltall geschossen wurde. Neil Armstrong, Buzz Aldrin und Michael Collins waren die ersten Menschen auf dem Mond.

Bonus-Info

Die erste Frau im Weltall hieß Walentina Tereschkowa. Im Juni 1963 umkreiste sie in knapp drei Tagen 48-mal die Erde. 2013 erklärte sie, an einer Marsmission teilnehmen zu wollen.

ERSTER!

Wostok 1   Apollo 11

*Martin Luther Kings
Traum*

315 »ICH HABE EINEN TRAUM«

- Die Sklaverei in den USA war zwar schon lange abgeschafft, aber das bedeutete nicht, dass Schwarze und Weiße auch wirklich die gleichen Rechte hatten. Vor allem im Süden des Landes herrschte weiterhin eine strikte Trennung zwischen Schwarz und Weiß. Es gab getrennte Wohngegenden, und die Kinder durften nicht dieselben Schulen besuchen. Es gab Schwimmbäder, in die nur Weiße reindurften. Im Bus durften Schwarze nur auf bestimmten Plätzen sitzen.

- 1954 wurde ein Gesetz eingeführt, das Schulen dazu verpflichtete, auch Schwarze Kinder aufzunehmen. Dagegen gab es Widerstand. An manchen Orten musste die Polizei die Schwarzen Kinder zur Schule begleiten, weil sie sonst rassistisch angegriffen worden wären.

- In den Fünfzigerjahren regte sich immer lauterer Protest gegen die Unterdrückung von Schwarzen. Martin Luther King, der Anführer der Schwarzen Bürgerrechtsbewegung, organisierte Demonstrationen und Protestmärsche gegen die Rassentrennung und ermutigte die Menschen zum Ungehorsam. Seine bekannteste Rede hielt er 1963 in Washington. Darin sagte er unter anderem:
Ich habe einen Traum (…). Eines Tages wird diese Nation (…) ihr Versprechen wahrmachen (…), dass alle Menschen gleich geschaffen sind.

- Die Proteste der Bürgerrechtsbewegung führten 1964 zum *Civil Rights Act*, dem Bürgerrechtsgesetz. Darin wurde es verboten, Menschen aufgrund von Rasse, Hautfarbe, Religion oder Geschlecht zu diskriminieren.

- Tragischerweise wurde Martin Luther King 1968 von einem Mann ermordet, der gegen die neuen Bürgerrechte war. Aber sein Traum lebte fort. Als Barack Obama 2013 zum zweiten Mal als Präsident vereidigt wurde, legte er die Hand auf eine Bibel, die einst Martin Luther King gehört hatte.

316 VOM KOLOSS ZUM LAPTOP

Schon seit Jahrhunderten suchen Menschen nach Mitteln und Wegen, um schneller zu rechnen. Schon 1623 entwickelte Wilhelm Schickard eine Rechenmaschine, die große Zahlen schnell zusammenzählen und abziehen konnte. Aber echte, programmierbare Computer kamen erst im 20. Jahrhundert auf.

Im Zweiten Weltkrieg brauchten die Alliierten dringend Maschinen, die schnell und fehlerfrei die deutschen Geheimcodes entschlüsseln konnten, damit sie den Plänen des Feindes zuvorkommen konnten. Unter strengster Geheimhaltung machten sich die Briten ans Werk und entwickelten eine neuartige Entzifferungsmaschine. Sie gaben ihr den Namen Colossus und bauten gleich mehrere davon. Es waren riesige Rechner mit mehr als 1500 Elektroröhren. Man brauchte einen ganzen Saal, um sie unterzubringen. Die Erfindung funktionierte, aber die Briten hielten sie geheim.

Währenddessen forschten die Amerikaner ab 1943 an der Entwicklung eines eigenen Computers. Der ENIAC konnte die Flugbahn von Granaten und Raketen sehr genau berechnen, aber wie der Colossus brauchte er sehr viel Platz. Als er 1946 endlich fertig war, war der Krieg schon zu Ende.

Es sollte noch bis 1981 dauern, bis der erste Rechner für den Hausgebrauch entwickelt wurde: ein Personal Computer, kurz PC. Der allererste war von der Firma IBM, aber schon bald zogen viele andere Firmen nach. Schon Ende der Achtzigerjahre kamen auch Laptops auf den Markt, die man mit sich herumtragen konnte – etwas praktischer als der kolossale Colossus!

GIBT'S SCHON EINE KOMPAKTVERSION?

Colossus

317 WIR SIND ALLE VERBUNDEN

Im Oktober 1969 gelang es dem US-Ingenieur Leonard Kleinrock erstmals, seinen Computer mit einem Computer an einer anderen Universität zu verbinden. Der erste Versuch war nur ein Teilerfolg. Um sich bei dem anderen Computer einzuloggen, musste Kleinrock das Kommando »LOGIN« eingeben, aber nur die Buchstaben LO wurden versendet, danach stürzte der Computer ab.

Doch das Internet war geboren! Damals hieß es noch Arpanet (von *Advanced Research Projects Agency Network* oder »Netzwerk der Behörde für weiterführende Forschungsprojekte«) und wurde vor allem vom Militär und von Universitäten benutzt.

Erst zwanzig Jahre später entwickelten ein Brite und ein Belgier ein System, mit dem man auf einfache Art und Weise Inhalte im Internet einstellen konnte – ohne Hilfe von außen. Das World Wide Web verband buchstäblich alle mit

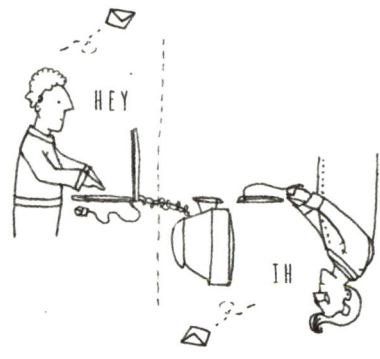

*Internetrevolution:
einfache Kommunikation
mit dem anderen Ende der Welt*

allen. Zur direkten Kommunikation gab es erst nur E-Mails, aber bald kamen auch die sozialen Netzwerke hinzu. Die Entwicklungen gingen so rasend schnell, dass auch von der Internetrevolution gesprochen wird.

318 DAS ENDE DER APARTHEID

1948 war in Südafrika die Nationale Partei an der Macht. Die bestand nur aus weißen Menschen. Sie unterteilten die Bevölkerung in rassistische Kategorien: Weiß, Schwarz, »Farbig« (*coloured*), Asiatisch, Indisch. Und sie beschlossen, dass ab sofort Apartheid herrschen sollte: Das bedeutete, dass die Gruppen getrennt voneinander leben sollten, untereinander nicht heiraten, nicht mit den gleichen Bussen fahren und nicht auf dieselben Schulen gehen durften … Der Schwarzen Bevölkerung war es sogar verboten, direkt in der Stadt zu wohnen. Sie wurden in die *Townships* verbannt, das waren die Armenviertel am Rand der Stadt. Dort durften sie sich kein eigenes Haus kaufen, sondern nur von weißen Hauseigentümern mieten. Sowohl im Ausland als auch in Südafrika selbst regte sich immer stärkerer Protest gegen diese unmenschliche Politik. Schwarze übertraten

SCHLUSS MIT DER APARTHEID!

Nelson Mandela

aus Protest alle möglichen Regeln, wodurch sie massenhaft in den Gefängnissen landeten. Auf diese Weise wollten sie das System zum Einsturz bringen. Oft ging es dabei um Kleinigkeiten: Sie nutzten Toiletten, die nur für Weiße bestimmt waren, fuhren mit Bussen, die für Weiße waren, weigerten sich, ihren Ausweis zu zeigen, wenn die Polizei sie aufforderte. Über achttausend

Menschen landeten so im Gefängnis. Der bekannteste Gefangene war Nelson Mandela. 1962 wurde er zu lebenslanger Haft verurteilt, weil er versucht hatte, die Regierung zu stürzen. Erst 1990, 27 Jahre später, kam er nach weltweiten Protesten frei.

Nach seiner Freilassung kämpfte Mandela weiter und wurde 1994 zum südafrikanischen Präsidenten gewählt. Seine Wahl markierte das Ende der Apartheid. Er blieb bis 1999 im Amt.

Flower Power

319 FRIEDEN, LIEBE UND ... DROGEN

In den 1960er-Jahren wollten sich viele junge Leute von der Generation ihrer Eltern abgrenzen. Außerdem stellten sie sich ihr Leben anders vor, als es die Tradition von ihnen erwartete: Viele wollten nicht brav studieren, heiraten und dann bis zur Rente arbeiten. Die Hippies wollten etwas anderes. Besitz, Status und Macht fanden sie nicht wichtig, aber Frieden und Liebe schon. Sie ließen sich die Haare lang wachsen, trugen fröhliche Kleider, liefen barfuß und wohnten in großen Kommunen zusammen. Viele nahmen auch gerne Drogen.

Musik spielte in der Hippiekultur eine wichtige Rolle. In Bethel, New York, fand 1969 das Woodstock-Festival statt, an dem geschätzt 400 000 Besucher teilnahmen. Auf dem viertägigen Festival traten viele berühmte Bands aus der Zeit auf.

Die Hippies von damals sind inzwischen alt geworden. Frag doch mal deine Großeltern, ob sie auch Hippies gewesen sind. Wir sind gespannt auf die Antwort!

320 NINE ELEVEN

Wer vom 11. September oder von *Nine Eleven* spricht, meint damit die Terroranschläge, die am 11. September 2001 in den USA stattfanden. An dem Tag entführten neunzehn Terroristen der islamistischen Terrorgruppe al-Qaida vier Flugzeuge. Zwei von ihnen lenkten sie in die hohen Zwillingstürme des World Trade Centers in New York. Eins stürzte in das Pentagon in Washington, den Hauptsitz des amerikanischen Verteidigungsministeriums. Ein viertes stürzte in Pennsylvania ab. Osama bin Laden, der Anführer von al-Qaida, gilt als Kopf hinter den Anschlägen. An dem Tag kamen über dreitausend Menschen ums Leben. Das macht den 11. September zum größten Terroranschlag aller Zeiten. Ihm folgte der sogenannte Krieg gegen den Terror, der wohl über eine Million Menschenleben kostete. Terrorismus gibt es natürlich schon länger. Das Wort stammt vom lateinischen *terror,* was »Schrecken« bedeutet. Ein Terrorist oder eine Terroristin versucht, möglichst viel Schrecken in der Bevölkerung zu verbreiten, um ein bestimmtes Ziel zu erreichen. Manche fordern so die Unabhängigkeit eines Landes oder einer Region. Andere wollen Chaos erzeugen, damit sie die Macht an sich reißen können. Wieder andere geben religiöse Gründe für ihre Tat an – manche Terroranschläge wurden von Menschen begangen, die sich als Muslime, Christen, Hindus und andere Gläubige bezeichnen.

11. September 2001

321 WAS SAGT DIE GLASKUGEL?

Wie praktisch wäre es, wenn wir eine Glaskugel hätten, in der wir die Zukunft sehen könnten. Aber was auch immer Wahrsagerinnen und Möchtegern-Propheten uns erzählen – niemand kann wissen, was kommt. Natürlich versucht die Wissenschaft, wenigstens ein paar Dinge vorauszusagen, die in den nächsten Jahren auf uns zukommen werden. Aber das neuartige Coronavirus SARS-CoV-2, das 2020 eine weltweite Pandemie auslöste, hatte niemand so genau vorausgesehen. Klar ist, dass Klima- und Umweltfragen in Zukunft eine immer größere Rolle spielen werden. Viele Länder und Unternehmen haben mittlerweile zugesagt, mehr gegen die globale Erwärmung zu tun und insgesamt besser für die Umwelt zu sorgen. Fossile Brennstoffe wie Kohle, Öl und Gas werden zunehmend durch grüne Energiequellen wie Sonne, Wind und Wasser ersetzt. Immer mehr Menschen wird bewusst, wie wichtig die Natur im Kampf gegen den Klimawandel ist. Darum werden weltweit neue Wälder gepflanzt und Städte grüner gemacht. Neue Lösungen zur Reinigung und Reinhaltung der Meere werden entwickelt. Gegen die Plastikverschmutzung werden Plastiktüten an immer mehr Orten verboten, die Menge an Einwegplastik reduziert und Plastikalternativen entwickelt. Mit etwas Glück sieht die Welt vielleicht ein bisschen sauberer und grüner aus, wenn du vierzig bist. Dann bekommen die Jugendlichen, die sich heute für Klima und Umwelt einsetzen, ganz sicher einen Platz in den Geschichtsbüchern.

Die Superschlaue Dinge-Reihe

Wusstest du, dass eine Giraffe sich die Ohren auslecken kann? Dass Ketchup früher Medizin war und Seegurken nicht mit Salatgurken verwandt sind? Dass es Fische gibt, die auf Bäume klettern? Oder dass es für Barbie ein lebendes Vorbild gab und blaues Blut tatsächlich existiert? Hast du schon gewusst, dass Haie das Überleben der Menschheit sichern? Dass Ottermütter ihre Jungen im Schlaf an der Hand halten? Oder dass Tintenfische bei der Entwicklung von umweltfreundlichem Plastik helfen?

Zahlreiche vergnügliche und überraschende Fakten rund um Tiere, Pflanzen, Geschichte, Wissenschaft, Sprache, Klima und noch vieles mehr, die nicht nur Kindern neue Erkenntnisse bieten. Ein Aha-Erlebnis für alle, die gerne mit ungewöhnlichem Wissen prahlen.

»Man lernt, man lacht – und man hat immer eine Geschichte auf Lager, um Freunde und Verwandte zu verblüffen.« *Katharina Mahrenholtz, NDR*

Mathilda Masters
321 superschlaue Dinge, die du unbedingt wissen musst
288 Seiten. Klappenbroschur

321 superschlaue Dinge, die du über Tiere wissen musst
312 Seiten. Klappenbroschur

123 superschlaue Dinge, die du über das Klima wissen musst
144 Seiten. Klappenbroschur

Mit Illustrationen von Louize Perdieus
Aus dem Niederländischen von Stefanie Ochel

Die Originalausgabe erschien 2020 unter dem Titel
321 Superslimme Dingen die je moet weten over geschiedenis
bei Lannoo.

Für dieses Buch haben wir die verschiedensten Quellen zu Rate gezogen. Wir haben Fachbücher gewälzt, nationale und internationale wissenschaftliche Zeitungen und Magazine gelesen, Dokumentationen angeschaut und natürlich das Internet durchforstet.

Die Hintergründe und tatsächlichen Zusammenhänge zwischen historischen Ereignissen sind oft viel komplexer, als wir sie in so kurzen Texten darstellen können. Wir mussten deswegen teils stark vereinfachen und verkürzen, um alle wichtigen Informationen unterzubringen. Wenn du dich noch weiter informieren möchtest, sind die folgenden Bücher vielleicht hilfreich:

- ◉ Elena Favilli, Francesca Cavallo: *Good Night Stories for Rebel Girls*
- ◉ Julia von Grünberg: *Deutsche Geschichte in Lebensbildern*
- ◉ Manfred Mai: *Weltgeschichte*
- ◉ Josef H. Reichholf: *Evolution*
- ◉ Thomas Sandkühler: *Adolf H. Lebensweg eines Diktators*
- ◉ Lilly Workneh: *Good Night Stories for Rebel Girls – 100 Lebensgeschichten Schwarzer Frauen*

Die Zeitschriften *Geo* und *Geolino* bringen sowohl in ihren gedruckten Ausgaben als auch im Internet regelmäßig interessante Artikel zu historischen Themen.

Natürlich ist auch das Internet eine unerschöpfliche Informationsquelle. Wir empfehlen: kinderzeitmaschine.de (auch mit vielen Buchtipps); dhm.de/lemo/ (Lebendiges Museum Online); bpb.de/geschichte/ (Bundeszentrale für politische Bildung); planet-wissen.de/geschichte/
Zur Geschichte Schwarzer Menschen in Deutschland: bpb.de/gesellschaft/migration/afrikanische-diaspora

Auch das Nachrichtenformat *logo!* beschäftigt sich immer wieder mit historischen Themen: zdf.de/kinder/logo/

Alle superschlauen Bände auf einen Blick:
321 superschlaue Dinge, die du unbedingt wissen musst
321 superschlaue Dinge, die du über Tiere wissen musst
123 superschlaue Dinge, die du über das Klima wissen musst
321 superschlaue Dinge, die du über Geschichte wissen musst

Dieses Buch wurde mit Unterstützung der Flanders Literature herausgegeben (flandersliterature.be).

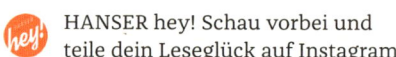
HANSER hey! Schau vorbei und teile dein Leseglück auf Instagram